营销学精选教材译丛

战略营销管理

STRATEGIC MARKETING MANAGEMENT 8E

第 8 版

〔美〕亚历山大·切尔内夫（Alexander Chernev） 著

北京大学出版社
PEKING UNIVERSITY PRESS

著作权合同登记号 图字:01-2016-4858

图书在版编目(CIP)数据

战略营销管理:第8版/(美)亚历山大·切尔内夫著. —北京:北京大学出版社,2018.7
(营销学精选教材译丛)
ISBN 978-7-301-29645-5

Ⅰ.①战… Ⅱ.①亚… Ⅲ.①企业管理—营销管理 Ⅳ.①F274

中国版本图书馆 CIP 数据核字(2018)第 130311 号

Alexander Chernev
Strategic Marketing Management, eighth edition
ISBN 978-1-936572-19-9
Copyright © 2014 by Alexander Chernev
All rights reserved. No part of this publication may be reproduced or transmitted in any form or by any means, electronic or mechanical, including without limitation photocopying, recording, taping, or any database, information or retrieval system, without the prior written permission of the publisher.

版权所有。未经出版人事先书面许可,对本出版物的任何部分不得以任何方式或途径复制或传播,包括但不限于复印、录制、录音,或通过任何数据库、信息或可检索的系统。

书　　　名	战略营销管理(第 8 版) ZHANLÜE YINGXIAO GUANLI
著作责任者	〔美〕亚历山大·切尔内夫(Alexander Chernev)　著
责 任 编 辑	付海霞　兰　慧
标 准 书 号	ISBN 978-7-301-29645-5
出 版 发 行	北京大学出版社
地　　　址	北京市海淀区成府路 205 号　100871
网　　　址	http://www.pup.cn
微信公众号	北京大学经管书苑(pupembook)
电 子 信 箱	em@pup.cn
电　　　话	邮购部 010-62752015　发行部 010-62750672　编辑部 010-62752926
印 刷 者	三河市博文印刷有限公司
经 销 者	新华书店
	787 毫米×1092 毫米　16 开本　14.5 印张　269 千字 2018 年 7 月第 1 版　2022 年 12 月第 2 次印刷
印　　　数	4001—5000 册
定　　　价	42.00 元

未经许可,不得以任何方式复制或抄袭本书之部分或全部内容。
版权所有,侵权必究
举报电话:010-62752024　电子信箱:fd@pup.pku.edu.cn
图书如有印装质量问题,请与出版部联系,电话:010-62756370

出版者序

作为一家致力于出版和传承经典、与国际接轨的大学出版社,北京大学出版社历来重视国际经典教材,尤其是经管类经典教材的引进和出版。自2003年起,我们与圣智、培生、麦格劳希尔、约翰威利等国际著名教育出版机构合作,精选并引进了一大批经济管理类的国际优秀教材。其中,很多图书已经改版多次,得到了广大读者的认可和好评,成为国内市面上的经典。例如,我们引进的世界上最流行的经济学教科书——曼昆的《经济学原理》,已经成为国内最受欢迎、使用面最广的经济学经典教材。

呈现在您面前的这套引进版精选教材,是主要面向国内经济管理类各专业本科生、研究生的教材系列。经过多年的沉淀和累积、吐故和纳新,这套教材在各方面正逐步趋于完善:在学科范围上,扩展为"经济学精选教材""金融学精选教材""国际商务精选教材""管理学精选教材""会计学精选教材""营销学精选教材""人力资源管理精选教材"七个子系列,每个子系列下又分为翻译版、英文影印/改编版和双语注释版。其中,翻译版以"译丛"的形式出版。在课程类型上,基本涵盖了经管类各专业的主修课程,并延伸到不少国内缺乏教材的前沿和分支领域;即便针对同一门课程,也有多本教材入选,或难易程度不同,或理论和实践各有侧重,从而为师生提供了更多的选择。同时,我们在出版形式上也进行了一些探索和创新。例如,为了满足国内双语教学的需要,我们改变了部分影印版图书之前的单纯影印形式,而是在此基础上,由资深授课教师根据该课程的重点,添加重要术语和重要结论的中文注释,使之成为双语注释版。此次,我们更新了丛书的封面和开本,将其以全新的面貌呈现给广大读者。希望这些内容和形式上的改进,能够为教师授课和学生学习提供便利。

在本丛书的出版过程中,我们得到了国际教育出版机构同行们在版权方面的协助和教辅材料方面的支持。国内诸多著名高校的专家学者、一线教师,更是在繁重的教学和科研任务之余,为我们承担了图书的推荐、评审和翻译工作;正是每一位推荐者和评审者的国际化视野和专业眼光,帮助我们书海拾慧,汇集了各学科的前沿和经典;正是每一位译者的全心投入和细致校译,保证了经典内容的准确传达和最佳呈现。此外,来自广大读者的反馈既是对我们莫大的肯定和鼓舞,也总能让我们找到提升的空间。本丛书凝聚了上述各方的心血和智慧,在此,谨对他们的热忱帮助和卓越贡献深表谢意!

"千淘万漉虽辛苦,吹尽狂沙始到金。"在图书市场竞争日趋激烈的今天,北京大学出版社始终秉承"教材优先,学术为本"的宗旨,把精品教材的建设作为一项长期的事业。尽管其中会有探索,有坚持,有舍弃,但我们深信,经典必将长远传承,并历久弥新。我们的事业也需要您的热情参与! 在此,诚邀各位专家学者和一线教师为我们推荐优秀的经济管理图书(em@pup.cn),并期待来自广大读者的批评和建议。您的需要始终是我们为之努力的目标方向,您的支持是激励我们不断前行的动力源泉! 让我们共同引进经典,传播智慧,为提升中国经济管理教育的国际化水平做出贡献!

北京大学出版社
经济与管理图书事业部

致谢

本书的完成离不开我在西北大学凯洛格管理学院很多同事和前同事的帮助,他们包括:Nidhi Agrawal, Eric Anderson, Jim Anderson, Robert Blattberg, Ulf Böckenholt, Anand Bodapati, Miguel Brendl, Bobby Calder, Tim Calkins, Gregory Carpenter, Moran Cerf, Yuxin Chen, Anne Coughlan, Patrick Duparcq, David Gal, Kelly Goldsmith, Kent Grayson, Sachin Gupta, Karsten Hansen, Julie Hennessy, Dawn Iacobucci, Dipak Jain, Robert Kozinets, Aparna Labroo, Lakshman Krishnamurthi, Eric Leininger, Angela Lee, Sidney Levy, Michal Maimaran, Prashant Malaviya, Eyal Maoz, Blake McShane, Vikas Mittal, Vincent Nijs, Christie Nordhielm, Mary Pearlman, Yi Qian, Neal Roese, Derek Rucker, Mohan Sawhney, John Sherry, Jr., Louis Stern, Brian Sternthal, Rima Touré-Tillery, Alice Tybout, Rick Wilson, Song Yao, Philip Zerrillo, Florian Zettelmeyer 以及 Andris Zoltners。

另外,我还要感谢以下各位提供的宝贵意见,包括 Andrea Bonezzi(纽约大学)、Aaron Brough(佩珀代因大学)、Pierre Chandon(INSEAD)、Akif Irfan(高盛)、Mathew Isaac(西雅图大学)、Ryan Hamilton(埃默里大学)、Ajay Kohli(乔治亚理工学院)和 Jaya Sah(高盛)。

最后,我还要特别感谢营销领域的泰斗级人物菲利普·科特勒先生,他充满睿智的著作引发了我对营销的兴趣。同时,我还要感谢杜克大学福库商学院的 Jim Bettman, Julie Edell Britton, Joel Huber, John Lynch, John Payne 和 Rick Staelin,感谢他们在我学术生涯起步时给予我的建议、支持和帮助。

前言

营销既是艺术，也是科学。很多营销从业人员，尤其在广告和销售领域，都把营销视为一门艺术，认为直觉和创造力对营销至关重要。但如果营销真的建立在直觉和创造力的基础之上，那么它对企业高管和公司的利益相关者及合作者的意义就会小得多。营销之所以越来越受推崇和追捧，是因为它有一系列科学的分析工具。

过去几十年来，营销领域出现了很多种工具，用来帮助定义目标和目标市场，支持产品或服务的定位、差异化和品牌建设。不过，这些工具都散落在各种营销方面的教科书里，没有一个清晰的整体框架。而本书解决了这一问题，这是本书的一大贡献。本书以简洁的方式介绍了营销规划和控制过程中涉及的主要工具和决策流程。

本书阐述的理论主要基于三个基本观点：

第一个观点是，产品或服务的最终成功取决于其商业模式的五个关键要素：目标（goal）、战略（strategy）、战术（tactics）、实施（implementation）和控制（control），或称作G-STIC框架。该框架主要用来指导公司的营销分析，并为营销规划提供了一种综合性的方法。

第二个观点是，在开发产品或服务时，公司应致力于为三个关键市场的实体创造价值：目标顾客、公司及其合作者。因此，产品或服务的价值主张必须能为目标顾客创造价值，同时帮助公司及其合作者实现其战略目标。这三种价值——顾客价值、公司价值和合作者价值——组成了3V框架，也是战略营销分析的基础。

第三个观点是，公司的营销活动可以通过为其关键的支持者设计、沟通和传递价值的过程来体现。该框架从一个全新的视角阐释了传统的4P法，抓住了价值管理过程的动态本质。

《战略营销管理》应用这些理念来解决常见的商业问题，如提高利润和销售额、开发新产品、扩展生产线，以及管理产品组合。通过理论联系实际，本书为读者提供了一种系统分析和解决商业问题的方法，同时提供了一系列有效的方法，确保公司在市场上取得成功。

学生的褒奖证明本书对课堂上的营销案例分析非常有帮助。不仅如此，对于制订和实施营销计划的经理人来说,本书也大有裨益。在此,我还要向企业高管们推荐此书,以帮助他们更好地理解广义上的营销分析和规划。

  为顾客、公司本身及其合作者实现利益最大化是公司的主要目标,而本书所介绍的战略营销框架将助你实现目标。

菲利普·科特勒

国际营销 S.C. 强生荣誉教授

凯洛格商学院

西北大学

目录

第一部分	**总述**	1
第一章	营销：一门商业学科	3
第二章	营销战略和战术	8
第三章	营销计划	23
第二部分	**营销战略**	33
第四章	识别目标顾客：市场细分和目标市场分析	35
第五章	创造顾客价值：制定价值主张和市场定位	52
第六章	创造公司价值：管理收入、成本和利润	68
第七章	创造合作者价值：管理商业市场	79
第三部分	**营销战术**	87
第八章	管理产品和服务	89
第九章	管理品牌	95
第十章	管理价格	105
第十一章	管理激励措施	113
第十二章	管理沟通	119
第十三章	管理分销	131
第四部分	**管理增长**	139
第十四章	获取并维护市场地位	141
第十五章	管理销售增长	153
第十六章	管理新产品	160
第十七章	管理产品线	172

第五部分　战略营销工作手册 …………………………………………………… 185
第十八章　市场细分和选择目标市场工作手册 ……………………………… 187
第十九章　商业模式工作手册 ………………………………………………… 199
第二十章　定位陈述工作手册 ………………………………………………… 211

索引 …………………………………………………………………………………… 218

第一部分

总述

第一章 营销：一门商业学科

第二章 营销战略和战术

第三章 营销计划

第一章
营销:一门商业学科

> 营销就是从最终结果的角度,也就是顾客的角度,来看待整个企业。
> ——现代管理学理论创始人彼得·德鲁克(Peter Drucker)

人们对营销这门商业学科存在普遍的误解,因此很多人看不清营销的本质。管理者往往将营销视为一系列战术活动,例如,销售、广告宣传及促销。事实上,很多组织将营销视为一项促进销售的活动,其目的是帮助管理者销售更多的产品和服务。

这种将营销视为促进销售的活动的看法在某些组织中尤其普遍,这些组织最主要的活动就是大量销售其库存产品。此类公司通常认为营销的目标是:"向更多的人销售更多的产品,更重要的是,赚更多的钱。"很多经理人很喜欢这种观点,因为它直观、清晰、简洁。但这种观点的问题在于,它描述的不是营销,而是和营销相关的另外一种商业活动——销售。向更多的人销售更多的产品以便赚更多的钱,是销售的定义,而非营销的定义。这就要求我们界定销售和营销之间的区别。

作为一门商业学科,营销的范围比销售更广,涉及产品或服务从开发到销售过程中的各个方面。营销的目标是创造畅销的产品,而不是销售产品。诚然,营销可以促进销售,但这只是营销的一部分,而不是全部。被很多人视为现代管理学创始人的商业哲学家和作家彼得·德鲁克曾写道:营销不但范围比销售更广,而且,它根本不是一项专门的活动。营销包括商业活动的方方面面,其目标是让销售变得多余。

很多组织还把营销等同于广告宣传和促销。因此,营销常常被定义为将产品或服务的价值传递给顾客的过程,这实际上更符合广告的定义,而不是营销的定义。尽管广告是营销活动中最为显眼的一个环节,但它只是营销的一个方面。营销活动的开始远早于广告:营销指导产品或服务的开发,然后才是广告。同样地,营销也常常被等同于促销,如折扣、优惠券和退款等。实际上,旨在鼓励顾客购买公司产品或服务的促销只是营销的一个方面。这种将营销视为帮助产品或服务走向市场的观点忽略了营销在创造产品或服务方面发挥的作用。

将营销定义为战术活动，并把它等同于销售、广告和促销的观点源于很多人对营销的误解。仅把营销看作是提高知名度和激励顾客购买产品的战术工具是一种肤浅的认识，不利于公司充分发挥潜能来制定全方位的商业战略。这一观点忽略了销售、广告和促销如何相辅相成，以及它们与营销过程的其他战术方面（如产品开发、定价和分销）之间的关系。更重要的是，将营销视为战术工具的观点不能回答以下问题：个体营销活动的驱动力是什么？公司如何为其目标顾客创造产品或服务？这些产品或服务如何为顾客和公司创造价值？

营销远不止是战术活动。除销售、广告和促销这类专门的战术活动之外，营销还包括战略分析与规划，这是战术活动成功的基础。作为一门战略学科，营销首先是创造价值；各种营销战术，如销售、广告和促销，是公司实现价值创造目标的手段。关注价值，才能认识到营销作为一项核心的商业职能，渗透到企业的方方面面。这种将营销视为基础的商业学科的观点正是本书所述战略营销理论的基础。

营销：一个价值创造过程

营销的定义有很多，每种定义都反映了人们对其作为一门商业学科的不同理解。有人将营销定义为一种职能，类似于财务、会计和运营，是公司商业活动中独特的一面；有人将营销定义为以顾客为中心的商业哲学；有人将其定义为产品和服务从概念设计到出售给消费者的过程。还有人把营销定义为营销人员所参与的一系列具体的活动，包括产品开发、定价、促销和分销。而在有些人看来，营销仅仅是公司组织架构中的一个部门。

营销的多种定义反映了它的多种功能。营销是一门商业学科、一种职能、一种商业哲学、一系列具体的商业活动，也是公司组织架构中一个独特的部门。尽管定义多种多样，但这些定义在概念上都是相关的。营销是商业哲学的观点就定义了营销是一门商业学科，同时，也定义了营销是由营销部门所协调的一系列过程和活动，因此，定义营销的关键是表述其核心的商业功能，这将有助于定义营销管理过程中涉及的具体的过程和活动。

作为一门商业学科，营销具有综合性，这就要求其定义应能表述其精髓，并能作为管理决策的指导性原则。营销研究的是消费者与商业市场，它关注市场中进行的产品、服务与创意的交换。另外，因为交换是为了创造价值，因此价值这个概念对于营销至关重要。这种将营销视为一种旨在为参与者创造价值而进行的交换的观点，体现在以下定义中：

营销是通过设计并成功实现交换，从而创造价值的艺术与科学。

营销是一门"艺术"，因为它通常是由管理者的创造力与想象力驱动的。实际上，很多擅长营销的人，如亨利·福特（Herry Ford）、金·吉列（King Gillette）、雷·克罗克（Ray Kroc）和亨利·内斯特莱（Henri Nestlé），都不是营销科班出身。他们卓越的营销能力，源于其识别顾客未被满足的需求并开发产品来满足这些需求的天赋。除了是一门艺术，营销同样也是一门"科学"，因为它代表的是一整套关于价值创造的广义知识。通过审视不同公司的成败,营销科学从各个公司的类似经历中总结出了一系列通用原则,抓住了营销过程的本质。营销的科学性主要体现在创造和管理价值的内在逻辑方面,这也是本书的重点。

营销是关于市场的商业学科,因此,它关注的是市场的特征活动,即产品、服务与创意的"交换"。在这种情况下,营销的目标就是成功地发展并实现公司、消费者以及合作者之间的交换活动。因为市场交易的主要功能是创造"价值",所以价值的概念对营销至关重要。价值这一战略概念反映了参与者从市场交换中获取的收益。实现目标顾客、合作者及公司的价值最大化是指导管理决策的一项关键准则,也是所有营销活动的基础。营销的目标是确保公司提供的产品或服务能为目标顾客创造卓越的价值,帮助公司及其合作者达成它们的战略目标。

营销并不仅限于货币收益最大化;实际上,我们可以用"成功"这个更广义的词来界定营销,以反映市场上各种形式的价值创造。的确,成功并不总是用净收入、投资回报率、市场占有率等金钱指标来反映。对很多组织来说,成功是用技术领导力、顾客满意度和社会福利等非金钱指标来定义的。因此,营销的目标是使参与者能够创造成功的(无论从金钱的角度还是非金钱的角度)交换。

把营销视为创造与实现价值的过程会对管理者如何思考营销产生重要影响。因为在市场交易的过程中,营销的角色就是为顾客、公司及合作者等主要参与者创造价值,可以说营销在任何组织中都扮演着关键的角色,所以营销不仅仅是由公司的营销部门负责的,它还需要所有部门的共同参与。惠普的创始人之一戴维·帕卡德(David Packard)曾言简意赅地指出:"营销太重要了,不能仅让营销部门来负责。在一个真正擅长营销的组织中,你很难说哪些人属于营销部门。组织中的每个人在决策时都应该考虑决策对顾客的影响。"

框架图在营销中的作用

当前,日新月异的技术创新、日益加快的全球化以及新型商业模式的兴起都让市场变得更具活力、更具不可预测性及相互依赖性。当公司运营面临日益复杂的环境时,使用系统化的市场分析、规划与管理方法就显得尤为重要,而应用框架图有助于实现系统化方法。

框架图可以通过以下几种方式来促进决策。其一,框架图可帮助找到制定决策的多种方法,因此当管理者尝试解决问题时,他们可以对问题有更好的理解;其二,除了可以明确问题之外,框架图最突出的一点就是可以通过普遍通用的方法明确其他可行的解决方案。其三,框架图还可为营销过程的参与者提供共同语言,使他们在讨论问题时能顺畅沟通,从而进一步改善决策。

因过于笼统,框架图不太可能解决具体的营销问题。然而,框架图却像一个通用的运算法则,可使管理者针对具体问题,找出最佳解决方案。应用框架图需将手头上的问题抽象为一个更普遍的情境。针对这一情境,框架图已提供解决方案,利用这一方案即可应对具体问题。凭借框架图中的抽象知识,管理者或许可以避免试错型的学习过程。

在商业管理中,框架图的作用可由以下例子进行阐述。例如,有一位客户,向你咨询如何为其新推出的麦片定价。分析了行业动态之后,你列出了为麦片定价时需考虑的五个关键因素:消费者购买该麦片的意愿、竞争对手产品的可获得性及定价、公司的成本结构和盈利目标、供应商与经销商所追求的利润及更大背景下的各种因素——例如当前的经济环境、消费(保健与饮食)的趋势,以及有关定价战略及策略的法律法规。

一个月后,一家天然气管道制造公司向你咨询如何为其新压力阀定价。经过仔细的分析,你得出与上述麦片定价中相同的五个因素:消费者的购买意愿、竞争对手的定价、公司的成本与目标、合作者(供应商与经销商)的利润以及当前环境。

再过一个月,一家电信公司向你咨询如何为其新手机定价。这时,你发现最近三次都是咨询如何为新产品定价的,因而它们在概念上都非常相似。不仅如此,你还发现在这三项任务中为产品定价均需分析五个相同的因素:消费者的购买意愿、竞争对手的价格、公司的目标与成本结构、合作者的价格与利润以及公司所处的总体经济、法规和技术环境(这五个因素组成了5C框架,具体内容将在下一章讨论)。

上述例子说明,框架图由已存在的广义知识发展而来,有助于公司在未来制定具体决策。因此,具有普遍意义的方法或框架图能解决很多公司面临的日常商业问题,也能处理未来可能出现的问题。框架图是解决问题的工具。法国哲学家勒内·笛卡尔(René Descartes)这样概括了框架图的作用:"我所解决过的每一个问题都变成了一种规则;之后,该规则可用于解决其他问题。"

有效运用框架图这一解决管理问题的工具涉及三个关键的步骤。首先,一位管理者应能对手头的具体问题(比如,如何为一款新手机定价)进行归纳,形成可用特定框架处理的一个更为抽象的问题(比如,如何为新产品定价);其次,管理者应能找出解决这一具体问题的框架图(比如,5C框架),用它推导出一个通用的解决方案。最后,管理者应能运用框架图提供的通用解决方案处理手头上的具体问题。利用框架图所归纳的通用知识,管理者就不必用试错法来解决商业问题了(如图1-1所示)。

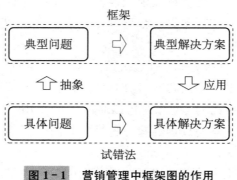

图1-1 营销管理中框架图的作用

框架图会有不同的变体。有些框架图主要解决一些基本的战略问题，如识别目标顾客和针对这些顾客确定一个价值主张，而有些框架图则主要解决一些具体的问题，如产品研发、品牌建设、定价、促销和分销。本书阐述的通用性框架图主要用来识别、分析和解决营销管理中的各种战略性和战术性问题。通过全面介绍关键的营销概念和框架图，本书为读者提供了一种营销分析、规划和管理的既系统又简单的方法。

延伸阅读

Drucker, Peter (1954), *The Practice of Management*. New York, NY: HarperCollins.

Kotler, Philip (1999), *Kotler on Marking: How to Create, Win, and Dominate Markets*. New York, NY: Free Press.

第二章
营销战略和战术

> 通向失败的途径可能有多种,而通向成功的途径可能只有一种。
>
> ——希腊哲学家亚里士多德

某产品或服务的成功取决于其创造市场价值的能力。产品或服务创造价值的独特方式体现在其商业模式中。本章讨论的重点是商业模式在营销管理中的作用,以及商业模式的两大重要组成部分——战略和战术。

商业模式在营销管理中的作用

通过定义在创造和获取价值的过程中涉及的实体、因素和流程,商业模式勾勒出了价值创造的主要结构。由于商业模式决定了价值创造过程的本质,所以设计一个可行且可持续的商业模式是市场成功的关键。

商业模式多种多样:有的很狭义,只强调价值创造过程中最重要、最独特的方面;有的则很宽泛,详细描述了价值创造过程中的各个相关方面。狭义的商业模式主要描述与特定营销活动相关的通用的价值创造战略,如定价、促销和分销。比如,"剃刀与刀片"的模式(razors-and-blades model)描述的是一种定价战略,即低价出售某种产品或服务(或者免费赠送),以便促进其互补品的销售;免费增值模式(freemium model)描述的是一种促销战略,即向顾客免费赠送某种基本款的产品或服务,以便鼓励顾客升级到付费版;虚实结合模式(bricks-and-clicks model)描述的是一种分销战略,整合了线下(bricks)和线上(clicks)两种渠道;特许经营模式(franchising model)描述的是采用(租赁)某现有商业模式的战略。虽然这些狭义的商业模式非常直观,但由于它们只关注价值创造过程的某个方面,所以不适合作为综合分析和规划公司商业活动的基础。因此,本书主要探讨包含价值创造过程所有相关方面的广义上的商业模式。

有关商业模式，有三点需要注意：

- 商业模式主要**关注价值**。价值这个概念对任何商业模式都至关重要，它既可以是货币性的（如利润），也可以是非货币性的（如社会福利）。因此，虽然对利润的关注很普遍，但它只是价值的一个方面。
- 商业模式是**无形的**。它们涉及想法，是对现实的一种主观呈现，因此，市场上并不存在看得见、摸得着的商业模式。商业模式只是组织对价值创造过程的一种构想。
- 商业模式是**普遍存在的**。人们常常误认为，只有创业型公司才需要商业模式，而成熟的公司则不需要。事实并非如此：一个可行的商业模式是任何组织成功的基础，无论是刚刚起步的创业型公司，还是引领市场的成功企业。

从结构上看，商业模式有两大组成部分：战略和战术。战略主要用来确定公司所运营的市场，确定各关键市场实体之间的价值交换，并大体明确产品或服务为市场交易过程中的相关参与者创造价值的方式。战术则主要指一系列被称为营销组合的活动，并通过设计、沟通和交付特定的产品或服务来实施既定的战略。战略关注的重点是明确目标市场及相关市场实体间的价值交换，而战术则主要关注最终创造市场价值的产品或服务的某些特定方面。在接下来的章节中，我们将详细阐述商业模式的这两个组成部分。

营销战略：定义价值交换

英语中的"战略"（strategy）一词源于希腊语（stratēgìa），原意为"将才"（generalship），指战前调兵遣将，摆阵布局的才能。在市场营销领域，战略主要指组织创造市场价值的内在逻辑。营销战略涉及两个重要组成部分：目标市场和价值主张。

目标市场

产品或服务参与竞争的市场由以下五个因素来定义：顾客——公司的产品或服务就是为了满足其需求；提供产品或服务的公司；就产品或服务与公司进行合作的合作者；针对同一目标顾客的竞争对手；公司运营所处的整体经济、商业、技术、社会文化、法规和物理环境。这五个因素常被称为5C，所以相关的框架就称为5C框架。下面，我们将简单介绍一下这五个因素。

- 目标**顾客**是指潜在的购买者，通常由公司旨在通过其产品或服务满足的需求来定义。目标顾客可以是个体消费者（在B2C市场中），也可以是公司（在B2B市场中）。
- **公司**是指提供产品或服务的组织。如果组织提供种类多样的产品或服务，那么公司就是其中的某个特定的业务单元，通常称为战略业务单元。公司在特定市场上成功胜出的能力取决于它所拥有的资源——核心竞争力和战略资产，这些资源可以帮助公司满足顾客需求。

- **合作者**是指与公司一起合作，为目标顾客创造价值的实体。常见的合作者包括供应商、生产商、分销商（经销商、批发商和零售商）、研发实体、服务提供方、外部销售团队、广告机构和市场调研公司。
- **竞争对手**是指为相同顾客群体提供产品或服务、满足顾客相同需求的实体。竞争并不局限于公司所在的行业，所有旨在满足相同的顾客需求的实体之间都存在竞争，无论它们是否属于同一行业。因此，公司的产品或服务不光要与来自同行业的实体的产品或服务进行竞争，还要与来自不同行业但旨在满足相同的顾客需求的实体的产品或服务（通常称为替代品）竞争。举例来说，佳能不光要与其他数码相机生产商竞争，如索尼和尼康，还要与内置相机的手机制造商竞争，如苹果和三星。星巴克的竞争对手不光包括其他咖啡店，还包括咖啡因饮料生产商，如红牛和怪物高能饮料（Monster Energy）。
- **环境**涉及公司运营所处环境的各个相关方面。与价值创造过程密切相关的六个环境因素包括：经济（如经济增长、货币供应、通胀和利率）、商业（如新商业模式的出现、市场结构的变化、商业势力的均衡和信息可获取性）、技术（如现有技术的扩散和新技术的开发）、社会文化（如人口趋势、价值体系、相关市场独特的信仰和行为）、法规（如进出口关税、税收、产品规格、定价、广告政策以及专利和商标保护）和物理环境（如自然资源、气候和健康状况等）。

目标顾客的选择对于确定目标市场的其他几个因素至关重要：它决定了竞争的范围、潜在合作者、满足顾客需求所必需的核心竞争力和资产，以及与选定目标顾客所在的细分市场相关的具体的环境因素。因此，不同的顾客细分群体应该由不同的竞争对手来服务，需要不同的合作者（不同的供应商和分销渠道），由公司不同的业务单元来管理，并在不同的环境中运营。图2-1中，目标顾客位于中央，反映了它在决定市场方面的重要作用。

图2-1　定义市场：5C框架

目标顾客的中心位置还表明，目标顾客的变化可能导致相关市场各个方面的变化。例如，公司决定提高定位，针对新的顾客群体，这不仅意味着顾客的需求发生了变化，还意味着可能要和针对此类顾客的更高档次的零售商合作，需要新的核心竞争力和战略资产来帮助公司满足顾客的需求，要和一直以来为此类顾客提供产品或服务的公司竞争，以及面临来自经济、商业、技术、社会文化、法规和物理环境等方面的影响。

价值主张

价值主张明确了产品或服务旨在为市场中的相关参与者创造的价值。设计一项有意义的价值主张的关键在于,深刻理解决定不同市场实体间关系的价值交换。接下来,我们将谈论价值交换的主要方面以及产品或服务的价值主张。

定义价值交换:6V 框架

价值交换指的是在特定市场中,不同实体之间基于价值的关系。目标市场由在特定经济、商业、技术、社会文化、法规和物理环境下运营的四个关键实体决定,分别是顾客、公司、合作者和竞争对手。这四个实体之间的交互决定了图 2-2 所示的 6V 框架中的六种价值关系。

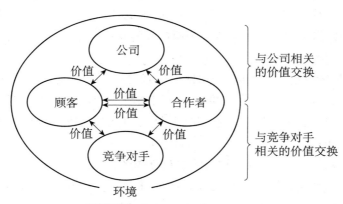

图 2-2　定义价值交换:6V 框架

图 2-2 中的每种关系都可以看作是给予(创造)和接受(获取)价值的过程。因此,公司与其顾客之间的关系就取决于公司为顾客创造的价值,以及顾客创造且被公司获取的价值。同样地,公司与其合作者之间的关系取决于公司为合作者创造的价值以及合作者创造且被公司获取的价值。最后,公司的顾客与公司的合作者之间的关系取决于这些合作者为顾客创造的价值以及目标顾客创造且被合作者获取的价值。

为了举例说明,我们来想想生产商、零售商及其顾客之间的关系。生产商(公司)与零售商(合作者)合作,为目标顾客提供产品(价值)。顾客从购买的产品(由生产商生产)以及在购买过程中涉及的相关服务(由零售商提供)中获取价值,为此,他们需要支付一定数量的金钱给生产商和零售商。零售商以利润的形式(买卖的差价)从顾客处获得价值,并以各种贸易促销的形式从生产商处获得价值。生产商通过顾客为其产品或服务支付的货款(零售商利润净值)及零售商在销售过程中提供的各种服务获取价值。

公司、顾客以及公司合作者之间的三种价值关系只反映了与公司有关的价值交换。

任何市场都存在为相同顾客创造价值,且拥有相同的合作者的竞争对手。与竞争对手相关的价值交换和与公司相关的价值交换非常相似,也由三种关系组成:公司目标顾客与竞争对手之间的关系、公司目标顾客与竞争对手的合作者(有些可能是公司的合作者,甚至全部都是公司的合作者)之间的关系,以及竞争对手与其合作者之间的关系。此外,和与公司有关的价值交换一样,与竞争对手有关的价值交换同样取决于在市场参与者之间创造和获取价值的过程。

制定最优的价值主张:3V 原则

为了成功,公司所提供的产品或服务必须为参与市场交换的所有实体——目标顾客、公司及其合作者——创造价值。在研发产品或服务时,公司需要考虑三种价值:对于目标顾客的价值、对于合作者的价值,以及对于公司的价值。因此,要想评估某产品或服务的市场潜力,经理人必须回答以下三个关键问题:

- 相对于竞争对手,该产品或服务是否为目标顾客创造了更多价值?
- 相对于竞争对手,该产品或服务是否为公司的合作者创造了更多价值?
- 相对于公司为了研发该产品或服务而放弃的其他产品或服务,该产品或服务是否为公司创造了更多价值?

由于三个实体的价值主张不同,公司便面临着对三种价值主张进行排序的问题。令人惊讶的是,公司内部很少就此达成共识。营销部门一般都强调为顾客创造价值;财务部门和高管主要关注为公司(股东)创造价值;销售团队则注重为合作者创造价值,如经销商、批发商和零售商。

"正确"的回答是,公司需要在股东、顾客和合作者之间实现相互平衡,以制定最优的价值主张。这里,最优价值意味着价值在三个实体间达到平衡,即产品或服务在为目标顾客和合作者创造价值的同时,也能帮助公司实现其战略目标。使这三种价值——为顾客创造的价值、为合作者创造的价值以及为公司创造的价值——最优化,是获得市场成功的关键原则(如图 2-3 所示)。

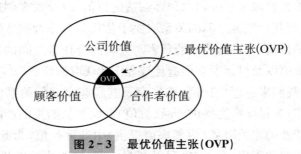

图 2-3　最优价值主张(OVP)

3V 原则要求公司在为顾客创造更多价值的同时,也为公司本身及其合作者创造更多的价值。因此,一项产品或服务获得市场成功的标准是它能为顾客、合作者及其公司本身创造更多的价值。如果它不能为任何一个相关市场参与者创造更多价值,势必会导致市场交易低迷,并最终导致市场失败。

价值主张反映了公司对于其产品或服务为目标顾客创造价值的期望,同时也是目标顾客能从产品或服务获得的好处的一种理想反映。价值主张在市场中没有实体的存在,而是通过公司设计、沟通和为其目标顾客提供的具体的产品或服务来体现的。接下来,我们将探讨有关产品或服务研发的重要方面。

营销战术:设计营销组合

英文中的"战术"(tactics)一词也来源于希腊语(taktika),意思是"部署",通常指在作战过程中基于最初的战略定位对军队进行部署和调遣。在营销中,战术指一系列具体的活动,通常被称为营销组合,用来实施具体的既定战略。

战略抽象地描述了某产品或服务是如何为市场参与者创造价值的。公司设计产品或服务是为了满足顾客的需求,并进而为顾客、公司及其合作者创造了价值。战略明确的是价值交换和最优价值主张,而战术确定的是能创造市场价值的产品或服务的具体属性。

营销组合的七大战术

战术由七个关键要素决定,通常被称为营销组合:产品、服务、品牌、价格、激励、沟通和分销。这些营销战术反映的关键营销决策体现了产品或服务的营销战略。这七个营销组合要素分别如下:

- **产品**要素体现了产品或服务的主要功能特征。产品的所有权在购买时即发生改变;一旦生产完毕,产品就可以脱离制造商,并通过多种渠道被分销给购买者。
- **服务**要素同样体现了产品或服务的功能特征。但与产品要素不同,服务要素一般不意味着所有权的改变;顾客只是获得了在一段时间内使用服务的权利。由于服务的创造和消费是同时进行的,因此它与服务提供商密不可分,而且不能存储。
- **品牌**要素涉及识别产品或服务的一系列独特的标识和联想,提升了产品或服务的价值(产品要素和服务要素之外的价值)。
- **价格**要素指的是公司因为其产品或服务创造的价值而向顾客及其合作者收取的费用。
- **激励**要素是指有选择地为顾客、合作者和员工提高产品或服务价值的工具。激励可以是货币形式的,如批量折扣、降价、优惠券和返利;也可以是非货币形式的,如赠品、有奖竞赛和奖励。
- **沟通**要素是指向现有或潜在购买者告知产品或服务的具体细节的过程。
- **分销**要素决定了产品或服务送达顾客的渠道。

以上七个要素是管理者借以执行公司战略并向目标市场提供最优价值主张的工具（见图2-4），这七个要素被称为"7T"，因为它们确定了产品或服务的七个战术层面。它们是管理者为目标顾客、公司及其合作者创造价值的七个工具。

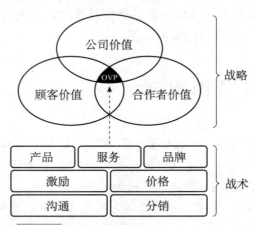

图2-4 产品或服务价值主张的七大战术

想一想，星巴克在开设零售门店时需要作出的决策。它必须要决定提供的产品种类，以及每种产品的具体属性（如咖啡的种类、烘焙和冲泡流程，以及非咖啡类成分）、服务的类型和水准、品牌的识别和意义、产品的定价、为刺激销售而提供的各种货币或非货币形式的激励措施、让顾客更好地认识其产品的方法，以及门店的选址（能让其产品和服务更好地接触到顾客）。基于这七个因素作出的决策决定了星巴克为市场提供的产品。因此，星巴克产品的产品要素指的是种类繁多的各式咖啡饮料，以及多种辅食小吃和非咖啡类饮料。服务要素指的是满足顾客的需求，解决他们关心的问题，并提供进行消费的场所。品牌要素，包括星巴克的品牌识别，如品牌名称和标识，以及星巴克在顾客头脑中激发的联想。价格要素指的是星巴克向顾客销售产品所得的金额。激励要素指的是各种旨在为顾客提供额外价值的促销工具，如星巴克为回馈经常光顾星巴克的顾客而开展的顾客忠诚计划、优惠券和临时减价。沟通要素是指通过各种不同的媒体渠道，包括广告、社交媒体和公关活动传播的有关星巴克的信息。最后，分销要素指的是星巴克的产品抵达顾客的渠道，包括星巴克自有门店和特许经销店以及其他获得授权可销售星巴克产品的零售店。

战术：设计、沟通和传递价值的过程

这七个营销战术——产品、服务、品牌、价格、激励、沟通和分销——并非相互割裂的单独活动，而是相互关联的整体，因为它们体现的是同一价值创造过程的不同方面。因此，各个营销战术之间的关系就体现为设计、沟通和传递价值的过程。这里，产品、服务、品牌、价格和激励组成了产品或服务的价值设计方面，沟通要素反映了价值沟通方面，而分销则体现了产品或服务的价值传递。

价值创造过程的最后两个方面——沟通和分销——与前面五个方面有所不同,因为它们是实现其他五个营销组合变量的渠道。具体来说,沟通能够告知顾客产品或服务的性能,与顾客分享品牌的含义,告知顾客产品或服务的价格和现有的激励措施,并提供购买产品或服务相关的信息。分销指通过一系列零售渠道将产品或服务提供给顾客;通过服务中心为顾客提供服务;通过向顾客提供一手的品牌体验,传递品牌价值;通过收集顾客付款和处理退款等为顾客传递价格信息;并通过各种渠道包括电视、广播、印刷品、购买点、销售人员和网络,进行沟通宣传。图2-5描绘了作为设计、沟通和传递价值的过程的七大营销战术。

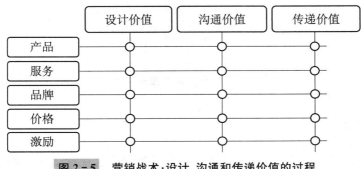

图2-5 营销战术:设计、沟通和传递价值的过程

图2-5所示的价值创造过程中的各个节点反映了设计产品或服务的营销战术时需要作出的特定决策。对于产品、服务、品牌、价格和激励这五个因素,经理人必须针对设计、沟通和传递作出三个不同的决策。在这种情况下,产品和服务管理就必须识别特定的产品/服务属性(价值设计),明确如何沟通这些属性以及这些属性能为目标顾客带来哪些收益(价值沟通),并决定如何将产品传递给目标顾客(价值传递)。同样地,品牌管理必须明确关键的品牌识别要素和联想,并决定如何沟通并将它们传递给目标顾客。价格管理不光涉及对价格水平的确定,还包括如何将价格要素传达给目标顾客,以及如何从顾客那里收集货款然后上交给公司。最后,激励管理需要确定具体的激励措施,如价格折扣、优惠券、忠诚度计划,以及将这些激励措施沟通、传递给目标顾客的方法。

商业模式的动态发展

截至目前,上述讨论都主要围绕商业模式的结构、其主要组成部分以及各部分之间的关系。还有一个重要的问题尚未解决,即商业模式的动态发展。具体来说,就是商业模式是如何制定出来的?商业模式什么时候过时并且需要调整?接下来,我们就主要探讨这两个问题——制定商业模式和重塑商业模式。

制定商业模式

制定商业模式主要有两种方法。第一种方法(通常被称为自上而下分析法)先从广义上思考目标市场以及相关的价值交换,然后在此基础上设计特定的产品或服务。第二种方法(通常被称为自下而上分析法)则相反,先设计产品或服务的具体方面(例如,利用现有技术开发一项新技术或新产品),然后再确定目标市场,制定一项最优的价值主张。这两种制定商业模式的基本方法如图2-6所示,我们会在接下来进行详细讨论。

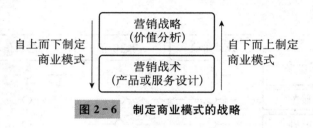

图 2-6 制定商业模式的战略

自上而下制定商业模式

自上而下的方法通常源于旨在识别目标市场和创造最优价值主张的战略分析。一般来说,自上而下的方法通常有两种:(1)先进行顾客分析,以便找到竞争对手未能满足的顾客需求;(2)先分析公司拥有的资源,然后找到可能创造可持续竞争优势的核心竞争力和战略资产。在第一种情况下,经理人可以从这样的问题开始:顾客面临哪些关键问题? 相对于竞争对手,我们能更好地解决哪些问题? 而在第二种情况下,经理人要问的问题是:我们有哪些独特的资源——战略资产和核心竞争力——可以用来创造市场价值? 用这些资源,我们可以满足哪些未满足的顾客需求? 需要注意的是,无论先问哪个问题——顾客需求,还是公司资源,要想制定可持续的商业模式,这两个问题都必须解决。如果只有独特的资源,却没有未被满足的顾客需求;或有未被满足的顾客需求,但公司却没有相关的资源,都不足以制定一个可行的商业模式。

我们可以用苹果公司研发新产品的方法来说明如何用自上而下的方法制定商业模式。苹果公司的大多数产品都是为了满足某项明确的顾客需求。iPod的诞生是为了让人们可以随时随地听他们喜欢的音乐;iPhone的出现是为了将几个设备的功能,如手机、掌上电脑和照相机,集于一身;MacBook Air的发明是为了推出一款超轻、超薄且功能强大的电脑。苹果电视的出现是为了将顾客的数字图书馆与他们的电视连接在一起。需要注意的是,在设计产品、满足顾客需求的过程中,苹果始终立足于现有的战略资产,同时不断开发新的战略资产,其中一项就是苹果的生态系统,用来确保各个设备之间的兼容性,从而达到各设备之间相辅相成,相互提高。

其他的自上而下的商业模式包括宝洁的速易洁系列清洁产品、赫曼米勒的 Aeron

Chair 大班椅、戴森的吸尘器和特斯拉的电动汽车。速易洁旨在推出一款比拖把更有效的清洁工具，帮助人们节约时间；Aeron Chair 大班椅是为了推出既舒适又时尚的办公椅；戴森旨在推出一款高效耐用的吸尘器；特斯拉是为了满足人们的环保需求而制造了快速、宽敞、时尚的高端电动车。

自下而上制定商业模式

运用自下而上的方法制定商业模式时，先要设计产品或服务的某个特定方面，然后寻找相应的目标顾客，该目标顾客未被满足的需求正好可以通过该产品或服务来满足。自下而上制定商业模式通常源于产品或服务的研发过程，在这个过程中，某个特定的产品或产品的某个特性得到了改善，或者研发出了新产品。在这种情况下，经理人可以考虑以下问题：目前这个产品或服务如何得到进一步改善？此时，可以不必考虑这种改善可能带来哪些商业应用。此外，自下而上制定商业模式也可以源于技术的进步，并且该技术进步不光对某特定公司有利，而且对所有公司都有利。在这种情况下，经理人要问的问题是，新的技术进步可以为目前的产品和服务带来哪些好处？如何应用新技术来研发新的产品或服务？在上述情况下，商业模式的制定都始于产品研发，而不是为了满足某项特定的顾客需求。

例如，Groupon——日交易额达数十亿美元的折扣品团购网站——始于一个现有的技术平台，该社交媒体平台旨在通过聚集大量的网民来解决问题，即寻找到合适的折扣商品。该公司成立于 2008 年年底，当时由于经济危机，很多消费者都面临经济拮据的问题。同样地，iPad 的出现也是由 iPhone 使用的现有技术驱动的，而算不上是用来满足顾客未被满足的需求的一项新产品。需要注意的是，虽然以上两个例子中，产品都源于技术平台，但最终成功都是因为它们将技术解决方案和相关的顾客需求联系在了一起。

有时候，新产品或服务也可能是偶然中发现的。一个经典的案例就是 3M 的便利贴，这个产品就是源自某种粘性不强的胶水的发明。伟哥（Viagra）——一种口服治疗勃起功能障碍以及早泄的药物——最初是为治疗高血压和某些心脏方面的疾病而设计的；落健（Rogaine）——用来治疗脱发的一款非常畅销的非处方药物——最初也是为了治疗高血压而设计的。其他自下而上、由产品驱动的商业模式还包括家乐氏（Kellogg's）玉米片、维克罗（Velcro）、特氟龙（Teflon）和强力胶。注意，和专门投入研发而开发出来的产品或服务一样，从某些偶然发现中发明的产品或服务的市场成功，同样取决于它们为目标顾客、公司和合作者创造最优价值主张的能力。

升级商业模式

商业模式并不是一成不变的；相反，商业模式一旦成型，就会随着时间的推移而发生变化。导致商业模式变化的最常见的因素是，其针对相关实体（公司及其顾客、合作者）

的价值主张不再是最优的价值主张。次优价值主张常常是由潜在市场的变化引起的。具体来说,次优价值主张与两类因素有关:次优商业模式设计和目标市场的变化。

- **次优商业模式设计**。导致升级商业模式的一个关键因素是,设计过程存在瑕疵、效率低下。在这种情况下,经理人应该思考:如何才能改进现有的商业模式以使其市场价值最大化?例如,为了让更多人买得起汽车,亨利·福特(Henry Ford)完善了输送带驱动装配线,最终使生产一辆 T 型车的时间少于两小时,并因此让汽车的价格为普通美国人所接受。

- **目标市场的变化**。因为五个关键市场因素(即 5C,包括目标顾客、公司、合作者、竞争对手和环境)中的一个或多个因素的变化,而要求对商业模式进行升级。比如,为了迎合顾客需求和偏好的变化,很多快餐店(如麦当劳)都重新定义了它们的产品组合,增加了一些更健康的食品。为了应对在线零售商的竞争,很多传统的零售商,如梅西百货(Macy's)、邦诺(Barnes & Noble)和百思买(Best Buy)也必须重新定义其商业模式,转型为多渠道零售商。同样地,很多生产商也必须重新定义其生产线,以囊括较低端的产品,从而应对其合作者(零售商)越来越多地采用自有品牌的趋势。公司资产如专利和专有技术的发展或收购,可以重新定义很多行业的基础商业模式,如化工、电信和航空行业。最后,具体情境的变化,如汽车、航空和互联网行业,已经破坏了现有的价值创造过程,迫使公司不得不重新定义其商业模式。

要想取得成功,商业模式必须跟随其所在市场的变化而变化。许多原本很成功的商业模式已因为环境的变化而过时。如果公司不能根据市场现实的变化而调整其商业模式,就会逐渐衰败,被其他商业模式更好、能为顾客创造更多价值的公司所超越。正如查尔斯·达尔文(Charles Darwin)所说,最终生存下来的物种并不是最强壮或者最聪明的,而是那些最能适应环境变化的物种。市场成功的关键不光是制定一个可行的商业模式,还有调整该模式使其适应市场变化的能力。

本章小结

营销的目标是通过成功地设计与实现交换行动来创造价值。因此,一家公司的目标就是开发出能够为交换活动的相关参与者(顾客、公司及其合作者)创造价值的产品或服务。优化这三种价值的原则——3V 原则——是所有营销活动的基础。

价值创造过程的本质体现在公司的商业模式中,而商业模式决定了传递和获取市场价值过程中涉及的关键实体、因素和流程。从结构的角度来说,商业模式由两个关键要素组成:战略和战术。

战略确定公司所运营的市场,确定各关键市场实体之间的价值交换,并大体明确产品或服务为市场交换过程中的相关参与者创造价值的方式。产品或服务的战略取决于两个决策:识别目标顾客和制定价值主张。目标市场由 5 个因素决定(即 5C 框架):顾客、合作者、公司、竞争对手和环境。价值交换由顾客、合作者、公司和竞争对手之间的价值关系(即 6V 框架)决定。

战术指的是通过设计、沟通和传递特定的产品或服务,来执行某项既定战略所开展的一系列活动,通常被称为营销组合。与确定各相关市场实体间价值交换的战略不同,战术主要确定能创造市场价值的某个特定产品或服务的主要方面。战术由七个关键要素决定(即 7T 框架):产品、服务、品牌、价格、激励、沟通和分销。战术也可以理解为设计、沟通与传递价值的过程。其中,产品、服务、品牌、价格与激励构成产品或服务的价值设计层面;沟通指产品或服务的价值传播层面;分销指产品或服务的价值传递层面。

制定一个商业模式通常有两种途径。第一种方法(通常被称为自上而下分析法)先从广义上思考目标市场以及相关的价值交换,然后在此基础上设计特定的产品或服务;第二种方法(通常被称为自下而上分析法)则相反,先设计产品或服务的具体方面(如利用现有技术开发一项新技术或新产品),然后再确定目标市场,制定一项最优的价值主张。

相关概念

营销近视症:这个词由西奥多·莱维特(Theodore Levitt)首创,[1] 指公司只关注产品研发,而忽略了潜在的顾客需求。这种只关注产品的近视倾向,会让公司忽略来自能满足相同的顾客需求的跨品类竞争对手的威胁。一个经典的营销近视症例子来自铁路公司,其衰退的部分原因在于,它们认为自己属于铁路行业,而非交通行业,因此忽略了其他竞争对手,如汽车、公交和飞机,并被它们抢走了顾客。

战略业务单元:战略业务单元是指在公司中,与一群特定的竞争对手竞争,拥有一系列特定的产品或服务来满足特定顾客群需求的运营单元。

替代品:替代品是指能满足顾客某项特定需求的来自不同品类的产品。例如,佳得乐(Gatorade)可以视为可乐的替代品。替代品这个概念一般用于基于行业的分析(如本章末尾提到的五力分析框架)。传统的营销分析是通过满足特定顾客需求的能力来界定竞争对手的,而不是看它们是否来自同一行业,因此,对于跨品类(替代品)和同品类竞争对手并没有作区分。

相关框架:3C 框架

3C 框架由日本商业战略家大前研一(Kenichi Ohmae)提出。他认为,管理者为实现可持续的竞争优势,应评估以下三个主要因素:公司(company)、顾客(customers)与竞争(competition)。3C 框架表明,管理者需评估他们的运营环境:公司的优点与缺点、顾客的需求以及竞争对手的优点与缺点。3C 框架简单、直观、易于理解和使用,因此颇受欢迎。

尽管 3C 框架很受欢迎,但它仍存在一些局限,并因此阻碍其用于营销分析。其中一个主要局限就是它忽视了两个重要的因素：公司的"合作者"与公司所处的运营"环境"。在这个互联互通的时代，合作者的重要性不言而喻。实际上，几乎所有的商业活动都需要某种形式的合作以创造产品或服务、沟通其收益并将其交付给顾客。同样，在制定商业模式时，公司所处的经济、商业技术、社会文化、规章制度环境以及物理环境也扮演着重要的角色；而且，这些因素决定了公司的产品或服务能否获得成功。3C框架另外一个局限是：它没有考虑到各个部分之间的相互依赖性，特别是顾客在界定其他因素（其他几个C）时的关键作用。

相关框架：4P 框架

当管理者设计并管理一种特定的产品或服务时，4P框架为其明确了需要做出的四个决策：(1)公司"产品"(product)的功能和设计；(2)目标顾客需要为该产品支付的"价格"(price)；(3)公司将这种产品"促销"(promotion)给目标顾客；(4)通过一些"渠道"(place)将产品配送给各个零售网点。4P框架非常直观，而且便于记忆，因此很受欢迎。

尽管4P框架很流行，但是它也存在一些局限。最明显的一个局限就是它缺乏单独的服务与品牌要素。由于4P框架是50多年前提出的，并且它主要关注的是快速消费品，所以未能清晰地表述产品的服务元素。在当今以服务为导向的商业环境中，这是一个重大的缺陷。另外，在4P框架中，品牌并未被视为一个单独的营销组合要素，而被视为公司产品和促销决策的一部分——鉴于品牌在营销中扮演的重要角色，这一点也不太合理。

4P框架的另外一个局限是它对"促销"这一概念的理解。促销是一个非常宽泛的概念，它包括两种不同类型的活动：(1)激励。例如价格促销、优惠券、贸易促销。(2)沟通。例如广告宣传、公共关系、社交媒体和人员推销。会计惯例中一般将两种活动结合起来，每一个活动在价值创造过程中都扮演独特的角色。激励旨在提高产品或服务的价值，而沟通旨在让顾客知道这一产品或服务，却不一定会提高价值。使用同一术语来指代这两种不同的活动会造成一定的误解。

4P框架还有一个缺点，就是对于"地点"(place)理解的局限性。目前，公司将其产品或服务交付给顾客的复杂度在日益增加，因此需要对全过程有更精确的描述，而不是仅指顾客在哪里可以买到公司的产品或服务。因此，"地点"这一词很少用于现代营销分析中，而是被"分销"或"渠道"所替代。

用七个要素而非四个要素来描述营销组合能克服4P框架的一些局限。这七个要素包括产品、服务、品牌、价格、激励、沟通与分销，即本章前面所讲的7T框架。注意，4P很容易和7T进行匹配：产品、服务和品牌对应第一个P；价格对应第二个P；激励和沟通对应第三个P；分销则对应第四个P（如图2-7所示）。因此，7T框架可以视为4P框架的扩展，它可以帮助人们更准确地理解关键的营销组合变量，而且7T框架也更容易实施。

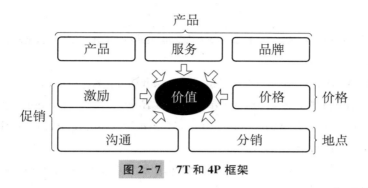

图 2-7　7T 和 4P 框架

相关框架：竞争的五种力量

五力模型是由迈克尔·波特提出的一种分析行业竞争态势的工具，常常被用来制定战略决策，如评估进入（或离开）某个特定行业的可行性。根据该模型，行业的竞争性由以下五个因素决定：供应商的议价能力、购买者的议价能力、新进入者的威胁、替代品的威胁和行业内现有竞争者的竞争状况（如图2-8所示）。一般来说，供应商和购买者的议价能力越强，新进入者和替代品的威胁越大，行业内现有竞争者的竞争越激烈，行业的总体竞争性就越大。

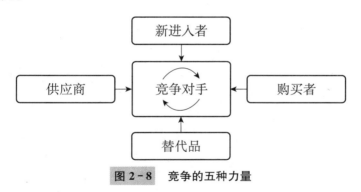

图 2-8　竞争的五种力量

五力模型反映了一种行业视角，竞争对手的情况由其所在的行业决定。根据这种观点，跨行业竞争一般通过能满足相同顾客需求的替代品来实现。而且，顾名思义，五力模型的重点在于竞争，与为顾客创造价值的过程关系较远。本章所述营销框架重点关注价值创造过程，在讨论竞争对手时，主要从它们为公司顾客及合作者创造价值的角度来探讨。本章所阐述的以顾客为中心的价值分析并不针对具体行业，也与公司及其竞争对手是否来自同一行业无关。因为竞争对手是由它们满足顾客需求的能力来定义的，而不是它们所属的行业，所以替代品这个概念并没有太大的意义，可以用竞争性产品或服务这个更广义的概念来表示。

延伸阅读

Aaker, David A. (2009), *Strategic Market Management* (9th ed.). New York, NY: John Wiley & Son.

Johnson, Mark W., Clayton M. Christensen, and Henning Kagermann (2008), "Reinventing Your Business Model," *Harvard Business Review*, 86, (December).

Kotler, Philp and Kevin Lane Keller (2011), *Marketing Management* (14th ed.). Upper Saddle River, NJ: Prentice Hall.

Ohmae, Kenichi (1991), *The Mind of the Strategist: The Art of Japanese Business*. New York, NY: McGraw-Hill.

注释

1 Levitt, Theodore (1975), "Marketing Myopia," *Harvard Business Review* (September-October), 2-14.

2 Adapted from Porter, Michael E. (1979), "How Competitive Forces Shape Strategy," *Harvard Business Review*, 57 (March-April), 137-145.

第三章
营销计划

> 没有行动的愿景是白日梦,没有愿景的行动是噩梦。
>
> ——日本谚语

日益复杂的公司营销活动要求我们用系统化的方法来进行营销管理。本章我们将探讨一种系统化的营销方法,这种方法通过提倡一种简单但全面的用于制订可实施营销计划的框架,向我们阐释了战略分析和规划的内在逻辑。

营销规划的 G-STIC 框架

产品或服务的营销计划主要描述了其创造市场价值的具体活动。营销计划的核心是产品或服务的商业模式。商业模式阐明了产品或服务的战略和战术,并大体确定了价值创造过程的逻辑以及产品或服务的具体细节。一般来说,产品或服务的营销计划取决于五个关键活动:设定目标、制定战略、设计战术、确定实施计划,以及确定一系列控制指标来衡量相关行动的成败。这五个活动就构成了营销规划和分析的基石——G-STIC(Goal-Strategy-Tactics-Implementation-Control)框架(如图 3-1 所示)。

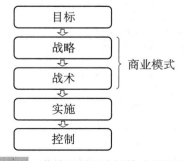

图 3-1 营销规划和分析的 G-STIC 框架

下面,我们将详细介绍 G-STIC 框架的各个组成部分。

- **目标**确定了衡量成功的最终标准,用来指导公司所有的营销活动。设定目标时,需要做出两个决策:明确公司行动的重点,以及确定需要实现的具体的定量绩效基准和时间绩效基准。
- **战略**描述的是公司价值创造模式的内在逻辑。制定战略时,需要做出两个决策:识别目标市场和制定产品或服务的价值主张。识别目标市场需要确定五个关键因素(即5C),包括顾客(公司的产品或服务旨在满足其需求)、公司(管理产品或服务)、合作者(与公司就产品或服务进行合作)、竞争对手(拥有针对相同顾客的产品或服务),以及公司运营所处的具体环境。价值主张明确的是产品或服务希望为相关市场参与者(目标顾客、公司和合作者)创造的价值。制定价值主张还涉及市场定位。所谓市场定位,就是挑出产品或服务价值主张中最重要的方面,以便在顾客头脑中创造一个独特的印象。
- **战术**指的是用来实施某项既定战略的一系列具体的活动。战术决定了公司产品或服务的主要方面(通常称为营销组合),包括产品、服务、品牌、价格、激励措施、沟通和分销。这七大战术是经理人实施公司战略、为目标市场制定最优价值主张的工具。
- **实施**指执行公司战略和战术的过程,涉及三个关键要素:明确业务架构、设计业务流程,以及制订实施计划。
- **控制**主要是明确评估公司目标进展的标准,涉及两个关键过程:评估公司的目标进展情况,以及分析公司运营所处环境的变化。

图 3-2 概括了营销计划的关键要素以及各要素涉及的一些主要决策。我们将在接下来的部分对各要素进行详细介绍。

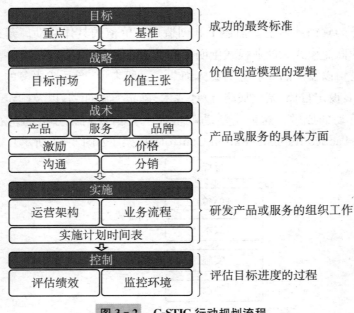

图 3-2 G-STIC 行动规划流程

G-STIC 框架为理顺公司活动提供了一种直观的方法,帮助公司实现期望的市场目标。需要注意的是,虽然 G-STIC 框架针对各个行动有一个特定的顺序,即先是明确公司目标,最后是确定衡量绩效的标准(即控制),但营销规划并非线性的过程,而是一个互动的过程。因此,G-STIC 框架有两重功能:描述关键要素在营销规划中的互动过程(G↔S↔T↔I↔C),同时,描述规划过程的结果——通常以特定营销活动的线性顺序呈现(G→S→T→I→C)。

在接下来的章节,我们将详细讨论行动计划的主要方面。由于前面一章已经深入探讨了产品或服务的战略和战术,这里,我们将详细阐述其余三个方面,即目标、实施和控制。

设定目标

制订行动计划的目的是为了实现特定目标。具体过程是,先设定目标,然后确定一系列有助于公司实现目标的行动。目标将指导公司的所有营销活动;如果没有一个好的目标,组织就无法制定有效的战略或评估现有活动的成败。设定目标时,需要做出两个决策:确定公司行动的重点,以及明确需要实现的具体的绩效基准。

目标的重点

目标的重点明确了公司成败的关键标准,描述了期望达到的结果。基于重点,可以区分出两种目标:

- **货币性目标**一般专注于使净收入、每股收益和投资回报率达到最大化。对于营利性公司来说,货币性目标非常普遍。
- **战略性目标**是指对公司具有战略重要性的非货币性目标。非货币性目标对于非营利性机构来说非常普遍,这些机构的非营利性目标包括增进社会福利等。对于营利性机构来说,非货币性目标也很普遍,它可以帮助公司实现其他利润相关的目标。也就是说,即使某产品或服务本身不盈利,也可能促进其他产品或服务的销售,从而获得利润。产品或服务也可能通过提升企业文化、提振员工士气、促进人才招聘和保留人才而帮助公司获得利润。

需要注意的是,货币性目标和战略性目标并不是完全割裂的:有的公司可能通过某盈利性产品或服务达成某些战略性目标,具有战略重要性的产品或服务也可以为盈利做出贡献。因此,长期财务规划必须在设定货币性目标的同时,增加战略性成分;长期战略性规划则必须包括财务成分,以说明特定战略性目标的实现如何才能转化成财务结果。

绩效基准

绩效基准明确了成功的最终标准。接下来,我们将详细探讨两种绩效基准——定量基准和时间基准。

- **定量基准**明确了公司为实现其目标而必须达到的特定阶段性目标。例如"将市场占有率提高2%""将保留率提高12%""将营销费用的有效性提高15%"之类的目标都包含着量化既定目标的基准。定量基准目标既可以是相对的(如将市场占有率提高20%),也可以是绝对的(如使年销售量达到100万件)。
- **时间基准**明确了实现某个阶段性目标的时间表。为实现某目标设定时间表是一项关键的战略决策,因为为实施这些目标而采取的战略通常视时间范围而定。使下季度利润最大化的目标和使长期利润最大化的目标势必需要不一样的战略和战术。

举例来说,公司的目标可能是到第四季度末(时间基准),使净收入(重点)达到10亿美元(定量基准)。

市场目标

基于不同的重点,目标也会各不相同。有些目标反映的结果比其他的更重要。我们可以把公司目标看作一个金字塔,位于塔尖的是公司的最终目标,它要通过一系列更具体的目标,即市场目标,来实现。

不同于最终目标基于公司层面的结果,市场目标主要描述相关市场因素(顾客、公司、合作者、竞争对手和环境)行为方面的具体变化,从而帮助公司实现其最终目标。下面,我们将详细介绍不同类型的市场目标。

- **顾客目标**旨在改变目标顾客的行为(如增加购买频率、放弃竞争对手的产品转而购买自己的产品或促使顾客首次购买某品类的产品),以帮助公司实现其最终目标。举例来说,公司提高净收入的目标可以与更具体的目标联系在一起,比如增加顾客重复购买某产品的频率。由于顾客是公司收入和利润的最终来源,所以公司的最终目标通常包含了以顾客为中心的行为性目标。
- **合作者目标**旨在改变公司合作者的行为(如提供更有力的促销支持、更优惠的定价条款、更好的系统整合以及扩张分销网络)。举例来说,公司提高净收入的目标可以与更具体的合作者目标联系在一起,比如在分销渠道中增加某产品的货架空间。
- **公司(内部)目标**旨在改变公司自身的行为,如改进产品和服务的质量、降低销货成本、改进公司营销活动的有效性以及降低研发成本。
- **竞争对手目标**旨在改变公司竞争对手的行为。实现这个目标的行动可能包括制造进入壁垒、确保独享稀缺资源以及规避价格战。
- **环境目标**没有其他目标普遍,通常只有那些有资源在经济、商业、技术、社会文化、法规和物理环境方面实施变革的大型公司才有这类目标。举例来说，公司可以游说政府采取有利于公司的相关法规，比如提供税收优惠、补贴、对竞争对手的产品征收进口关税。

确定市场目标至关重要，因为如果不改变相关市场实体的行为（即不改变 5C），公司就不太可能实现其最终目标。举例来说，公司的最终目标是在第四季度末将净收入提高 10 亿美元。这个目标涉及不同的方面：顾客方面的目标可能是在第四季度末将市场份额提高 10%；合作者相关的目标可能是在第四季度末获得 45% 的分销网点；内部目标可能是在第四季度末将销货成本降低 25%。在这种情况下，市场目标可以帮助公司理清有助于实现其最终目标的一系列行动。

确定实施计划

市场规划的实施部分主要描述执行产品或服务战略和战术的过程。实施计划涉及三个关键要素：确定运营架构、设计业务流程和制订实施计划的时间表。

运营架构

运营架构反映了公司的组织架构以及在创造和管理产品或服务的过程中涉及的相关实体之间的关系。例如，公司可以基于职能（研发、生产、营销、会计/财务、人力资源）对员工进行组织，形成管理产品或服务的业务单元。此外，公司也可以基于产品或市场的类型来组织员工，即一个部门负责一个特定的产品或市场。最后，公司还可以使用组合法，将上述两种方法结合起来，以便在保留职能结构的同时，组建专门的团队，负责特定的产品或市场。

业务流程

业务流程描述了实施产品或服务战略和战术所需执行的具体活动，包括管理信息流、货物、服务和金钱。一般来说，实施流程主要有三种：市场规划、资源管理和营销组合管理。

- **市场规划**包括制订营销计划过程中涉及的各种活动。整个规划过程涉及收集市场情报、明确公司目标、制定战略和战术、制订实施计划以及确定用来监控目标进度的一系列控制措施。
- **资源管理**主要涉及与获取和管理人力资源（如招聘、评估、薪酬和职业发展）、职能资源（如产能）和实施计划所需的财务资源相关的所有活动。
- **营销组合管理**涉及与管理营销战术相关的所有活动，包括设计（如识别关键属性)、生产(如采购、物流和制造)、有关供应物的产品和服务方面的执行活动(如安装、支持和维修);设计(如确定品牌身份)和管理产品的品牌、定价(如确定零售价和批发价)和价格管理(如调整现有价格)活动;设计和管理相关激励措施(如发放优惠券和打折);设计(如识别信息、媒体和创造性解决方案)和管理(如制作广告,并在合适的媒体渠道投放)产品或服务的沟通方面;设计(如确定最优渠道结构)和管理(如入库、交付订单和运输)产品的分销体系。

实施计划的时间表

制订实施计划时间表时,需要确定完成各项活动的时间表和最佳顺序,以确保项目的有效完成。在实施计划时间表中,还可以确定管理各项活动的关键人物,以及各项活动的起止时间。

确定控制措施

由于商业市场充满了变化和不确定性,所以公司必须不断评估其绩效,并随时监控环境的变化。市场控制一般有两个关键作用:评估公司完成其目标的进度,以及分析公司运营所处环境的变化。

绩效评估

绩效评估主要是将公司行动的结果与其目标进行对比、评估。绩效可以通过一系列指标进行评估,如净收入、市场份额和单位产品销售量。绩效评估一般有两个结果:要么公司进展正常,要么在期望的绩效和实际绩效之间存在一定差距(绩效差距)。当绩效评估发现差距时,需要对现有的行动计划进行调整,以帮助公司实现其目标。调整行动计划的关键原则是:变化必须与导致绩效差距的原因直接相关。

环境分析

环境分析涉及监控公司运营所处的环境,以确保公司的行动计划始终保持最优,并且在必要时对行动计划进行相应的调整以更好地利用新的机会(如有利的政府法规、竞争的减弱或顾客需求的增加)、规避潜在风险(如不利的政府法规、更加激烈的竞争或顾客需求的下降)。一旦确定了关键机会和威胁,下一步就是调整现有的行动计划来更好地利用新机会、规避风险。调整行动计划的基本原则是:变化必须直接针对发现的新机会和威胁。

撰写营销计划

营销计划是向利益相关者(公司员工、合作者、股东和投资者)有效沟通公司行动计划的一份书面文档。撰写营销计划不同于营销规划。营销规划是确定目标并为实现目标制订行动计划的过程;而营销计划是营销规划的有形结果,用来记录已经明确的目标和一系列行动。

大部分机构的营销计划都很类似:先是执行摘要,然后是形势分析,之后是设定目标、制定价值创造战略、确定产品或服务相关的战术、制订实施战术的计划、明确一系列控制措施来监控目标的进度,最后以一系列相关的附表结尾。图3-3显示了营销计划的几个关键要素,有关各要素的详细内容见下文。

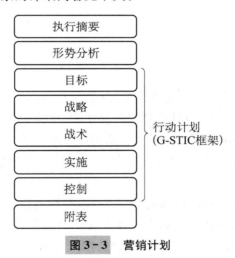

图3-3 营销计划

- **执行摘要**是营销计划的"电梯游说"①,是对公司目标和所提出的行动方案清晰简洁的概述。通常,执行摘要的篇幅为一页或两页,内容是对公司面临的主要问题(例如市场机遇/威胁或者绩效差距)和所提出的行动方案进行简要介绍。
- 营销计划的**形势分析**部分旨在对公司及其所处的经营环境进行整体评估,并确定其将要参与竞争的市场。因此,形势分析包括两个主要部分:(1)公司概况,描述公司的战略目标及当前进展、核心竞争力和战略性资产,以及产品组合;(2)市场概况,描述公司所处的市场及潜在目标市场。
- **G-STIC**部分是营销计划的核心。它明确了:(1)公司期望实现的目标;(2)帮助产品或服务确定目标市场和价值主张的战略;(3)确定产品、服务、品牌、价格、激励措施、

---

① 电梯法则,也称电梯游说,即假设你在电梯里,只有30秒的时间来向一位关系公司前途的大客户推广产品且必须成功。

沟通和分销等要素的战术;(4)执行有关产品或服务战略和战术的具体实施方案;(5)在评估公司绩效、分析公司所处环境的过程中运用的控制流程。

- **附表**通过将计划中不太重要的信息或过于专业的技术信息以表格、图表和附录的形式独立放置,可以使营销计划的逻辑更为清晰。

营销计划的最终目标就是指导公司的行动。因此,营销计划的核心由体现公司目标和行动计划的 G-STIC 框架决定。营销计划的其他方面——执行摘要、形势分析、附表——旨在梳理营销计划所蕴含的逻辑并为所提出的行动方案提供具体细节。

除了制订一个整体的营销计划,公司通常还要制订一些更具体的计划,包括产品开发计划、服务管理计划、品牌管理计划、销售计划、促销计划和沟通计划。有些计划甚至还包括更详细的子计划。比如,公司的沟通计划通常由一系列具体的行动计划组成,如广告计划、公关计划、网络计划和社交媒体计划。各计划的最终成功取决于它们与整体营销计划的一致性。

更新营销计划

营销计划一旦制订,需要不断更新升级,以确保其适用性。营销计划的动态属性源于 G-STIC 框架的结构,其中,行动计划的控制方面(即 G-STIC 中的"C")就是针对采取的行动的有效性以及目标市场的变化给公司提供相应的反馈。

更新营销计划的原因主要有两点:(1)公司期望的结果和实际绩效之间存在差距;(2)目标市场的变化。

- **绩效差距**指在一些关键指标如净收入、利润率和销售额上,公司期望的绩效和实际绩效之间的差距。绩效差距主要源于三种情况:(1)关于目标市场的信息或假设不准确,包括不可预见的市场变化;(2)营销计划中的逻辑瑕疵;(3)实施方面的错误,导致营销计划执行不力。

不准确的信息(假设)。制订营销计划时,管理者不太可能掌握所有必要的信息。更普遍的情况是,虽然可获取的信息量很大,但往往一些有战略重要性的信息存在缺失(如有关竞争对手的战略,技术发展和即将出台的政府法规等方面的信息)。因此,管理者必须作出一定的假设来弥补信息缺失的漏洞。由于假设反映了不确定性,所以,通过更新营销计划可降低营销计划的不确定性,增加其有效性。

逻辑瑕疵。绩效差距的另一个常见原因是营销计划的设计过程中存在逻辑瑕疵。比如,提出的战略可能和设定的目标不一致,导致原本可行的战略可能无法实现期望的结果。或者,产品或服务的战术与期望的战略不一致,导致产品属性可能无法给目标顾客创造价值,价格可能太高,或者沟通和分销渠道可能不太合适。

实施方面的错误。实施方面的错误——对一项原本可行的营销计划执行不力——也可能导致绩效差距。这种错误主要是由于管理者没有严格执行营销计划中规定的行动（他们可能不了解营销计划），因为其错误地依赖之前的经验（这些经验与本次行动不符），或者管理者缺乏原则（通常与企业文化有关），导致无法系统性地实施既定的营销计划。

- **目标市场的变化**指 5C 中一个或多个因素的变化：(1) 目标顾客的变化，如顾客人口特征、购买力、需求和偏好等方面的变化；(2) 竞争性环境的变化，如新竞争对手的进入、降价、一场声势浩大的广告宣传和扩张的分销网络；(3) 合作者环境方面的变化，如分销渠道的后向整合、贸易利润的增加、零售商的联合；(4) 公司方面的变化，如战略资产和竞争力的缺失；(5) 市场环境方面的变化，如经济衰退、新技术的发展和新的法律法规的出台。

更新营销计划可能需要调整公司目前计划实施的一系列行动，重新评估当前目标，重新设计当前战略（如确定新的目标市场或者调整产品或服务的整体价值主张），改变战术（如改进产品、提升服务、重新定位品牌、调整价格、引入新的激励措施、简化沟通和引进新的分销渠道），改善运营架构、流程和实施计划，以及制定其他的控制措施（如使用更准确的绩效指标）。升级行动计划的关键原则是，计划方面的变化应该解决现有营销计划中存在的问题和应对市场环境的变化。

本章小结 >>>>

　　一般来说，营销规划主要包括五个步骤：设定目标、制定战略、设计战术、制订实施计划，以及确定衡量目标进度的控制指标。这五个步骤组成了行动计划的骨架——G-STIC 框架。公司营销计划的核心是涵盖其战略和战术的商业模式。

　　目标明确了衡量成功的最终标准，用来指导公司所有的营销活动。设定目标涉及两个决策：明确公司行动的重点，以及确定需要实现的具体的定量和时间绩效基准。公司的目标就像一个金字塔，塔尖是公司的最终目标，通过一系列更具体的目标来实现。这些更具体的目标通常被称为营销目标，用来描述相关市场因素（顾客、公司、合作者、竞争对手和环境）的具体变化，从而帮助公司实现其最终目标。

　　战略描述了公司价值创造模式的内在逻辑。制定战略时，需要做出两个决策：明确目标市场和制定产品或服务的价值主张。明确目标市场涉及五个关键因素（即 5C），包括顾客、合作者、公司、竞争对手和环境。价值主张明确了产品或服务旨在为相关市场参与者（目标顾客、公司、合作者）创造的价值。

　　战术描述的是用来执行某项特定战略而实施的一系列具体的活动。战术确定了公司产品或服务的关键方面（即 7T），包括产品、服务、品牌、价格、激励、沟通和分销。这七大战术是经理人执行公司战略、为目标市场创造最优价值主张的工具。

　　实施指执行公司战略和战术的过程，涉及三个关键要素：明确运营架构、设计业务流程以及制订实施计划时间表。

　　控制主要是明确评估公司目标进展的标准，涉及两个关键过程：评估公司的目标进展情况，以及分析公司运营所处环境的变化。

除了为管理决策过程提供框架，G-STIC 框架也是撰写营销计划的基础。营销计划确定了一个具体的目标，并概述达到这一目标需要采取的一系列行动。营销计划的首要目的是有效地向利益相关者传达公司的目标以及实现该目标要采取的一系列行动。营销计划一般由四个关键要素组成：(1)介绍营销计划重点的执行摘要；(2)用以评估公司运营所处的环境并确定目标市场的形势分析；(3)明确为目标顾客创造价值的 G-STIC 行动计划；(4)提供与营销计划具体细节相关的额外信息的附表。

延伸阅读

Chernev, Alexander (2011), *The Marketing Plan Handbook* (3rd ed.). Chicago, IL: Cerebellum Press.

Kotler, Philip and Kevin Lane Keller (2011), *Marketing Management* (14th ed.). Upper Saddle River, NJ: Prentice Hall.

Lehmann, Donald R. and Rusell S. Winer (2007), *Analysis for Marketing Planning* (7th ed.). Boston, MA: McGraw-Hill/Irvin.

第二部分

营销战略

第四章　识别目标顾客：市场细分和目标市场分析
第五章　创造顾客价值：制定价值主张和市场定位
第六章　创造公司价值：管理收入、成本和利润
第七章　创造合作者价值：管理商业市场

> 人皆知我所以胜之形,而莫知吾所以制胜之形。
>
> ——中国军事战略家孙子

产品或服务的战略阐释的是价值创造过程背后的逻辑。具体来说,战略确定了公司运营所处的市场,决定了各个关键的市场实体之间的价值交换,并大致确定了产品或服务创造市场价值的方式。本书所讲的战略分析的关键包括:(1)识别目标顾客;(2)创造顾客价值;(3)创造公司价值;(4)创造合作者价值。下面是对价值创造过程的这四个方面的简单总结。在接下来的四章中,我们将对这四个方面进行详细介绍。

- **识别目标顾客**是制定营销战略的基石。识别目标顾客需要细分顾客、选择细分后的顾客类别以及确定可行的战略以作用于所选目标顾客。识别目标顾客的几个关键将在第四章中进行探讨。
- **创造顾客价值**需要制定一项价值主张,明确公司的产品或服务为目标顾客带来的收益和成本。公司的定位可以强化其价值主张,因为定位明确解释了顾客选择该产品或服务的首要原因。制定价值主张和定位的过程将在第五章进行详细论述。
- **创造公司价值**需要优化价值交换过程以便帮助公司实现其目标,并为利益相关者创造价值。创造公司价值的主要方法将在第六章进行详细论述。
- **创造合作者价值**涉及确定愿意与公司合作并为目标顾客创造价值的实体。同时,优化产品或服务,以便帮助合作者实现其目标。创造合作者价值的几个关键方面将在第七章中进行探讨。

价值创造过程的这四个方面源于一条关键的营销原则:产品或服务的成功取决于其为目标顾客创造卓越价值并让公司及其合作者受益的能力。接下来的章节将依次从目标顾客、公司和合作者的角度来探讨如何确定可行的目标市场,以及如何为该市场制定最优价值主张。

第四章
识别目标顾客：市场细分和目标市场分析

公司的目标是为自己创造顾客。

——现代管理学之父彼得·德鲁克

要制定公司的营销战略，首先要了解顾客的需求，找到市场机会。制定一项可行的战略的关键在于确定目标顾客，以及如何有效地接触到这些目标顾客。确定目标顾客的过程是本章讨论的重点。

目标市场选择

目标市场选择指确定公司要服务的目标顾客的过程。接下来，我们将谈论如何确定目标顾客，以及该过程涉及的具体的战略和战术。

目标市场选择的逻辑

假设某公司所处的市场有两个需求不同的顾客，公司应该服务哪个顾客？凭直觉可能会说两个都要。确实，在其他条件都一样时，顾客群体越大，公司盈利的可能性就越大。如果公司决定这两个顾客都服务，它就有两种研发产品或服务的选择：一种是为两个顾客提供相同的产品或服务（大众化战略）；一种是根据两个顾客各自的需求，提供不同的产品或服务（细分战略）。

为两个顾客提供相同的产品或服务的大众化战略可能不适用于需求不同的顾客，因为产品和服务会无法满足其中至少一个顾客的需求（也可能两个顾客的需求都不能满足）。例如，如果两个顾客的价格敏感性不同，那么无论公司提供高质量高价格的产品或服务,还是低质量低价格的产品或服务,都会导致其中一个顾客的需求无法得到满足,因为其中一方会觉得产品或服务太贵,而另一方会觉得产品或服务质量低劣。而提供质量和价格都中等的产品可能会导致两个顾客的需求都不能得到满足,因为其中一方还是会觉得价格昂贵,而另一方依然对产品的质量不满意。

为每个顾客提供不同的产品或服务的细分战略也可能不适用,因为公司资源有限,可能无法为每个顾客研发出满足其需求的产品或服务。例如,公司可能没有为价格敏感的顾客研发低价产品或服务的经营规模,或者没有为注重质量的顾客研发高性能优质产品所需的技术实力。而且,即使公司有提供不同产品或服务的资源,这两个顾客可能不都能给公司创造价值。例如,想要优质产品或服务的顾客可能没有足够的经济实力来购买公司的产品或服务,或者要满足其需求可能会给公司带来超过收益的高额成本。

一般来说,如果定制产品或服务带来的额外价值大于研发该产品或服务的成本,为不同顾客提供不同的产品或服务就是可行的。通常情况下,如果定制产品或服务的成本相对较高(比如耐用品,像汽车、家用电器和电气设备),公司会倾向于为较大的顾客群体服务;而如果定制的成本相对较低(如提供网络信息),公司就可以为较小的顾客群体进行量身定制。

个体和基于细分的目标市场选择

前面的讨论都基于这样一个前提:公司所在的市场只有两个顾客。虽然这样的市场的确存在,尤其是在 B2B 领域,但这种情况还是特例,因为大部分市场都是由成千上万的消费者组成的。后者的不同之处不光在于顾客的数量,还在于有些顾客很有可能具有相似的需求,可能通过同一种产品或服务得到满足。在这种情况下,公司就可以考虑为有相似需求和特点的顾客群体(通常被称为细分顾客)研发产品或服务,而不是为每个单独的顾客研发产品或服务。

基于细分的目标市场选择的概念如图 4-1 所示。其中小圆圈代表个体顾客,不同的阴影颜色代表不同的潜在需求。为了方便起见,假设顾客需求只和一个因素有关,且分为三级,由不同的阴影颜色来表示。例如,黑色的圆圈代表注重质量的顾客(细分市场 A),白色的圆圈代表对价格敏感的顾客(细分市场 B),灰色的圆圈代表想在价格和质量之间寻求平衡的顾客(细分市场 C)。在这种情况下,图 4-1 的右半部分表示公司专注于注重质量的顾客,为他们提供高端的产品或服务来满足其需求,并忽略其他两个细分群体。

未细分市场　　　　　基于细分的目标识别

图 4-1　基于细分的目标市场选择

将顾客细分成有相似需求的群体，可以帮助公司改善其营销活动的成本效率，同时还尽可能不对其产品或服务造成影响，因为公司不需要为各个单独的顾客定制产品或服务。从理论的角度来说，不管是单个的顾客还是顾客细分群体，识别目标顾客的过程实际是一样的。关键的区别在于，除了确定目标顾客的需求，基于细分的目标市场选择把具有相似需求的顾客划分成细分群体，这个过程就是所谓的细分。

战略性和战术性目标市场选择

顾客之间的区别主要在于两个方面：（1）顾客的需求和资源；（2）可以观察到的顾客特征。第一个方面是基于价值的因素，反映了顾客的需求、其购买公司产品或服务的意愿和能力。与不可观察的顾客需求和资源不同，第二个方面是基于顾客特征的因素，反映了可以观察到的顾客特征，比如年龄、性别、收入、社会地位、地理位置和购买行为。

由于存在两种类型的顾客特征——基于价值因素的顾客特征和基于个人信息的顾客特征，我们就不得不问这样一个问题：在进行目标市场选择时，应该以哪一类顾客特征优先？聚焦价值是可行的，因为价值创造是任何商业活动的本质，不过其不足在于，价值及其驱动因素——顾客需求和偏好，都是不可观察的，这就给制订有效的行动计划制造了障碍。而聚焦顾客特征也是可行的，因为顾客特征是可以观察的，可以帮助公司接触其目标顾客，让他们了解公司的产品或服务，并以有效的方式将产品或服务传递给目标顾客。不过，其不足在于，它不能反映顾客的需求和偏好，并导致公司很难为顾客创造价值。由于两者中的任何一个都不足以帮助公司以有效的方式创造价值，因此在进行目标市场选择时，应该同时考虑这两方面的因素。

基于不同的侧重点，目标市场选择可以分为战略性目标市场选择和战术性目标市场选择。战略性目标市场选择关注由顾客需求确定的价值，以及为公司创造价值的潜力；而战术性目标市场选择则聚焦顾客特征，包括年龄、性别、收入、社会地位、地理位置和购买行为等因素，以确定接触这些顾客的有效方式。我们将在接下来的部分详细探讨目标市场选择的战略性和战术性这两个方面。

战略性目标市场选择

战略性目标市场选择指的是确定公司要服务哪些顾客（细分市场），同时要忽略哪些顾客。公司的产品或服务能比竞争对手更好地满足顾客需求、为公司及其合作者创造价值的能力可以为确定目标顾客的过程提供指导。

由于战略性目标市场选择旨在为顾客、公司及其合作者提供最优价值，所以在评估选择某顾客群体的可行性时，经理人必须考虑以下两个关键问题：公司能否为这些顾客创造卓越价值？这些顾客能否为公司及其合作者创造价值？第一个问题的答案取决于公司资源与目标顾客需求的匹配程度,第二个问题的答案取决于目标顾客为公司及其合作者创造价值的能力。这两个关键标准,即目标市场的吸引力和目标市场的匹配度如图 4-2 所示,我们将在接下来的部分对这两个标准进行详细探讨。

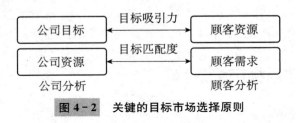

图 4-2　关键的目标市场选择原则

目标市场的吸引力

目标市场的吸引力反映了一个特定细分市场为公司带来超额价值的能力。接下来,我们将详细介绍两种主要的公司价值——货币价值和战略价值。

货币价值

货币价值是指顾客为公司创造利润的能力,是某个特定顾客群体为公司创造的收入和公司服务该群体所需的成本的函数。

- **顾客收入**是指顾客为拥有或使用公司的产品或服务而支付给公司的费用。顾客收入受一系列因素的影响,包括市场规模和增长率、顾客的购买力、价格敏感度、公司的定价能力、竞争强度以及各种环境因素,如经济状况、政府法规和物理环境。
- **服务目标顾客的成本**是指把产品或服务设计得满足目标顾客的需求,并将产品或服务介绍、交付给目标顾客所需的费用。服务目标顾客的成本还包括获得和留住这些顾客所需的费用(如顾客激励、售后服务和忠诚度计划等)。

战略价值

战略价值是指顾客为公司创造具有战略意义的非货币收益的能力。战略价值主要有四种类型:产品线价值、规模价值、沟通价值和信息价值。

- **产品线价值**反映了公司产品线上的主要产品与其他产品之间的协同效应。常见的例子有很多:生产商研发一款低价的基础款产品或服务,目的在于促进更有利可图的其他产品的销售;软件公司免费赠送某产品的基础版本,目的在于鼓励顾客升级至付费的高级版本[常称为"免费增值"(freemium)战略];零售商对某个大受欢迎的产品定价不超过其成本价,以增加店内的顾客流量[通常称为"亏本销售"(loss-leader)策略]。
- **规模价值**是指因为公司的经营规模而获取的收益。例如,公司可能会因为其商业模式的规模经济而服务低利润甚至无利可图的顾客,尤其是在航空、酒店、游轮等固定成本和边际变动成本较高的行业。另外，在成长初期的公司可能会服务于低利润的顾客，以便构建一个产品或用户生态系统，作为未来发展的平台。苹果、微软、eBay 和 Facebook 的成功表明了构建大规模用户网络的好处。

- **沟通价值**反映了顾客影响其他购买者的潜力。所以，公司服务于某些顾客不是因为其自身的购买力以及他们直接为公司带来的利润，而是希望通过利用其社会网络和影响力来影响其他购买者。例如，公司可能服务于意见领袖、潮流发起者和专家，因为他们有能力为公司的产品或服务创造或扩张市场。
- **信息价值**反映了顾客提供的信息的价值。公司服务于某些顾客可能是因为他们能为公司提供有关其需求和特征的数据，而这些数据可以帮助公司为其他有类似需求的顾客设计、沟通和传递价值。公司还可能服务于那些需求超前且可能成为早期采用者的顾客，并从他们的使用反馈中了解如何调整和改进其产品或服务。

注意，不同细分市场的吸引力会受到公司目标的影响。拥有不同战略目标的公司在评估不同细分市场的吸引力时采用的标准可能会有所不同。例如，同样的顾客，在某些公司看来很有吸引力，而在其他公司看来却并非如此。

细分市场为公司创造价值的能力是公司成功选择目标市场的必要而非充分条件。识别目标顾客的另外一个同等重要的条件是，公司为目标顾客创造卓越价值的能力。因此，除了要对公司有吸引力，目标顾客的需求还必须与公司的资源相匹配。接下来，我们将探讨用于评估目标市场与公司资源的匹配度的重要因素。

目标市场匹配度

目标市场匹配度反映了公司能比竞争对手更好地满足目标顾客需求的能力，它与公司的资源，以及这些资源能够帮助公司为其目标顾客创造卓越价值的能力有关。对公司商业模式的成功至关重要的关键资源（通常称为战略资产）一般包括现有的运营架构、合作者网络、人力资本、知识产权、知名品牌、牢固的顾客基础、具有协同效应的产品或服务、获取稀缺资源的能力，以及获取资本的能力。

- **运营架构**涉及以下几种资产：包括生产设备的生产架构、包括客服中心和顾客关系管理解决方案的服务架构、包括采购架构和流程的供应链架构，以及由公司的业务管理文化确定的管理架构。
- **合作者网络**包括两种网络：纵向网络，即合作者（供应商和分销商）位于公司供应链不同位置的网络；横向网络，即合作者不在公司供应链上但与公司在研发、生产和促销等方面合作的网络。
- **人力资本**是指公司员工的技术、运营、业务和服务能力。对很多研发、教育和咨询行业的公司来说，人力资本是价值创造的一项关键资产。
- **知识产权**是指与无形资产有关的法律权利，主要包括两种资产：(1)工业产权，包括发明、工业设计、身份标识（商标、服务商标、商业名称和编号）、来源地标志/原产地名称；(2)版权，如文学和艺术作品（小说、戏剧、电影、音乐作品、图纸、绘画作品、照片、雕塑和建筑设计）。

- **知名品牌**通过提高产品或服务的识别度并在顾客心目中形成有意义的联想，从而创造除产品或服务要素价值之外的价值。在产品或服务之间的差异较小或不存在差异的行业，品牌就显得尤其重要。
- **坚实的顾客基础**可以促使顾客接受公司现有的和新的产品或服务，因为忠诚的顾客更可能从同一家公司购买其所需的其他产品或服务。忠诚的顾客还会向其他对公司产品或服务不熟悉的顾客介绍公司的产品，并传播好的口碑。
- **具有协同效应的产品**是一项战略资产，可以促使顾客购买公司的其他相关产品或服务。例如，Windows 操作系统对微软来说是一项战略资产，因为它保证了产品兼容性，可以促使顾客购买其他相关软件产品或服务。
- **获取稀缺资源的能力**是指通过限制其竞争对手的战略选择，而为公司提供竞争优势的能力。例如，公司可以通过获取某些特殊的自然资源、占据绝佳的生产或零售地点，以及获取容易让人记住的网站域名而获益。
- **获取资本的能力**为公司提供了实施其战略和战术的资源，包括坚持价格战、开发新产品或发起一系列宣传活动。获取资本的能力还能帮助公司开发或改善为目标顾客创造价值所需的其他资产。

公司的资源都是针对具体目标市场的：与某个细分市场匹配的资源不一定与其他细分市场匹配。实际上，能在某个细分市场为顾客创造价值的资产在另一个细分市场可能就成了负债。例如，与休闲舒适形象联系在一起的品牌对于希望传达休闲形象的顾客来说，可能是一项资产，而对于希望营造一种更高端的形象的顾客来说，就可能是负债。因此，在选择目标市场时，公司需要从某特定目标市场的角度来评估其资产，以保证顾客需求与其资源相匹配。

战略性目标市场选择——从竞争的角度

战略性目标市场选择的一个关键原则是，选择顾客时，应充分考虑公司相对于其竞争对手能为顾客带来更高价值的产品或服务的能力。而这种能力源于其拥有的资源以及这些资源在多大程度上优于其竞争对手的资源。这就是资源优势原则——为了创造更好的产品或服务，公司必须拥有比竞争对手更好的资源。因为公司的资源是针对具体需求的，所以目标顾客的选择对于确定公司资源优势来说至关重要。顾客需求的独特性决定了在多大程度上需要特殊的资源来满足其需求，以及该细分市场的竞争程度。顾客需求越独特，公司对于特殊资源的需求就越强烈，可能存在于该市场的竞争对手就越少。

从竞争的角度来看，确定公司目标顾客的过程与三个关键因素有关：顾客需求、公司拥有的资源，以及其竞争对手拥有的资源。这三者之间的关系如图 4-3 所示。公司的目标是确定能够利用特殊资源来满足顾客的需求。图 4-3 中的阴影部分就是最优目标顾客,因为公司可以为这些顾客创造卓越价值,并以其竞争对手无法匹敌的方式来服务顾客。由于其吸引力强和缺乏竞争,这些市场通常被称为"蓝海"。在追寻"蓝海"的过程中,公司必须规避竞争激烈的"红海",因为在这些市场上,公司和其竞争对手拥有的资源不相上下(位于图 4-3 中央部分的细分市场)。

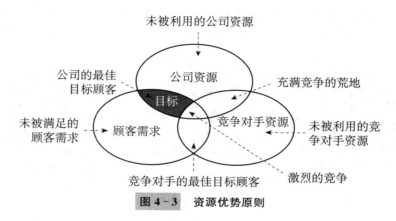

图 4-3 资源优势原则

研发产品和服务必须始终由顾客需求来驱动。而过分执迷于竞争往往会把公司引入歧途,使公司倾向于研发与竞争对手类似的产品或服务,虽然这些产品或服务背后并没有相应的顾客需求。这种受竞争对手而非顾客驱动的产品或服务创造了一块竞争荒地,使得公司为了复制竞争对手的错误而错失了真正的市场机会,并因此浪费了公司的资源。

由于公司的资源不会百分之百和顾客需求匹配,因此在针对某个特定目标市场时,可能会出现有些资源没有被利用,或者公司的产品或服务不能满足顾客的某些需求的情况。这些未被利用的资源和未被满足的需求可以为公司提供未来发展的方向。未被满足的顾客需求可以帮助公司进一步开发必要的资源,以便创造能满足这些需求的产品或服务。而未被利用的公司资源则促使公司发现未被满足的顾客需求,并开发相应的产品或服务来满足这些需求。

战术性目标市场选择

与战略性目标市场选择一样,战术性目标市场选择也涉及确定目标顾客。不过,不同的是,战略性目标市场选择决定的是要针对哪些顾客,忽略哪些顾客;而战术性目标市场选择主要是制定有效的方法来向已经选定的目标顾客沟通和交付产品或服务。接下来,我们将详细讨论战术性目标市场选择的重要方面。

明确问题

选择服务哪些顾客、忽略哪些顾客取决于公司对于这些顾客需求的了解,以及公司能比竞争对手更好地满足这些顾客需求的能力。不过,虽然了解顾客需求对于决定服务哪些顾客、忽略哪些顾客至关重要,但需求并不能直接观察,因此也不能帮助公司采取具体的行动来接触这些顾客。如果只知道顾客需求,但不知道这些顾客是谁,就意味着公司需要向所有人介绍其产品或服务,让所有人都能获取其产品或服务,但这种方法的成本效率太低,尤其是在针对利基顾客群体时。明确接触(基于价值而选定的)目标顾客的方法,并把这些顾客介绍给公司是解决问题的关键所在(见图4-4)。

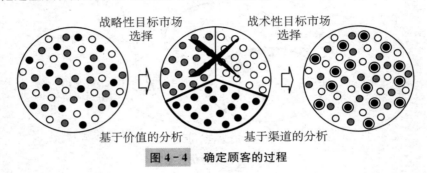

图4-4 确定顾客的过程

由于目标市场选择旨在优化价值创造过程,基于价值的细分市场往往是营销分析的起点。为了接触到基于价值的顾客群体,公司需要识别一系列能够确定该顾客群体且可以观察到的特征,并利用这些特征来沟通和交付其产品或服务。这个将基于价值的细分市场与相应的可观察、可付诸行动的特征联系在一起的过程就是战术性目标市场选择的本质。

识别顾客的特征涉及识别基于价值的细分目标市场的一些可观察的特征,包括两类因素:人口因素和行为因素。

- **人口因素**概括了目标顾客的一些关键的描述性特征。常用的人口因素包括年龄、性别、收入、教育程度、民族、社会阶层、生命周期所处的阶段、职业状况、家庭规模和地理位置等。
- **行为因素**描述了与顾客行为有关的一些关键方面。常见的行为因素包括购买数量、重复购买频率、价格敏感性、促销敏感性(如顾客对于激励措施的反应)、忠诚度、沟通形式(如顾客常用的媒体类型),以及分销渠道(如顾客偏爱的零售形式)。

图4-5展示了战略性和战术性目标市场选择之间的关系。战略性目标市场选择更关注价值,它和目标顾客的吸引力,以及公司资源与顾客需求的匹配度有关。虽然对于价值的关注对公司产品或服务的成功至关重要,但是却有一个重要的缺陷,即价值是不可观察的。因此,公司不能采取相应的行动来接触这些顾客。这个缺陷可以由战术性目标市场选择通过识别目标顾客的人口和行为特征来弥补,因此战略性和战术性目标市场选择是确定目标顾客过程中不可分割、相辅相成的两个方面。

举例来说,信用卡公司计划发行一种新的强调顾客忠诚度的信用卡,用来回馈那些使用信用卡旅程优惠(如购买机票和酒店住宿)的顾客。从战略性角度确定的目标顾客

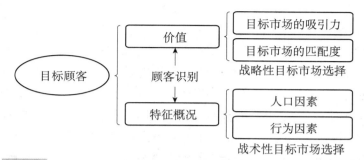

图4-5 战略性和战术性目标市场选择：将顾客价值和特征联系起来

包括需要信用卡、希望通过频繁使用信用卡赚取免费机票或酒店住宿（顾客价值），并且还款及时（公司价值）的顾客。公司面临的问题在于，顾客的需求不可观察，也就是说不知道哪些顾客可能用到旅程优惠。而且，顾客未来使用信用卡的情况以及还款及时的可能性也不可观察。这就让公司识别这些顾客并有效地向其沟通和发行信用卡变得十分困难。

为了解决这个问题，公司必须将基于价值的顾客细分群体与描述该群体的可观察到的特征联系起来。为了识别用卡频率高、欠费可能性低的顾客，公司可以参考能反映其购买模式、购买力和未来行为的顾客的信用分数和消费历史。这里，信用分数可以将无法观察到的信息（如偿还贷款的可能性）与可以观察到的人口和行为因素联系起来，从而帮助公司将促销重点放在更有可能为其创造价值的顾客身上。此外，为了确定目标顾客（如渴望旅行优惠的顾客），公司可以关注那些经常旅行、阅读旅行杂志或观看旅行节目、收集旅行相关信息的顾客。通过关注那些自身特征与基于价值的目标细分市场相一致的顾客，公司可以使与目标市场选择相关的活动的有效性和成本效率最大化。

目标市场选择的有效性和成本效率

目标市场选择反映了公司关注特定顾客的意图，这意图可能实现，也可能没有实现。在这种情况下，公司在目标市场选择过程中付出的努力的有效性和成本效率，取决于其行动在多大程度上作用于其目标市场，而这又取决于顾客特征在多大程度上符合公司期望的目标顾客的价值特点。顾客特征和"理想"的目标顾客重合得越多，公司目标市场选择战略的有效性和成本效率就越高。

在确定目标顾客的特征时，公司可能把市场定义得太宽泛，也可能把市场定义得太狭窄。过于宽泛的目标市场会导致成本效率降低，因为公司会因为接触一些它们并无意接触的顾客而浪费大量资源；而过于狭窄的市场的有效性会较低，因为它会导致公司忽略一些对公司产品或服务感兴趣的顾客。因此，公司的目标就是在基于需求的目标市场和相应的基于特征的目标市场之间找到最恰当的联系。

"完美"的目标市场选择（即每个目标顾客都由其价值和特征来决定，如图4-6A）几乎是不可能的。价值和特征之间的不匹配会导致三种常见的错误。第一种错误是目标顾客的特征定义得太宽泛，不仅包括目标顾客，还包括很多目标顾客之外的群体（见图4-6B）。这种方法的问题（通常称为"散弹枪"式定位）在于成本效率不高，因为公司可能会向与公司战略目标不匹配的顾客推广其产品或服务。第二种错误是目标顾客的特征定义得过于狭窄，以致只包括了目标顾客的一部分（见图4-6C）。这种方法的问题（通常称为过度细分的定位）在于其有效性不高，因为公司忽略了一部分战略性目标顾客，没有向他们推广公司的产品或服务。第三种错误是公司定义的目标顾客的特征可能仅和期望的目标顾客有一小部分重合（或者根本没有重合）（见图4-6D）。这种"盲目射击"式定位方法的问题在于，有效性和成本效率都不高，因为它只囊括了目标顾客的一小部分，而且还因为接触那些与公司战略目标不匹配的顾客而浪费了资源。

 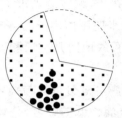  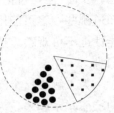

A. "狙击手"定位　　　B. "散弹枪"式定位　　　C. 过度细分的定位　　　D. "盲目射击"式定位
　（完全契合）　　　　　　（宽泛的）　　　　　　　（狭窄的）　　　　　　　（偏离方向的）

● 基于价值的市场细分（不可观察）
▦ 基于特征概况的市场细分（可观察）

图4-6　目标市场选择的效率

针对多个细分市场

到目前为止，我们的讨论主要围绕公司只针对一个顾客细分群体的情况。但单一细分市场营销是特例，而非惯例。很多产品或服务只是产品线的一部分，而不同的产品或服务针对不同的顾客群体。即使公司在起步时只有单一的产品或服务，也会在发展过程中逐渐扩张其顾客群。随着其顾客群变得越来越多样化，这些公司会从只能生产单一产品或服务过渡到可以生产满足多种顾客需求的产品或服务的产品线。

由于每个细分群体的需求不同，针对多个细分市场的基本原则是：公司必须针对每个细分市场制定战略和战术（见图4-7）。为了做到这一点，公司必须评估其为每个细分市场创造价值的能力，以及各细分市场为公司（战略性目标市场选择）创造价值的能力，并以有效的方式将产品或服务沟通并交付给这些顾客（战术性目标市场选择）。

和大众化营销（即用同一种产品或服务满足不同的顾客群体）进行对比，就更容易理解产品线目标市场选择。大众化营销的经典案例是福特决定为所有顾客提供同一款

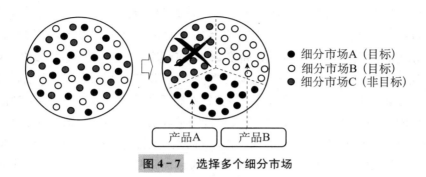

图4-7 选择多个细分市场

T型车。亨利·福特的名言"不管顾客想要什么颜色的汽车,我们生产的汽车都是黑色的"体现了这种方法的精髓。基于细分市场的目标市场选择则涉及为拥有不同偏好的顾客群体提供不同的产品或服务。例如,为了与福特的T型车竞争,通用汽车为顾客提供了一系列不同大小、功能和颜色的汽车,实现了其总裁兼CEO阿尔弗雷德·斯隆的愿景——"以各类车型满足各阶层、各种用途的需要"。

产品线策略注重顾客需求的多样性,使得公司可以设计不同的产品或服务来有效满足不同顾客的需求。相对于单一产品或服务,产品线策略的不足在于其研发、沟通和分销成本较高。只有当产品线上的每个产品或服务都针对某个拥有不同需求和资源的特定顾客细分群体,并制定相应的战略和战术来为每个细分群体创造价值交换时,产品线才真正有效。我们将在第十七章详细论述开发和管理产品线的过程。

细分

前面的讨论主要围绕目标市场选择的逻辑、主要方面和核心原则,其假定前提是潜在的购买者已经被划分到不同的细分市场。但在现实中,并非如此。为了选择某个特定的细分群体,必须先细分市场并对各个细分市场进行定义。所以,接下来将主要阐述将潜在购买者划分为不同的市场细分群体的过程,以及该过程中涉及的一些关键原则。

细分的本质

细分其实就是一个归类的过程,即根据与目标市场选择相关的差异将顾客归为不同的群体,同时忽略其他不相关的差异。细分过程基于这样一个理念:忽略顾客之间无关紧要的差异并将需求和资源类似的顾客看作一个整体,可以大大提高公司营销活动的效率。而且,细分可以将营销分析的重点放在顾客需求的主要方面,以便让经理人将顾客分为较大的群体,并为每个群体提供产品或服务,而非为每个单独的顾客提供产品或服务。

细分可能涉及两个相反的过程——差异化和聚集（图 4-8）。一方面，细分是一个差异化的过程，旨在根据购买者对于公司产品的需求和资源方面的差异将其分成不同的群体。差异化的过程如图 4-8 左边的部分所示，将顾客需求和资源都类似的大众市场分成三个（同质）细分市场，每个细分市场内的顾客需求相似，但不同细分市场顾客的需求不同。另一方面，细分也是一个聚集的过程，旨在将需求和资源类似的购买者聚集成组。聚集过程如图 4-8 右边的部分所示，具有独特需求和资源的顾客被聚集成三个（同质）细分市场，同一细分市场内的顾客有类似的需求，而不同细分市场的顾客则有不同的需求。虽然差异化和聚集是两个相反的过程，但它们的目标是相同的（即帮助公司识别目标顾客），而且达到的结果也是一样的。

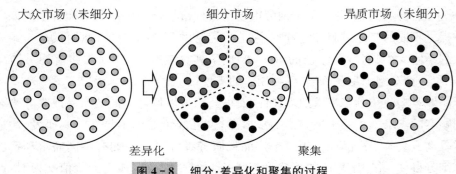

图 4-8　细分：差异化和聚集的过程

细分可以让公司为具有相似需求的顾客群提供产品或服务，从而帮助公司简化其活动。细分的最大好处是，通过将可能对公司产品或服务具有类似反应的顾客分组，来帮助公司优化其营销费用。不过，由于分组势必会导致公司忽略组内个体之间的差异，所以细分无法做到为每个顾客量身定制，并可能因此降低产品或服务的吸引力。这就是细分的最大缺陷。因此，细分可以提高目标市场选择的成本效率，但也可能降低其有效性。

一个常见的误解是，目标顾客的选择始于顾客分组，并在细分市场确定之后才决定要针对哪个细分群体。这种看法比较短视，因为细分的主要目的是为了便于目标市场选择，如果不考虑公司进行目标市场选择时遵循的逻辑，细分就可能不恰当，与后续的目标市场选择不相关。虽然在介绍时，一般会先介绍细分，再介绍目标市场选择，但从理论上来说，细分和目标市场选择是确定目标顾客时的一个反复循环的过程。所以，细分应该有助于公司进行目标市场选择，而目标市场选择是受细分驱动的，必须先确定细分，然后再选择目标市场。

由于细分旨在帮助公司进行目标市场选择，我们可以将细分过程区分为两类：旨在进行战略性目标市场选择的基于价值的细分，以及以战术性目标市场选择为目标的基于特征概况的细分。这两种类型的细分以及对应的目标市场选择决策如图 4-9 所示。

战略性细分根据公司为顾客创造价值、从顾客处获取价值的能力来将顾客分组，同

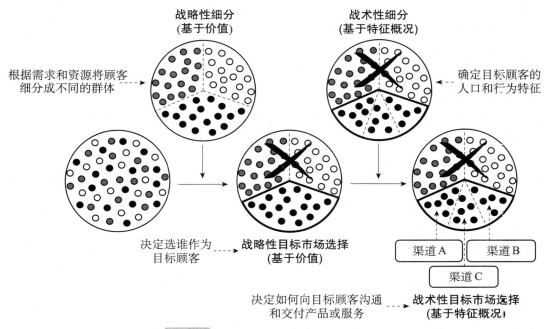

图 4-9 市场细分和目标市场选择：总述

时忽略群体内个体顾客之间无关紧要的差异。战略性细分为战略性目标市场选择打下了基础。接着，战术性细分根据已经确定的战略性目标群体的特征（人口和行为特征）对其进行分组，方便公司进行战术性目标市场选择。在战术性细分的基础上，战术性目标市场选择要确定用来向目标顾客沟通及交付产品或服务的具体渠道。

关键的细分原则

为了有效地将顾客进行分组，必须遵循四个关键原则：相关性、相似性、排他性和全面性。下面我们将详细介绍这四个原则。

- **相关性**。由于细分是为了便于公司进行目标市场选择，因此应该根据顾客对产品或服务可能的反应来进行分组。分组时，可以有无数个标准，但大多数标准都与公司的目标市场选择战略无关，所以根据这些标准进行细分，就无法帮助公司制定有意义的战略和战术。如果细分市场时不考虑具体的目标市场，公司的资源就会被浪费，而且会妨碍经理人制定可行的目标市场选择战略。
- **相似性**。细分的目的是将顾客分组，使分组后在同一个组的顾客具有相似性（例如，有相同的偏好）。一般来说，细分市场的数量越多，每个细分市场内部的顾客之间的相似性（同质性）就越大，也更可能具有统一的偏好。不过，需要注意的是，细分得越细，公司需要研发的定制化产品或服务的种类就越多——这种方法只在细分市场之间的差异对公司创造顾客价值的能力至关重要的情况下才适用。因此，细分群体内个体顾客之间的最佳相似度取决于公司为该群体创造价值以及从该群体处获取价值的能力。

- **排他性**。除了在同一细分群体内的顾客要相似,在不同细分群体内的顾客在与公司提供的产品或服务的交互方式上必须不同。因此,不同的细分群体之间是互相排斥的,即能带给公司相同价值并且有相似特征概况的顾客应该被分在同一细分群体中,而非分散在不同的细分群体内。
- **全面性**。还有一个重要的市场细分原则就是,细分必须具有全面性,即它应该包含某个既定市场内的所有潜在顾客。也就是说,各个细分市场合在一起的话,应该包含每一个顾客,任何一个潜在顾客都应该属于某个细分群体。

上述四个细分原则如图4-10所示。第一种情形(见图4-10A)表示的是符合四个细分原则的情况:与目标相关、同一细分群体内顾客的偏好相同、细分群体之间相互排斥、各细分群体合在一起包含了所有潜在顾客。相比之下,其他四种情况就违背了这四个原则。第二种情形(见图4-10B)违背了相关性原则,导致细分的群体没有体现出与目标相关的顾客需求之间的差异。第三种情形(见图4-10C)违背了相似性原则,导致同一细分群体内的顾客拥有不同的偏好。第四种情形(见图4-10D)违背了排他性原则,拥有相似偏好的顾客被分在了不同的细分群体内。最后,第五种情形(见图4-10E)违背了全面性原则,有些潜在的顾客没有被归入任何一个细分群体。

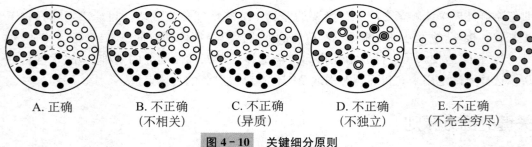

图4-10 关键细分原则

好的细分对于目标市场的选择至关重要,而目标市场的选择又是公司商业模式的基石。细分和目标市场选择是确定目标顾客过程中两个相辅相成的方面,任何一个方面出问题都会影响另一个方面,并因此导致目标顾客做出次优选择,创造不理想的价值交换。为创造价值,公司需要对目标顾客需求和资源进行评估,然后将顾客分成不同的细分群体,最后再选择要以哪些群体为目标,同时忽略哪些群体。

本章小结

目标市场选择就是确定公司的目标顾客,以便为他们提供最优的产品或服务。目标市场的选择涉及两个决策:选择要服务的顾客,并确定能够接触到这些顾客的可行的战略。

战略性目标市场选择是指决定要服务哪些顾客(细分市场),忽略哪些顾客。由于战略性目标市场选择旨在为顾客、公司及其合作者创造最优价值，其通常是基于价值的细分，而不是基于特征概况的细分。战略性目标市场选择受两个关键标准的指导：目标市场的吸引力（顾客为公司创造价值的潜力）和目标市场的匹配度（公司为顾客创造价值的能力）。

战术性目标市场选择是指制订有效的计划来向已经选定的目标顾客沟通并交付产品或服务的价值。战术性目标市场选择将基于价值的细分市场（通常不可观察）与具体的、可以观察且可以付诸行动的顾客的特征概况联系在了一起。这些可以观察到的特征，通常被称为顾客特征，其包括人口特征（如年龄、性别、收入和地理位置）以及行为因素（如购买频率、购买数量和价格敏感度）。

为了取得成功，产品或服务必须为其目标顾客和合作者创造卓越的价值。要做到这一点，公司必须明确它能比竞争对手更好地满足哪些顾客的需求。公司的竞争优势取决于公司拥有的资源可以在多大程度上为顾客创造独一无二、无可匹敌的价值。

目标市场选择的有效性和成本效率取决于公司的战术性目标市场选择在多大程度上与战略性目标市场选择选定的目标顾客一致。基于需求（战略性）的目标市场和对应的基于特征（战术性）的目标市场的重合度越高，公司在目标市场选择方面的有效性和成本效率就越高。

由于每个顾客细分群体的需求都不相同，针对多个目标细分市场的基本原则就是，公司必须为每个细分市场制定独特的战略。要做到这一点，公司必须评估每个目标细分市场的顾客需求、公司的核心竞争力和战略资产、公司为合作者创造价值的方式、公司与竞争对手相处的方式以及相关环境因素的影响。

细分其实就是一个归类的过程，即根据与目标市场选择相关的差异将顾客归为不同的群体，同时忽略其他不相关的差异。细分过程基于这样一个理念：忽略顾客之间无关紧要的差异并将需求和资源类似的顾客看作一个整体，可以大大提高公司营销活动的效率。而且，细分可以将营销分析的重点放在顾客需求的主要方面，以便让经理人将顾客分为较大的群体，并为每个群体提供产品或服务，而非为每个单独的顾客提供产品或服务。

细分必须遵循四个关键原则：必须根据顾客的特征与顾客对产品或服务可能产生的反应将他们分组、细分群体内的顾客拥有相似的特征、各细分群体之间互不相同、所有细分群体合在一起必须包含所有潜在顾客。

相关概念 >>>>

顾客资产：顾客可能为公司创造的货币价值和战略价值。顾客资产不仅指一个顾客当前的盈利性，还包括公司可能从顾客身上获取的所有根据货币时间价值作出调整的利润。顾客至少可以通过三种方式为公司创造价值：(1)通过购买公司的产品或服务（直接价值）为公司创造收入（和利润）；(2)向其他购买者宣传（沟通价值）公司的产品和服务；

(3) 向公司提供有助于其提高运营效率和有效性的信息(信息价值)。

人口统计特征：用于描述特定人口的一系列特征，通常用于营销，包括人口数量、人口增长、年龄分布、地理分布、种族背景、收入、流动性、教育、就业和家庭组成等因素。

公司统计特征：一个组织的关键特征，通常用于市场细分，包括地点、公司规模、组织结构、行业、购买流程、公司增长、收益和盈利能力等因素。

异质市场：由对公司产品或服务做出不同反应的顾客组成的市场。

同质市场：由对公司产品或服务做出相似反应的顾客组成的市场(例如，他们追求同样的利益，具有相似的财力，可以通过相同的沟通方式被触达，可以通过相同的分销渠道获得产品或服务)。

顾客终生价值：参见顾客资产。

MECE 法则：一个常见的细分法则，指细分市场之间必须相互独立、完全穷尽。这条法则综合了四个细分原则中的两条：排他性和全面性。所以，MECE 法则表明，各细分市场之间必须互不相同且不得重叠(即相互排斥)，同时，各细分市场合在一起必须包含给定市场上所有的顾客(即完全穷尽)。

利基战略：瞄准独特的、相对较小的顾客群的营销战略。

场合型目标市场选择：根据购买和消费场合对顾客进行分类的目标市场选择战略。如果顾客的需求因购买场合不同而发生变化，且同一个顾客可能在不同时间属于不同的用途型细分市场，那么场合型市场细分就更为有用。例如，在买酒的时候，一个顾客的偏好可能会随不同场合的用途(如用于烹饪、日常饮用、特殊场合、送礼等)发生变化。通过关注使用场合而非顾客的个体特征，场合型目标市场选择解释了为什么同一个顾客在不同场合有不同的需求。与基于用户的目标市场选择(假定顾客需求不随购买场合而变化)不同，基于场合的目标市场选择没有类似的假设，这也就是说个体顾客(或顾客群体)可以在不同的购买场合有不同的需求。

心理特征：相对稳定的个体特征，如个性、道德价值观、态度、兴趣和生活方式。

用户型目标市场选择：是指根据顾客相对稳定的个体特征来划分顾客的目标市场选择战略。这些个体特征很可能决定顾客在各种购买和消费场合的需求和行为。基于用户的目标市场选择关注个体顾客，假定其偏好在不同场合基本不变；而基于场合的目标市场选择主要关注使用场合，而不是个体顾客。基于用户的目标市场选择假定顾客需求不随场合发生变化，因此，该个体顾客的需求可以通过某个产品或服务来满足。用户型目标市场选择适用的情形是，顾客需求在不同购买场合相对稳定，且借此可预测其在任何购买场合的行为。例如，不同个体对一般软饮料和少糖(无糖)软饮料的偏好相对稳定，这里就需要用到用户型目标市场选择。基于用户的目标市场选择(假设顾客需求不随使用场合而变化)可以视为更普遍的基于需求的目标市场选择的特例情况。

延伸阅读

Kim, W. Chan and Renée Mauborgne (2005), *Blue Ocean Strategy: How to Create Uncontested Market Space and Make the Competition Irrelevant*. Boston, MA: Harvard Business School Press.

McDonald, Malcolm and Ian Dunbar (2012), *Market Segmentation: How to Do It, How to Profit from it*. Burlington, MA: Elsevier.

Weinstein, Art (2013), *Handbook of Market Segmentation: Strategic Targeting for Business and Technology Firms* (3rd ed.). New York, NY: Haworth Press.

第五章
创造顾客价值：制定价值主张和市场定位

真正的老板只有一个——顾客。不论是公司的老总还是其他任何人，顾客只要在别处买单就等于炒了他们的鱿鱼。

——沃尔玛创始人山姆·沃顿

创造顾客价值是公司战略中关键的一步。顾客是公司及其合作者价值的源头，因此管理好顾客价值对一个公司的成功至关重要。本章将集中讨论创造顾客价值中的两个关键因素——制定价值主张和制定定位战略。

总述

确定了公司要服务的目标顾客之后（具体细节见第四章），就要制定顾客价值主张和定位战略了。产品或服务的价值主张描述了目标顾客能够从中获得的价值，即收益以及相关成本。定位则明确了产品或服务的首要收益，即顾客选择该产品或服务的主要原因。确定目标顾客、制定价值主张和定位战略的过程如图5-1所示。

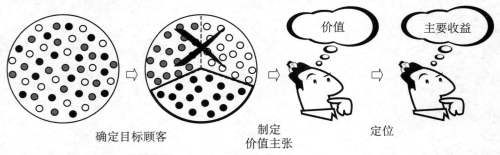

图5-1 确定目标顾客、制定价值主张和定位

制定价值主张和定位与确定目标顾客的过程是紧密联系在一起的。虽然,这三个过程在图5-1中是线性排列的,但在实际中,这个过程是反复循环的。制定价值主张和定位可在识别目标顾客之前,也可在识别目标顾客之后。制定价值主张在识别目标顾客之前,因为公司为顾客创造卓越价值的能力是一项关键的目标市场选择标准;同时,制定价值主张又在选择目标顾客之后,因为制定一项有意义的价值主张前,需要了解目标顾客的需求和偏好。在认识到识别目标顾客与制定价值主张和定位是一个反复循环的过程之后,本章将重点阐述制定价值主张和定位的主要方面,前提是已经识别了目标顾客。

制定价值主张

价值主张明确了一个产品或服务旨在为目标顾客创造的价值。接下来,我们将讨论顾客价值、价值功能和创造竞争优势的相关重要方面。

顾客价值:一个营销概念

在任何市场中,顾客价值的概念都对确定价值交换至关重要。相应的,理解顾客价值的本质、确定其关键的方面,对于制定一个可行的营销战略非常重要。

顾客价值的本质

顾客价值反映的是产品或服务的价值,是顾客对于产品或服务满足其特定需求的能力的一种评价。从公司的角度来说,价值创造的过程涉及确定公司产品或服务的关键方面(属性)以使其满足顾客的需求(见图5-2)。在这种情况下,产品或服务的价值取决于其属性和目标顾客需求之间的匹配度,即产品或服务的属性越符合顾客的需求,其创造的价值就越大。

图5-2 价值:顾客需求和产品或服务属性的函数

价值的两个特性需要特别注意:价值是无形的,而且是因人而异的。因为价值是顾客对于产品或服务的价值(效用)的主观评价,所以价值是无形的,在市场中没有实体存在;价值不是产品或服务的属性,是在顾客与公司产品或服务交互的过程中被创造出来的。此外,由于价值反映了顾客对于产品或服务的评价,所以是因人而异的,同样的产品或服务对不同的人会有不同的价值,因此甲看上的东西可能对乙来说价值不大甚至毫无价值。例如,质量较差和价格低廉的产品或服务可能对价格敏感型顾客很有吸引力,但是对于追求高性能和独有性的顾客来说,就毫无吸引力。

顾客价值的三个方面

如图5-3所示,基于潜在的顾客需求,产品或服务可以在三个方面创造价值:功能价值、心理价值和货币价值。接下来,我们将简单介绍一下这三个方面。

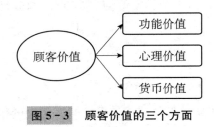

图5-3 顾客价值的三个方面

- **功能价值**是指与产品或服务性能直接相关的收益和成本。决定产品或服务功能价值的特性包括性能、可靠性、持久性、兼容性、易用性、设计感、定制化、形式、风格和包装。对于以实用性为主的产品或服务,如办公室和工业设备而言,功能性是最重要的考量。
- **心理价值**是指与产品或服务相关的心理收益和成本。心理价值超越了产品或服务的功能价值,为目标顾客带来了心理上的收益。例如,顾客可能会很看重一辆汽车带给他的情感收益,如一辆好车带来的愉悦的驾驶心情、彰显的社会地位和生活方式。对于奢侈品和时尚产品,顾客一般都追求情感和自我表达方面的收益,这时,产品或服务能带来的心理价值就显得尤其重要。
- **货币价值**是指与产品或服务有关的货币收益和成本,包括产品或服务的价格、费用、折扣、回扣以及与使用和处置该产品或服务相关的货币成本。要注意的是,虽然顾客一般认为货币价值与成本有关,但产品或服务也可以具有货币收益,比如返还现金、货币红利、现金奖品、金钱奖励和低息贷款。对于差异化不大的产品来说,产品或服务的货币价值通常是选择的主要标准。

虽然三种价值反映了顾客价值的不同维度,但它们并不相互排斥;一个产品或服务可以在三个维度创造价值。以总部位于西雅图的全球咖啡连锁店星巴克为例,每周,星巴克都在为全球各地数百万的顾客服务,为他们提供现做的咖啡,与此同时,从以上三个方面为顾客提供价值。在功能方面,星巴克咖啡为顾客提供了他们所需的能量,让他们早上更清醒,下午更精神,晚上持续振奋到深夜;在心理价值方面,顾客每天去星巴克喝咖啡,从而产生了一种心理上的归属感,而且通过创造属于他们自己的饮料,他们有了一个表达自我的渠道;最后,在货币价值方面,星巴克创造了负效用(负价值),因为顾客需要支付一定的价格才能购买到相应的产品或服务。不过这个成本会因为价格促销或忠诚度计划而有所减少。

价值函数

公司通过设计能比竞争对手更好地满足某种特定顾客需求的产品或服务，来为顾客创造价值。为了创造顾客价值，经理必须确保产品或服务的关键属性与顾客需求一致。要做到这一点，必须理解顾客对产品或服务各个属性赋予的价值。因此，识别顾客的价值函数（即他们如何评价产品或服务各个属性的性能表现，以及如何将这些评价综合起来并形成对产品或服务的整体评估）非常重要，因为它能帮助公司确定产品或服务的哪些方面需要进一步改进，以及改进的优先顺序。

顾客价值：产品或服务属性的函数

评估产品或服务时，顾客依赖的不是其客观属性特征，而是这些属性的期望的主观价值（效用）。顾客价值函数反映了产品或服务的属性转化成主观收益和成本的方式。

产品或服务创造价值的能力随三个关键因素的变化而变化：(1)公司产品或服务的属性；(2)这些属性对于目标顾客的相对重要性；(3)产品或服务在这些属性方面的性能。例如，选择手机时，顾客可能会考虑多种属性，包括电池使用寿命、操作系统、品牌声誉、尺寸形状、摄像头分辨率和价格。此外，不同的属性对于消费者的重要性也有所不同。比如，对有的顾客来说，电池使用寿命、操作系统和品牌声誉至关重要，而价格则最不重要。最后，顾客会比较不同手机在这些属性方面的性能表现，并在此基础上做出购买决策。顾客对于某产品或服务的估价可以用以下价值等式来表示：

$$V_A = f(w_i, a_i)$$

这里，V_A 表示产品或服务 A 的价值，i 是被评估的特定属性的指数，w_i 是该属性的重要性，a_i 是该产品或服务在这个属性方面的性能表现。指数 i 的范围是从 1（由单一属性定义的产品或服务）到 n（描述该产品或服务的所有属性的数量）。f 表示价值是属性重要性（w_i）和产品或服务性能（a_i）的函数，但没有说明它们之间的具体关系（比如说，线性关系）。为了从多种产品或服务中做出选择，消费者通常需要对比各个产品或服务的估价（如 V_A vs. V_B vs. V_C），然后选择估价最高的那个。

为了方便起见，价值函数（f）通常被看作是产品或服务各个属性 a_i 与该属性的权重 w_i 的乘积之和。价值函数可以表示如下：

$$V_A = w_1 \times a_1 + w_2 \times a_2 + w_3 \times a_3 + \cdots + w_n \times a_n$$

假设，上面提到的那位消费者用 10 分制来为手机的各个属性的重要性打分，他给电池使用寿命、操作系统和品牌声誉打 9 分，尺寸形状和摄像头分辨率打 5 分，价格打 1 分。另外，假设消费者用 10 分制来为手机在各个属性上的性能表现打分，第一个手机 A 的电池使用寿命打 4 分，操作系统打 8 分，品牌声誉打 6 分，尺寸形状打 5 分，摄像头分辨率打 7 分，价格打 9 分。于是，手机 A 的估值可以计算如下：$V_A = 9 \times 4 + 9 \times 8 + 9 \times 6 + 5 \times 5 + 5 \times 7 + 1 \times 9 = 231$。同理，消费者可以对其他选择进行估价（如 V_B 和 V_C），然后选择估价最高的那个。

虽然这种方法很受欢迎,但却有一些重大局限,这些局限和这种方法的四个关键假设有关:(1)这种方法假设消费者能够对产品或服务在不同属性上的性能表现进行清晰的估价;(2)产品或服务在某个属性上的表现的提升会导致价值等比例提高;(3)提高性能和降低性能对估价的影响力是对称的;(4)购买者以系统化的方式来考量与某个产品或服务有关的所有信息。但是心理学和行为经济学的相关研究表明这些假设并不成立。在这种情况下,我们需要注意价值函数的以下四个方面:参照点依赖(reference-point dependence)、损失规避(loss aversion)、边际价值递减(diminishing marginal value)和投入最优化(effort optimization)。接下来,我们将详细介绍这几个方面。

参照点依赖

价值函数的参照点依赖反映了这样一个事实:消费者通常都没有明确的偏好,他们对市场上的产品或服务的评价取决于具体的决策情境。具体来说,参照点依赖是指产品或服务的价值由距离参照点的变化来决定,劣势被看作损失,而优势被看作收益(见图5-4)。举例来说,在考量电脑的处理能力时,消费者很可能将其与他们现有的电脑进行对比,现有的电脑就是一个参照点。所以,同样一台电脑,对于目前拥有一台处理能力欠佳的电脑的消费者来说,就会被视为性能优越(收益);但对于目前拥有一台处理能力强大的电脑的消费者来说,就显得性能拙劣了。

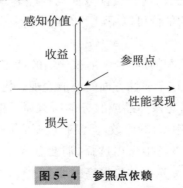

图5-4 参照点依赖

参照点依赖原则常用于定价——购买者能看到两个价格,一个是作为参照点的原价,一个是打折后的价格。当消费者不具备足够的专业知识来评判产品的价值或实际的产品质量很难被直接观察时,这种方法尤其有效。在这种情况下,购买者通常会将注意力放在原价和折扣价的差额上,并以此为依据来进行决策,而不是根据产品或服务能提供的实际收益。实际上,参照点依赖原则是很多零售商采用的定价技巧,包括JoS. A. Bank,杰西潘尼(JCPenney)和科尔士百货(Kohl's)。同样地,"更先进的新产品"开发战略也利用了参照点原则,用来将购买者的注意力集中在新产品相对于上一代产品的微小改善上。

损失规避

价值函数的损失规避是参照点依赖原则的延伸,认为人们对待相对于参照点的收益和损失的态度不同:人们往往把损失看得比收益要重。这种估价的不对称性也体现在,人们对损失的主观感受要比对相应的收益的主观感受更强烈。

比较一下人们对于产品性能变化(性能变化的绝对值相同,只是方向相反,一个是收益,一个是损失)的主观估价的差异(如图5-5的横轴所示),我们就很容易发现价格规避的影响。人们对于这种变化的主观体验和评价取决于变化的性质(改进还是倒退)。因此,损失规避原则表明,相对于可能获得的收益而言,人们会给他们必须放弃的东西赋予更多价值。

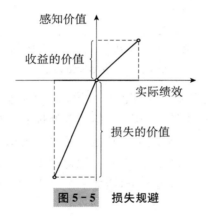

图5-5 损失规避

以人们对股市波动的反应为例:人们损失1 000美元时,他们感受到的痛苦要比赚1 000美元时的成就感大得多。同样地,人们对于增加和删减产品功能的态度也不同,放弃某个功能产生的负效用要比获得某个功能产生的正效用大得多。损失规避也是很多零售商采取的无条件退货政策的一个基础。当顾客拥有某个产品或服务时,他们的参照点会发生变化,现有产品或服务往往会成为后续决策的参照点。于是,退货就不再是没有收益(也就是说收益的反面),而是一个损失,从而降低了他们退货的可能性。在购买之后的参照点变化,会降低顾客最终选择退货的几率。

边际价值递减

边际价值递减原则表明改善某产品或服务在同一维度上的性能不会使其效用持续增加,而是在达到特定的点之后,就会出现边际价值递减的情况。边际价值递减原则表明价值函数不是线性的,而是一个凹函数,即当产品或服务性能的主观价值较低时,改善其性能会产生较大影响,而当其整体性能提高时,进一步的改善所能产生的影响会逐步下降。

比较一下人们对处于不同性能水平上的产品或服务在性能上发生的相同程度变化的主观估价的差异(如图5-6横轴所示),我们就很容易发现边际价值递减原则的影响。边际价值递减原则表明,当产品或服务某一属性的性能表现较差时,改善该属性的性能会有较大的价值,而当产品或服务在该属性上的性能提高到一定水平时,进一步改善该属性的性能就没有那么大意义了。换句话说,某样东西的某一性能越好,该性能的改善对顾客来说越不重要。

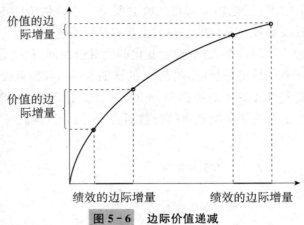

图 5-6　边际价值递减

想一想人们对于电脑处理能力的改善所持的态度:当电脑的处理能力较弱时,即使处理能力有小幅提高,也能产生较大的影响;但随着处理能力越来越强,性能方面和之前相同的提升量就不能产生同样的影响了。其他产品也有类似的现象,比如剃须刀刀片的数量:当刀片数量从一个增加到两个时,人们会觉得剃须刀性能有了很大提升,但随着刀片数量从两个增加到三个、四个或者五个,增加一个刀片所增加的价值就大不如从前了。

投入最优化

截至目前,有关价值函数三个方面(参照点依赖、损失规避和边际价值递减)的讨论主要描述了消费者如何评估产品或服务的某些具体属性的效用,而没有明确讨论他们如何将这些属性结合起来,从而形成对产品或服务的整体估价,并最终做出购买决策。因此,价值函数有一个方面需要特别注意,即消费者如何利用对属性的估价来做出购买决策。

在对可供选择的选项进行比较时,购买者一般追求两个相互矛盾的目标:一方面,他们希望做出准确的选择,以更好地满足其需求;另一方面,他们希望尽可能减少决策过程中需要付出的努力。后一个目标就诱使购买者选择捷径,尽量回避需要付出的脑力,尽管这么做可能导致决策不准确。对于一些不太重要的决策,由于购买者往往愿意为了简化决策而牺牲一定的准确度,所以走捷径的可能性会更大。

一种常见的决策捷径[常被称为满意度法则(satisficing)]是在遇到符合购买者标准的第一个选项时就做出决策,而不必考虑所有可能的选项。满意度法则可能是所需努力最少且准确度最低的一种方法。运用这种方法时,购买者很可能因为对选项的评估顺序不同而做出不同的决策。除了满意度法则,购买者也可以通过减少需要评估的属性的数量来简化决策。因此,购买者可以只评估最重要的一些属性,而忽略产品在其他属性上的性能表现[常被称为等权重决策捷径(equal-weight heuristic)]。在极端案例中,购买者可以只考虑最重要的那个属性,然后选择该属性上价值最高的那个选项[常被称为词典编辑式决策捷径(lexicographic heuristic)]。此外,购买者也可以使用直接排除的方法,即直接排除那些关键属性没有达到门槛标准的选项。这种方法的目的在于,通过减少不太合适的备选项来让决策变得更加可控。

根据产品或服务在某个维度上的高性能在多大程度上可以弥补其在其他维度上的低性能,决策捷径会有所不同。满意度法则和直接排除法属于非补偿性法则,即某属性的低性能不会被另外某个属性的高性能所抵消;而其他三种(等权重决策捷径、词典编辑式决策捷径和权重加成模型)都是补偿性的,即,即使产品或服务在某些属性上的性能很差,也可能被选择,只要该产品或服务在其他属性上的优势能够抵消这些劣势。

发展竞争优势

产品或服务为目标顾客创造价值的能力是其取得市场成功的必要条件,但不是充分条件。除了满足顾客需求,产品或服务还要能够比竞争商品更好地满足这些需求。因此,要在竞争的背景下思考产品或服务创造顾客价值的能力,并且要考虑到产品或服务的竞争优势(见图5-7)。

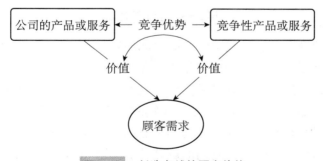

图5-7 创造卓越的顾客价值

竞争优势不只是差异化,而是能够为顾客创造更多价值的差异化。因为竞争优势是由产品或服务创造比竞争对手更大的顾客价值的能力决定的,所以只有与顾客需求有关的特性才能创造出竞争优势。对不相关且不能为顾客创造更多价值的特性进行差异化不会带来竞争优势。事实上,对不相关特性进行差异化甚至还可能产生副作用,从而降低产品或服务对顾客的价值;比如,顾客可能会认为他们必须放弃其他的一些更重要的利益来获得这些不相关的特性。

在理想的环境下,一个产品或服务应该在所有特性上占据竞争的优势,而在现实中却并非如此。因为各个公司拥有的资源不同,其产品或服务带给目标顾客的收益也就不同。在这种情况下,产品或服务的竞争优势就通常由两种因素决定:不同点和相同点。

不同点是指,在对目标顾客比较重要的那些特性上,公司提供的产品或服务与竞争商品有所不同。具体来说,不同点可以分为:竞争优势(一个产品或服务优于竞争商品的特性)和竞争劣势(一个产品或服务逊色于竞争商品的特性)。相同点指的是产品或服务与竞争商品在某些特性上的性能相同。

图5-8阐释了差异化竞争、相同点和不同点的概念,这些概念反映了消费者对于产品或服务在某些属性上的性能的评价。横轴表示有潜力为目标顾客创造价值的属性,纵轴表示顾客对能从这些属性上获取的收益的估价。为了表明有些收益比其他收益更重要,图中各个属性以重要性排序,从最重要的属性开始。那些能够创造比竞争对手更大的顾客价值的属性被称为竞争优势,那些创造顾客价值不如竞争对手的属性被称为竞争劣势,而创造顾客价值与竞争对手相同的属性被称为竞争均势。

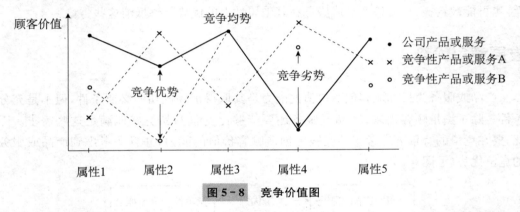

图5-8 竞争价值图

注意,差异化竞争并不关乎竞争性产品之间的实际差异,而是目标顾客观察和感知到的、对他们比较重要的差异。如果产品或服务之间的差异小到无法观察,或者目标顾客认为这种差异无关紧要,那么这种差异就不是竞争优势。例如,如果目标顾客难以区分一辆250马力的汽车和一辆260马力的汽车的性能有什么差别,或者认为这个差别毫无意义的话,那么他们就会认为这两个商品具有相同的竞争力。同理,只要顾客觉得不同的产品或服务之间有差异,即使它们的属性性能完全相同,他们依然会认为其中一种产品或服务具有竞争优势。例如,两种产品或服务在客观特征上可能是不相上下的,但顾客很可能会认为品牌实力较强的那个具有竞争优势,性能比另外一个更优越。

创造卓越顾客价值的战略

上述讨论表明,要想成功,产品或服务应该尽量使目标顾客最看重的属性的优势最大化,同时在其他属性上保持与竞争产品的竞争均势。这就引出了这样一个问题:如何制定可付诸实施的战略来帮助经理人创造竞争优势?实现竞争优势的三种核心战略源于顾客价值等式$V_A = f(w_i, a_i)$。前面我们讲过,顾客价值是相关属性的重要性(w_i)和顾客对这些属性的性能表现的感知(a_i)的函数。经理人可以采用这三种战略中的一个或

多个来提高产品或服务的价值,并创造竞争优势:

- **改善产品或服务在某特定属性上的性能**。在顾客价值等式中,这意味着要改善 a_i,i 表示需要改善的那个属性。例如,为了让某款软件对于注重性能的顾客来说变得更有吸引力,公司可以改善其运行速度。
- **在产品或服务具有优势的方面增加新的属性**。在顾客价值等式中,这意味着增加顾客需要评估的属性的数量(i)。例如,软件公司可以通过增加某个被目标顾客看重的新特性,使自己区别于竞争对手。
- **提高顾客对产品或服务具有优势的属性的感知重要性**。让产品或服务更有吸引力的另外一种方法是,改变产品或服务某些属性的感知重要性,从而提升该产品或服务优于竞争性产品或服务的属性。例如,如果软件公司的产品运行速度较慢,但其产品能够和大多数现有的其他软件产品兼容,那么该公司就应该强调兼容的重要性。在顾客价值等式中,这意味着改善 w_i,i 在这里就代表兼容性。注意,与前两个战略不同(涉及改善公司的产品或服务),这个战略只是为了改变顾客对于产品或服务不同属性的相对重要性的看法。

上述三种战略概括了提高产品或服务价值的三种重要方法。在做具体选择时,经理人必须考虑三个因素:哪个战略可以最大程度地提高顾客价值、哪个战略对公司的价值最大(如成本最低)、哪个战略最难被竞争对手模仿。选择能在这三个方面都实现最优的战略,可以帮助产品或服务在市场上获得成功。

为产品或服务定位

定位是基于产品或服务的价值主张,用来明确顾客选择某产品或服务的关键原因。本节的重点是定位的本质和其关键要素——参考框架和首要收益。

定位:一个营销概念

定位反映的是一个公司希望其产品或服务给顾客留下怎样的印象,它是公司的产品或服务在顾客心目中形成独特形象的一个过程。例如,沃尔沃的定位是生产最安全的汽车,丰田强调汽车的可靠性,而宝马则注重驾驶体验。

与价值主张作对比可以更好地理解定位的概念。价值主张反映的是一个产品或服务具备的全部收益和成本,而定位关注的是产品或服务价值主张中顾客关注的最重要的一个或多个层面。因此,定位的目标是通过凸显产品或服务的优势,强调其关键收益,进而让顾客没有理由不选择公司的产品或服务。

由于定位往往都强调产品或服务最重要的收益,所以通常都可以用一句简短的话来概括,并且作为公司产品或服务的宣传标语。比如,达美乐(Domino)披萨强调速度:"确保顾客在30分钟内吃上新鲜的热披萨";棒！约翰(Papa John's)强调质量："更好的馅料,更好的披萨";汰渍注重性能："有汰渍,没污渍";安飞士(Avis)强调服务："我们更用心";Visa强调全球畅通无阻："无所不在"。

制定定位战略包括两个关键决策:(1)定义用来定位该产品或服务的价值参考点;(2)确定该产品或服务价值的首要收益。接下来,我们将详细讨论这两个决策。

确定参考框架

顾客对于市场上的产品或服务的评价会受到参考点的影响,参考点是用来评估单个产品或服务的属性的。确定参考框架的目的在于,为顾客提供一个评估产品或服务价值的基准。这个基准可以帮助顾客对产品或服务进行分类,并确定与该产品或服务相关的收益和成本。基于参考点的不同,可以分为五种参考框架。

- **需求型框架**,直接将产品或服务的收益与顾客的某一特定需求联系起来。比如,可口可乐1929年的广告词"享受清新一刻",直截了当地表达了顾客对清爽饮品的需求;迪士尼1955年的定位是"世界上最快乐的地方";米勒轻啤(Miller Lite)的定位是"好喝,不胀气";沃尔玛的定位是"帮助顾客省钱,并让他们生活得更美好"。
- **用户型框架**,通过与特定类型的用户相联系来定义产品或服务。例如,劳斯莱斯、路易·威登、百达·翡丽,这些品牌通常与上层社会挂钩,也通常用来彰显较高的身份地位和独特性;本田1963年的广告活动宣称"最好的人开本田";百事1963年打出"百事一代"的口号。这些都是用户型框架的例子。
- **类别型框架**,通过与现成的产品类别相联系来定义产品或服务。比如,可口可乐1906年的广告词"最好的国民无酒精饮料",明确了可乐所属的产品类别;宝马的定位是"终极座驾",通过提及汽车类别来定义其产品。
- **竞争型框架**通过直接将产品或服务与竞争商品相比较来定义该产品或服务,通常强调其不同于竞争商品的方面。被比较的商品可以特指某一品牌,也可以泛指某一类别。比如DiGiorno的定位是"这不是披萨外卖,这是DiGiorno",七喜的定位是"非可乐",它们都是竞争型框架的例子。
- **产品线型框架**指通过将公司产品线上的某产品与其他产品进行对比来定义该产品。产品线型框架强调同一产品的不同批次之间的差异,通常会比较新一代产品与即将被替代的产品的收益。例如,宝洁为了将其包含五个刀片的吉列锋速剃须刀与只有三个刀片的Mach3区别开来,打出了宣传语"五个比三个好"。微软通过将Windows 7与Vista进行比较,来突出Windows 7的优势。

上述五种参考框架可以进一步归为两大类:非比较型框架和比较型框架。非比较型框架直接把产品或服务的价值与顾客需求相联系,且不与竞争商品的价值做对比。需求型、用户型和类别型框架一般都属于非比较型框架。比较型框架通过明确地将产品或服务与另一个商品相比较来定义该产品或服务。竞争型和产品线型框架属于比较型参考框架。

一般来说，那些试图从市场领导者手中抢夺市场份额的利基商品通常会采用比较型定位。而市场领导者却很少采用比较型定位，因为其与市场份额较小的商品进行比较，最终反而会间接地宣传了所比较的商品。例如，微软旗下的必应搜索引擎是通过将自己与搜索引擎市场引领者谷歌相比，而被用户熟知的，这一策略旨在争夺谷歌的一部分用户。而谷歌的定位则不涉及和其他搜索引擎的对比，因为这么做对它没有太大的意义。注意，这条法则只适用于直接竞争的公司之间，不适用于针对不同目标顾客的公司。例如，一个拥有较大市场份额的大众化品牌可以通过将其与高端品牌进行比较而受益（如大众汽车与保时捷进行比较）。

确定首要收益

因为定位意味着把商品所具有的收益和成本按重要性排序，所以同样的商品通常可以有多种定位。比如美国数字录像设备厂商 TiVo，其具有的多重优势，包括暂停电视直播、一步到位录制、快进广告、即时回放、多频道同步录制。酷乐仕（Glaceau）公司生产的维他命水（Vitamin Water）可以定位为一种营养来源、能量饮料、解渴佳品或者简单的补水来源。

定位的关键是进行权衡，决定不推广某些收益，以便重点突出某些关键收益。因此，定位涉及对产品或服务的收益进行优先排序（通常称为收益阶梯化）。一般来说，基于首要收益，定位战略可以分为以下三类：

- **功能收益定位**旨在通过强调产品或服务性能的某个特定方面来创造功能价值。例如，保时捷强调性能，美泰克（Maytag）强调可靠性，Visa 强调全球通用性。
- **心理收益定位**强调与产品和服务有关的心理价值。例如，万宝龙、劳斯莱斯，以及唐·培里侬（Dom Pérignon）的定位是传达一种奢华、独特和尊贵的气质。公司对自身形象的定位也可以影响其商品的定位，比如，定位为创新的引领者（苹果、谷歌和三星）或对社会有责任感的企业［班杰利公司（Ben and Jerry's）、Newman's Own 食品公司、艺康公司（Ecolab）］。最后，还可以通过强调使风险最小化的收益来定位商品，比如商品具有降低不确定性、让人安心的收益，最好的例子就是好事达保险公司（Allstate insurance），其宣传口号是"包揽一切，稳操胜券"。
- **货币收益定位**，强调与产品或服务相关的货币价值。比如，西南航空公司、沃尔玛，以及 Priceline.com 都纷纷把低价作为其价值主张的重点来强调，而 Discover 信用卡则重点宣传其返现的特色，称其为"全美第一的现金奖励计划"。

除了要决定推广哪些收益，经理人还必须决定在其定位中要突出几项收益。一般来说，有三种常见的定位战略：单收益定位、多收益定位和整体定位。

- **单收益定位**只强调一个（主要）特性所带来的价值，公司认为这个特性最能够给顾客一个无法拒绝其产品或服务的理由。单收益定位并不是暗示该商品的次要特性很糟糕，而是突出一种特性的重要性，从而给顾客传达一种与众不同的概念（见图 5-9）。举例来说，驾驶体验是宝马价值主张（其价值主张包含舒适性、节能、设计、质量、可靠性和安全）中的一条,但宝马却有意突出强调这一点,以便在目标顾客心目中创造一个独特的形象。这种方法之所以起作用,是因为很多消费者认为,如果产品或服务只具有某方面的特性,那它在这方面一定无可匹敌;而如果产品或服务有很多特性,那肯定哪样都做不到极致。另外,在最重要的属性上的优越性也是顾客选择该产品或服务的合理原因。

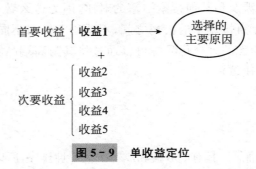

图 5-9 单收益定位

- **多收益定位**,强调产品或服务在两个或多个特性上的收益(见图 5-10)。比如,宝洁象牙皂使用的就是经典的双重收益定位策略:"99.44%的纯净,会浮的肥皂"。一个最近的例子是苹果公司的 iPad,它的推广语是:"具有革命性的神奇产品,而且价格让人难以置信"。与单收益定位相比,多收益定位的优势是能够关注产品或服务价值主张的多个方面,而其缺点是可能会淡化产品或服务在顾客头脑中的印象,从而无法给顾客一个选择该产品或服务的坚定理由。因此,多收益定位并不是一种常规使用的定位策略,而且一般只能针对商品的两个特性。

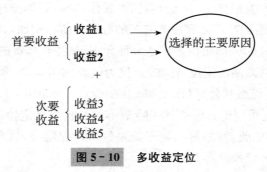

图 5-10 多收益定位

- **整体定位**,强调整体性能,不突出单一的特性,通过产品的整体性能来吸引顾客(见图 5-11)。例如,吉列公司的定位是"男人的最佳选择",意在塑造卓越的整体性能。高露洁全效,单从这个名字就可以看出厂商致力于提供最佳的总体收益方案。同样,还有很多公司通过强调市场主导地位来彰显产品卓越的整体性能,如美国石油公司阿莫科(Amoco)——"美国第一高端汽油",泰诺(Tylenol)——"多数医院信赖的品牌",以及赫兹(Hertz)公司定位的"世界第一汽车租赁公司"。

产品或服务的定位战略会在定位声明中进行概述,该声明中将确定产品或服务的目标顾客以及对这些顾客的价值主张。书写定位声明的主要原则将在第二十章做更为详细的讨论。

图 5-11　整体定位

本章小结

顾客是公司及其合作者价值的最终创造者,因此管理好顾客价值对公司的成功至关重要。管理顾客价值的两个关键因素分别是制定价值主张和制定定位战略。

价值主张反映的是与特定产品或服务相关的全部收益和成本。因为价值是顾客需求的函数,产品或服务创造价值的能力是由特定顾客决定的:给某些顾客创造价值的产品或服务,可能无法给另一个细分顾客群体创造价值。产品或服务能否取得成功,要看它是否能在三个价值维度(功能、货币和心理)上比竞争对手更好地满足顾客的需求。

顾客价值函数反映了产品或服务的属性转化成主观收益和成本的方式。简便起见,价值函数通常被认为是产品或服务在各个属性上的性能与其权重的乘积之和。这种方法基于以下假设:(1)顾客能够对产品或服务在不同属性上的性能表现进行估价;(2)产品或服务在某个属性上的表现的提升会导致价值等比例提高;(3)提高性能和降低性能对估价的影响力是对称的;(4)购买者以系统化的方式来考量与某个产品或服务有关的所有信息。由于以下四种决策因素的影响,我们常常需要更正上述假设,这四种决策因素包括:参照点依赖、损失规避、边际价值递减和投入最优化。

产品或服务的竞争优势通常由两种因素决定:不同点和相同点。不同点是指,在对目标顾客比较重要的那些特性上,公司提供的产品或服务与竞争商品有所不同(竞争优势和竞争劣势)。相同点指的是产品或服务与竞争商品在某些特性上的性能相同。竞争优势取决于目标顾客能观察和感知到的、对他们来说相关的差异。如果产品或服务的差异小到无法被目标顾客察觉,或者目标顾客认为这些差异无关紧要,就不存在竞争优势。为实现或增强竞争优势,公司可采用以下战略:(1)改善产品或服务在某特定属性上的性能;(2)在产品或服务具有优势的方面增加新的属性;(3)提高顾客对产品或服务具有优势的属性的感知重要性。

定位可以将顾客的注意力集中在产品或服务价值主张的最重要的方面。定位涉及两个关键决策:明确参考框架和确定首要收益。

参考框架可以为顾客提供一个评估产品或服务价值的基准。基于参考点的不同,可以分为五种参考框架:(1)需求型框架,将产品或服务的收益与特定的顾客需求直接联系在一起;(2)用户型框架,通过将产品或服务与特定类型的购买者联系在一起,来定义该产品或服务;(3)类别型框架,通过将产品或服务与确定的产品类别联系在一起,来定义该产品或服务;(4)竞争型框架,通过将该产品或服务与竞争对手的产品或服务进行比较,来定义该产品或服务;(5)产品线框架,通过将产品或服务与公司产品线上的其他产品或服务进行比较,来定义该产品或服务。基于参考框架,我们可以区分两种定位战略:将产品或服务的收益与顾客需求直接进行关联的非比较型定位,以及将产品或服务的收益与竞争性产品或服务的收益进行比较的比较型定位。

首要收益反映了顾客选择某产品或服务的最主要的原因,通常涉及功能、心理或货币收益。基于首要收益的类型或数量,可以区分三种常见的定位战略:单收益定位、多收益定位和整体定位。

相关概念:价值函数

价值函数反映了人们将产品特性转化成主观收益(效用)的方式。我们在本章详细阐述了价值函数的一些关键特性——参照点依赖、损失规避、边际价值递减和投入最优化。图 5-12 反映了前三个特性的价值函数曲线。

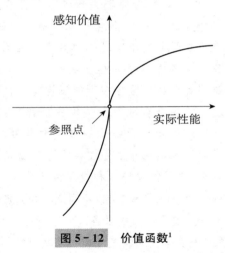

图 5-12　价值函数[1]

如图所示,价值函数由二维空间中的一条 S 形曲线来表示,横轴代表实际性能,纵轴代表顾客感知到的该性能表现的主观价值(效用)。两轴相交的原点代表顾客使用的参照点,也是价值收益和损失(纵轴上)、性能改善和倒退(横轴上)的分界点。价值函数的三个特性——参照点依赖、损失规避和边际价值递减体现在以下事实中:价值曲线源于评估所使用的参照点,对于收益来说是凹形的,对于损失来说是凸形的,而且比收益更陡。

相关概念:定位图

定位图反映了相对于竞争性产品或服务,购买者对于某产品或服务性能表现的感知。定位图源于顾客对特定市场上的产品或服务的各个方面的评价。定位图可以有不同数量的维度,不过二维定位图最常见,因为它们最容易理解(见图 5-13)。

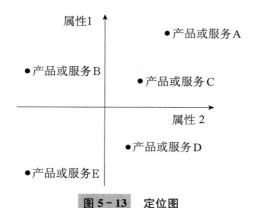

图 5-13 定位图

举例来说,治疗头疼的药物的定位图可以展示各种药物在有效性和药效持续时间等方面的相对重要性,最有效且药效持续时间最长的药物将位于图 5-13 的右上角;相反,效果最差且持续时间最短的药物将在图 5-13 的左下角。

定位图也可以源于顾客对一个给定产品的某些属性方面进行评价,然后将这些属性的评级综合成几个(通常是两个)更具概括性的因素。定位图也可以利用顾客对于几种产品或服务相似处的评价来揭示隐含的维度,并在二维空间对产品或服务进行设计。不仅如此,定位图还可以展示顾客的理想点,反映他们对于产品或服务不同方面的理想组合。

延伸阅读

Barwise, Patrick and Sean Meehan (2004), *Simply Better: Winning and Keeping Customers by Delivering What Matters Most*. Boston, MA: Harvard Business School Press.

Kahneman, Daniel (2011), *Thinking, Fast and Slow*. New York, NY: Farrar, Straus and Gioux.

Ries, Al and Jack Trout (2011), *Positioning: The Battle for Your Mind* (3rd ed.). New York, NY: McGraw-Hill.

注释

1 Kahneman, Daniel and Amos Tversky (1979), "Prospect Theory: An Analysis of Decision under Risk," *Econometrica*, 47 (March), 263-91.

第六章
创造公司价值：管理收入、成本和利润

如果你不知道航行的方向，那么对你来说，什么风都不是顺风。

——古罗马哲学家塞内加

作为经营实体，公司成立的目的是为利益相关者创造价值。所以，管理公司的价值就成了公司战略的一个重要方面，反映了其作为公司存在的根本目的。这一章，我们将主要探讨管理顾客价值的几个重要方面。

理解公司价值

公司通过为其顾客和合作者创造价值来实现其目标，在此过程中为其利益相关者创造价值。为了给利益相关者创造价值，公司必须明确它想从其产品或服务中获取的收益，并将这些收益与其最终目标联系在一起。在这种情况下，创造公司价值可以看作是从市场交换中获取价值的一个过程。在市场交换中，公司会为其顾客和合作者创造价值。

公司价值是相对于其目标而定义的，包含所有与产品或服务相关的收益和成本。产品或服务可以在三个方面为公司创造价值：货币价值、功能价值和心理价值。这三个方面概括了公司从特定产品或服务中获取的收益。接下来，我们将详细讨论这三个方面。

- **货币价值**反映了产品或服务所能带来的货币收益，它与公司期望的财务业绩直接相关，通常都用净收入、利润率、销售收入、每股收益和投资回报率来衡量。对于营利性公司来说，货币价值是它们热衷追求的一种价值。
- **功能价值**反映的是产品或服务的功能收益和成本。一种产品或服务可以通过帮助公司产品组合中其他产品或服务成功而创造功能价值。例如，一款按成本价出售的低档汽车可以帮助汽车制造商在年轻的顾客群体中占领市场份额。这样一来，他们以后可能成为该制造商生产的其他高利润车型的潜在顾客。同样地，一款免费的软件可以为公司提供一种技术交流的平台，帮助公司开发出能创造更多利润的产品或服务。功能性目标不一定要和利润相关。例如，对很多非营利性的组织来说，通过改善社会福利而为社会创造价值就是它们的共同目标。

- **心理价值**源自产品或服务对于公司员工和利益相关者的心理重要性。例如，公司的一些社会责任行为，如保护环境以及支持各种社会公共事业，可以帮助公司塑造其品牌和文化。同样地，能够彰显公司在特定领域领导地位的产品或服务，如研发，也能通过帮助公司吸引优秀的员工、提升品牌忠诚度来为公司创造价值。

这三种类型的价值对应两种公司目标——货币目标和战略目标。货币价值与公司的货币目标相对应，而功能和心理价值反映了产品或服务帮助公司实现其战略目标的能力。公司价值的三个方面与公司目标之间的关系如图6-1所示。

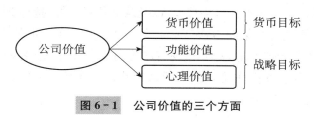

图 6-1 公司价值的三个方面

由于大多数公司的首要目标都是货币价值最大化，很多产品或服务都必须直接或间接地与利润率联系在一起。接下来，本章将重点讲述影响利润率的几个关键因素，以及有效管理利润增长的几个策略。

管理利润增长

为了设计成功的利润增长战略，经理人必须理解公司净利润（bottom line，底线）的关键驱动力、对其影响进行优先排序，并将注意力集中在对利润影响最大的变化上。关键利润驱动力可以通过决策树体现，它反映了各个因素对公司净利润的贡献。图6-2是一个典型的利润增长决策树，我们将在下面详细讨论。

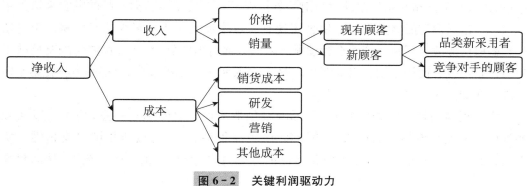

图 6-2 关键利润驱动力

一般来说，公司的净收入就是收入和成本的差额，也就是说，净收入的增长可以通过增加收入或削减成本来实现。收入增长［也称作顶线增长（top-line growth，营收增长）］一般可以通过增加销量或改变单价的方式来实现。削减成本一般可以通过降低以下几种费用来实现，分别是销货成本、研发成本、营销成本、其他成本（如一般及行政费用和资本成本）。

　　虽然增加销售收入和降低成本都会对利润增长产生重要的影响，但增加收入更可能实现可持续的利润增长。同样地，虽然价格优化会对利润产生重要影响，但增加销量而不是调整价格通常是可持续利润增长的关键来源。因此，增加销量（而非优化价格和成本）通常被看作利润增长的主要来源。

　　为了增加销量，公司可以聚焦于现有顾客，让他们增加购买频率和购买量，也可以通过获取新顾客来实现。此外，通过新顾客来增加销量可遵循两个战略：吸引从未使用过某个品类产品的新顾客从而扩大市场规模；以及从竞争对手处"抢夺"顾客。

　　实现利润增长的最有效策略取决于公司的目标、资源和特定的市场条件。有些时候，利润增长主要依靠增加销量，比如在现有顾客身上获得增量；有些时候，利润增长可能涉及削减成本，比如精简操作流程或降低营销费用。在接下来的各个部分，我们将详细介绍实现利润增长的不同策略。

通过增加销售收入来管理利润增长

　　增加销售收入是实现长期盈利的最常见的方法。销售增长可以通过利用内部资源（通常称为"有机"增长），或收购或兼并其他公司来实现。本节的重点是有机增长，是最常见的销售增长战略。一般来说，增加销售收入有两种方法：增加销量和优化价格。接下来，我们将详细探讨这两种战略。

通过增加销量来提高销售收入

　　一般来说，增加销量主要有三种基本战略：市场增长、盗取份额和市场渗透。市场增长战略（通常称为首要需求战略）是指通过吸引从未使用过该品类产品的新顾客来增加销量；盗取份额战略是指通过从竞争对手处抢夺已经在使用该品类产品的顾客来增加销量；最后，市场渗透战略是指通过使公司现有顾客增加其购买数量来提高销量。市场增长和盗取份额战略反映了公司在管理顾客采用方面付出的努力，而市场渗透战略反映了公司在管理顾客使用方面付出的努力。图6-3展示了这三种战略，更多细节将在第十四章进行详细探讨。

　　为了提高销量，公司必须为其目标顾客创造价值。要做到这一点，公司可以实施四种核心战略来增加产品或服务的知名度、可获得性、吸引力或价格的可支付性。所以，公司可以通过向其目标顾客宣传产品的好处，提高产品或服务的知名度，从而提高

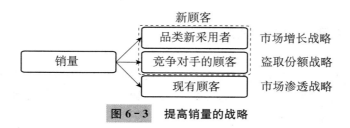

图 6-3 提高销量的战略

销量。公司也可以通过扩张生产能力、提高产品覆盖率、加强零售支持、减少缺货等手段，增加产品或服务的可获得性，从而提高销量；此外，公司还可以通过改善产品的功能（如使用更好的原材料或更先进的技术）、使产品收益与顾客需求一致、改善服务质量（如通过内包）、提升品牌价值等方式来提高产品或服务的吸引力，从而提高销量。最后，还可以通过降价（如为了获取更多份额而让利）、提供激励措施、降低其他相关成本等方式来提高产品的可支付性，从而提高销量。我们将在第十五章更详细地讨论这四种战略。

通过优化价格来提高销售收入

定价是管理销售收入的一个重要方面。定价对于销售收入的影响取决于顾客对于价格变化的反应。一方面，提价会增加利润空间；但另一方面，提价也可能降低销量。因此，当增加利润的正面影响大于销量减少带来的负面影响时，就可以通过提价来增加销售收入。反之，当增加销量的正面影响大于利润减少带来的负面影响时，就可以通过降价来增加销售收入。

一般来说，价格对销量的影响取决于顾客的价格弹性，即某产品价格变动时，该产品需求量相应变动的灵敏度：价格弹性越小，就越有可能通过提价来增加销售收入（参见第十章）。所以，当价格弹性较小且提价带来的利润可以抵消销量下滑导致的损失时，提价就能增加销售收入。反之，当价格弹性较大且降价带来的销量增加可以抵消损失的利润时，降价就可以增加销售收入。

在管理价格时，有两个问题需要特别注意：首先，这里的"价格"指的是广义的价格，不仅指产品或服务的标价，也指各种货币形式的激励，包括减价、优惠券、回扣（针对顾客时）以及交易折扣，比如总额折扣和补贴（针对合作方时）。所以，管理销售收入不仅需要优化产品或服务的价格，还需要优化价格激励。关于这一点，我们将在第十章和第十一章详细阐释。

而且，由于生产商通常通过第三方（批发商、零售商、分销商、经销商）来销售产品或服务，所以其销售收入不仅取决于顾客支付的零售价，还取决于渠道合作伙伴支付的批发价。因此，管理价值不仅涉及管理最终销售给顾客的价格，还要管理整个零售渠道中的价格。关于公司与其渠道合作伙伴的关系的详细阐述，请参考第七章和第十三章。

通过降低成本来管理利润增长

还有一种增加利润的战略是降低成本。公司的成本一般可分为四类：销货成本、研发成本、营销成本和其他成本（如一般及行政费用和资本成本）。接下来，我们将详细讨论以下四种降低成本的战略。

- **降低销货成本**。销货成本主要描述与创造产品或服务直接相关的费用，既有可变部分（如原材料的成本和将原材料加工成产品的成本），也有固定部分（如设备的折旧）。一般来说，降低销售成本有两种方法。第一种方法是降低投入成本，比如在生产过程中投入的原材料、劳动力及物流成本。降低投入成本一般可以通过外包、更换供应商和采用性价比（投入的成本效率）更高的技术等途径来实现。第二种方法是降低与流程（将投入转化成最终产品的流程）相关的成本，比如优化操作流程，采用可缩减流程成本的性价比更高的技术。

- **降低研发成本**。研发成本通常指设计产品或服务所需的相关固定成本。在很多行业，研发成本通常占总成本的很大一部分。降低研发成本的战略包括采用能缩短产品开发周期的技术、降低设备成本和管理人工成本。

- **降低营销成本**。营销成本取决于公司的商业模式，可能占与产品或服务有关的总成本的很大一部分。营销成本有几种，其中，激励成本指的是针对顾客的促销活动，比如降价、优惠券、折扣、竞赛、抽奖和奖金。沟通成本包括广告费用（电视、广播、印刷品、网络、户外、销售点、活动）、公关费用（媒体报道、植入式广告和社交媒体）和人员销售成本（销售团队）。分销成本反映的是分销商获得的利润、销售团队的成本[1]，以及贸易激励，比如贸易补贴、总额折扣和合作广告补贴。其他营销成本反映的是营销调研的成本或其他营销费用。

- **降低其他成本**。除了降低销货成本，研发费用、营销费用和整体费用都可以通过降低其他成本（如行政费用、法务相关成本和资本成本）来得到削减。

降低上述四种成本的常用战略通常涉及实现规模经济效应、学习曲线和范围经济。规模经济（更大的生产量和销量）会降低单位产品的成本。成本和生产量之间的关系不是固定不变的：产量增加时，边际成本一开始会降低，但到达某个点之后，就会上升，从而出现规模不经济的情况。另外一种降低成本的方法涉及学习曲线，即随着经验的积累，生产率会提高，从而降低成本。最后，除了规模经济和学习曲线，范围经济，即不同产品或服务之间的协同效用，也可以降低成本。范围经济和规模经济的相似之处在于：规模的增加都会降低成本。不过，规模经济是通过增加某一产品的产量来节约成本，而范围经济则通过协同公司不同的产品来达到节约成本的目的。

本章小结

公司价值是相对于公司目标来定义的,由和产品或服务相关的所有收益和成本组成。产品或服务可以在三个方面为公司创造价值:货币价值、功能价值和心理价值。由于使货币价值最大化是大部分公司的首要目标,所以大多数产品或服务的成功都与利润率直接或间接相关。

实现利润的可持续增长是大多数公司的终极目标。实现利润增长可以通过增加销售收入或降低成本这两种方式。增加销售收入可以通过管理价格或增加销量来实现,而这可以通过抢夺竞争对手的份额、获得新顾客和增加现有顾客的购买量来实现。管理成本包括降低销货成本、研发成本、营销成本以及各种其他成本。

增加销售收入是实现长期盈利的最常见的方法。一般来说,增加销售收入有两种方法:增加销量和优化价格。

提高销量的战略包括:(1)通过吸引从未使用过该品类产品的新顾客来扩大整个市场;(2)通过吸引目前在使用竞争对手产品的顾客来抢夺竞争对手的份额;(3)通过增加公司现有顾客的购买量来进行市场渗透。市场增长和盗取份额战略反映了公司在管理顾客采用方面付出的努力,而市场渗透战略反映了公司在管理顾客使用方面付出的努力。

改变价格对销售收入的影响取决于顾客对于价格变化的反应。当增加利润的正面影响大于销量减少带来的负面影响时,就可以通过提价来增加销售收入。反之,当增加销量的正面影响大于利润减少带来的负面影响时,就可以通过降价来增加销售收入。

除了提高收入,利润增长还能通过降低成本来实现,包括销货成本、研发成本、营销成本和其他成本(如一般及行政费用和资本成本)。降低以上四种成本的常用战略涉及规模经济、学习曲线和范围经济。

相关概念:经济价值分析

我们可以在三个方面创造公司价值,这就引发了这样一个问题:如何对在这三个方面创造的收益和需要的成本进行比较?具体来说,对于营利性公司,这个问题通常意味着如何把战略价值转化成货币价值。为了回答这个问题,经理人必须评估产品或服务在功能方面和心理方面给顾客带来的好处的货币价值,即所谓的经济价值分析。经济价值分析是指将产品或服务的非货币收益转化成经济收益(见图6-4)。

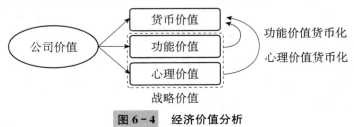

图6-4 经济价值分析

经济价值分析基于这样一个理念：产品或服务的战略性收益，如其对公司的功能价值和心理价值，可以根据这些收益可能为公司带来的长期财务影响来进行量化和货币化。由于它评估的是非货币因素的长期财务影响，所以经济价值分析与总持有成本有关。和经济价值分析类似，总持有成本将产品或服务的非货币方面货币化，而不同的是，总持有成本只考虑功能方面（而非心理方面）的收益，而且通常只关注产品或服务创造的价值的成本方面。从这个角度来说，总持有成本的概念比经济价值分析的范围要窄。

相关概念：损益表

损益表是反映企业在一定时期内收入和费用的会计报表。表中通常包含的项目有收入、成本、营业费用、营业收入和收益（见表6-1）。

表6-1 损益表　　单位：美元

项目	金额
总收入	
产品销售额	18 000
销货退回与折让	(3 000)
总(毛)收入	15 000
销货成本	
产品成本	(4 500)
服务成本	(1 500)
总销货成本	(6 000)
毛利润	9 000
毛利率	60%
营业费用	
销售和营销费用	5 000
一般及行政费用	1 000
研发费用	1 000
总营业费用	7 500
营业收入	1 500
营业利润率	10%
其他收入(支出)	
利益支出	(250)
折旧与摊销	(100)
所得税费用	(400)
其他收入(支出)总额	(750)
净收入(收益)	750
净利润率	5%

毛利率：毛(总)利润与毛(总)收入之比。毛利分析是一项十分有效的工具，因为它明确包含了产品或服务的单位售价、单位成本和单位销量。但是，请注意毛利与边际贡献之间的区别：边际贡献包含了所有变动成本，但毛利只包含了部分变动成本（通常不是全部），其中有些可能为营业利润率的一部分。

$$毛利率 = \frac{毛利润}{毛收入} = \frac{毛收入 - 销货成本}{毛收入}$$

毛利润：毛(总)收入与总销货成本之差。毛利润也可以通过单位产品来计算，即产品的单位售价与单位销货成本之差。例如，某公司售出 100 件产品，每件产品的价格为 1 美元，成本为 0.3 美元，因此单位毛利润为 0.7 美元，总毛利润为 70 美元，单位毛利率和总毛利率均为 70%。

$$毛利润_{总} = 毛收入_{总} - 销货成本_{总}$$

$$毛利润_{单位} = 价格_{单位} - 销货成本_{单位}$$

总收入：公司经营活动中获得的全部收入。

净收益：参见净收入。

净收入：特定时期内毛收入与所有成本和费用之差（销货成本、营业费用、折旧、利息和税金）。

$$净收入 = 毛收入 - 总成本$$

净利润率：净收入与毛(总)收入之比。

$$净利润率 = \frac{净收入}{毛收入}$$

营业费用：除销货成本外，为带来收入而产生的主要成本（例如销售费用、营销费用、研发费用、一般及行政费用）。

营业收入：毛收入减营业费用。营业收入反映了不考虑由公司资本结构所带来的利息费用时，公司在当前运营中的盈利能力。

$$营业收入 = 毛收入 - 营业费用$$

营业利润率：营业收入与毛(总)收入之比。

$$营业利润率 = \frac{营业收入}{毛收入}$$

相关概念：边际分析

贡献毛利(元)：当以货币数值的形式（元）表示时，贡献毛利通常指总收入和总变动成本之差。通常也可以用单位价格和单位变动成本之差计算单位产品的贡献毛利。用货币数值的形式表示的单位利润也可以当作贡献（也就是说每单位售出产品对支付固定成本的贡献）。

$$贡献毛利_{总}(元) = 收入_{总} - 变动成本_{总}$$

$$贡献毛利_{单位}(元) = 价格_{单位} - 变动成本_{单位}$$

贡献毛利率(%)：当以百分比形式（%）表示时，贡献毛利率通常指总收入和总变动成本之差与总收入之比。贡献毛利率也可用单位贡献与单位价格之比表示。

$$贡献毛利率(\%) = \frac{收入_{总} - 变动成本_{总}}{收入_{总}} = \frac{价格_{单位} - 变动成本_{单位}}{价格_{单位}}$$

固定成本：在某段时期内，不随产量变化而变化的成本。典型的固定成本包括研发经费、大众媒体广告费、租金、债务利息、保险、厂房和设备成本、全职员工的薪酬。尽管固定成本的绝对数额不随产量变化，但随着产量的增加，分摊到每单位产出上的固定成本减少，因此单位固定成本将减少。也可参考变动成本。

边际：反映了两种因素之间的关系，通常以货币数值或百分比表示。有两种类型的边际：(1)边际贡献，反映了变动成本和固定成本之间的关系，(2)边际收益，反映了一个公司毛(总)利润、收入和毛(总)收入之间的关系。

边际成本：增加一单位产量所增加的成本。

贸易利润：在分销渠道的每一环节中，单位售价与单位成本之间的差额。贸易利润可用货币价值或百分比表示。一种分析利润的有效方法是，整理分销渠道的结构，明确每个渠道成员的利润（见图6-5）。注意，利润通常都基于销售收入（销售价格）而非成本（购买价格）来计算。

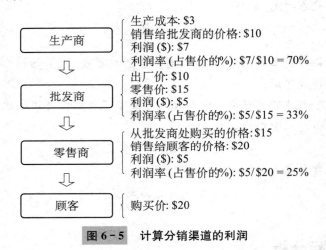

图6-5 计算分销渠道的利润

变动成本：与产品产量成正比。例如，原材料成本和激励成本（如优惠券、价格折扣、返现和赠品）通常被视为变动成本。其他费用，例如分销商奖励（例如业务推广津贴）和销售团队报酬，可根据它们的薪酬结构（固定工资还是基于业绩的薪酬），归类为固定成本或变动成本。也可参考固定成本。

相关概念：盈亏平衡分析

盈亏平衡分析的目的在于确定盈亏平衡点。在盈亏平衡点上，公司进行某一行为的收益和成本相等，高于平衡点时，公司盈利。最常见的盈亏分析包括：固定成本投资的盈亏平衡分析、降价的盈亏平衡分析、变动成本增加的盈亏平衡分析和自相蚕食（cannibalization，指公司自己推出另外一个与本公司已有产品竞争的产品，从而导致自相竞争）的盈亏平衡分析（将在第十七章中进行讨论）。

固定成本投资的盈亏平衡分析用于确定公司能够收回某一项投资（例如研发费用、改进产品所花费的费用或广告宣传费用）所需的销量或销售收入。固定成本投资的盈亏平衡点（BEV_{FC}）为固定投资与单位毛利之比。

$$固定成本投资的盈亏平衡点 = \frac{固定成本投资}{单位毛利}$$

举例说明，假设某一产品的售价为 100 美元，变动成本为 50 美元，固定成本为 5 000 万美元，此时，固定成本投资的盈亏平衡点 = \$50 000 000/(\$100 - \$50) = 1 000 000。这表明为了使一项 5 000 万美元的投资达到盈亏平衡，销售量应达到 100 万。

降价的盈亏平衡分析可以用来估计降价时，需要销售增加多少才能使利润率保持不变。为了达到盈亏平衡，降价导致的利润损失必须和销售增加带来的额外利润相等。降价的盈亏平衡点 BER_{PC}，即用来抵消降价的影响而需要的销量增加的计算方法如下[2]：

$$降价的盈亏平衡点 = \frac{毛利_{原价格}}{毛利_{新价格}}$$

举例来说，某产品的价格从 100 美元降至 75 美元，产品的变动成本为 50 美元。在这种情况下，毛利$_{原价格}$ = \$100 - \$50 = \$50，毛利$_{新价格}$ = \$75 - \$50 = \$25。因此，降价的盈亏平衡点 = \$50/\$25 = 2。这就意味着，为了抵消降价的影响，销量应该翻倍。

变动成本增加的盈亏平衡分析指变动成本增加时，要想公司既不盈利也不亏损需要达到的销售量。从理论上来说，这个分析和降价时的分析一样，变动成本增加的盈亏平衡点（BER_{VCI}）计算如下：

$$变动成本增加的盈亏平衡点 = \frac{毛利_{原变动成本}}{毛利_{新变动成本}}$$

举例来说，产品的定价是 100 美元，其变动成本从 50 美元增加到 60 美元。在这种情况下，毛利$_{原变动成本}$ = \$100 - \$50 = \$50，毛利$_{新变动成本}$ = \$100 - \$60 = \$40，所以，变动成本增加的盈亏平衡点 = \$50/\$40 = 1.25。这就意味着为了抵消变动成本增加带来的影响，销量必须比之前提高 25%。

相关概念：关键的营销指标

复合年增长率（Compound Annual Growth Rate, CAGR）：一项投资在特定时期内的年度增长率。

内部收益率（Internal Rate of Return, IRR）：投资所用资本的有效年复合回报率（也就是投资收益）。

市场份额：一种产品的销量与市场中所有同类产品的总销量的比率。销量可用收入总额表示或按单位（例如售出的商品总数或服务的顾客总数）计算。

$$市场份额 = \frac{特定市场上某产品或服务的销量}{该市场上同类产品的总销量}$$

市场规模：现有或潜在市场的货币价值，通常以一年为单位计算。市场规模也用来指构成某一特定市场的顾客数量。

投资回报率(Return on Investment,ROI):净收入与产生该净收入所需的投资之比。

$$投资回报率 = \frac{投资收益 - 投资成本}{投资成本}$$

营销投资回报率(Return on Marketing Investment,ROMI):用于衡量公司营销支出的效果。通常用净收入增加额、产品销售收入、市场份额或边际贡献计算,计算过程中通常也涉及营销总支出或特定营销组合变量(例如品牌、激励和沟通)。

$$营销投资回报率 = \frac{营销投资产生的净收入增加额}{营销投资的成本}$$

销售收益率(Return on Sales,ROS):净收入与销售收入之比。

$$销售收益率 = \frac{净收入}{销售收入}$$

延伸阅读

Best, Roger J. (2012), *Market-Based Management: Strategies for Growing Customer Value and Profitability* (6th ed.). Upper Saddle River, NJ: Prentice Hall.

Henderson, Bruce, D. (1974), "The Experience Curve Reviewed: Why Does It Work?" in *Perspectives on Strategy: From the Boston Consulting Group* (1998), Carl W. Stern and George Stalk Jr., Eds. New York, NY: John Wiley & Sons.

Kotler, Philip, Dipak C. Jain, and Suvit Maesincee (2002), *Marketing Moves: A New Approach to Profits, Growth, and Renewal*. Boston, MA: Harvard Business School Press.

注释

1 注意,销售团队可能有双重功能——沟通和分销。

2 为了不对公司的净利润造成负面影响,由降价导致销量增加而产生的额外利润必须大于或等于因为利润降低而导致的利润损失。

$$利润_{新价格} \geq 利润_{原价格}$$

由于利润是单位销量和单位边际利润的函数,上述公式还可以转换为:

$$销量_{新价格} \times 单位边际利润_{新价格} \geq 销量_{原价格} \times 单位边际利润_{原价格}$$

因此,要抵消降价带来的影响,需要达到的销售量可以计算如下:

$$降价的盈亏平衡点 = \frac{销量_{新价格}}{销量_{原价格}} = \frac{边际利润_{原价格}}{边际利润_{新价格}}$$

3 计算产品或服务变动成本增加的盈亏平衡点的基本原则与评估降价的盈亏平衡点类似。关键的区别在于,新产品或服务产生的利润下降是由于产品或服务的成本增加造成的,而不是因为收入的下降。

第七章
创造合作者价值：管理商业市场

> 志同道合是成功的基础，保持团结才能不断发展，共同努力就会走向成功。
>
> ——美国工业家亨利·福特

合作者就是和公司通力合作为目标顾客创造价值的实体。由于合作者通常都是商业实体，所以合作一般都涉及为顾客创造价值的 B2B 业务关系。而通过合作创造价值的过程则是本章探讨的重点。

作为商业过程的合作

作为一个商业过程，合作旨在提高公司为其目标顾客创造价值的能力，从而帮助其实现战略目标。接下来，我们将详细探讨合作的本质、合作的优势和劣势、合作程度以及合作之外的其他选择。

合作的本质

合作指的是与一个外部实体建立业务关系，并将公司的一部分业务委派给该实体。通过合作进行价值创造反映了依靠公司自身创造顾客价值这一传统商业模式向公司与其合作者共同创造顾客价值这一新的商业模式的转变。之前流行的产供销一体的概念已经被外包所取代。合作型的业务模式之所以流行是因为人们相信更高程度的专业化和规模经济可以带来更高的有效性和成本效率。而且，合作可以将不同实体聚集在一起，包括供应商、生产商、分销商（经销商、批发商、零售商）、研发公司、服务提供商、外部销售团队、广告公司和市场调研公司，以便创造可持续价值交换。

由于合作关乎两个商业实体之间的关系，所以人们常常把合作看作是 B2B 流程，认为合作与公司的顾客导向活动无关。这是因为 B2B 市场和消费者市场在很多方面存在很大差异，包括服务的目标顾客、提供的产品和服务的类型、销售流程以及买方和卖方之间关系的性质。不过，即使存在诸多不同，公司针对商业实体的活动和针对消费者的活动依然紧密相关，因为它们代表了价值创造流程的不同方面，而该流程会决定 B2B 和 B2C 活动最终的成败。

营销的关键原则——为目标顾客创造卓越价值并让公司及其合作者受益——也是合作的关键原则。因此，在看待公司及其合作者之间的关系时，千万不能脱离为目标顾客创造价值这一目标。从这个意义上来看，我们可以说没有哪种 B2B 关系可以脱离为顾客创造价值的目标。大多数以商业为导向的关系实际上都是 B2B2C 的合作，也就是说 B2B 只能作为整个价值创造过程的一个部分而存在。

为了详细解释这一点，我们可以想一想生产商和零售商纵向合作的例子。这种合作关系的成功在很大程度上取决于生产商为零售商和终端顾客创造价值的能力。如果生产商提供的产品或服务对顾客没有价值，零售商就很难将产品或服务卖给终端顾客，而这也将阻碍生产商和零售商之间的合作。为了在 B2B 合作上取得成功，生产商必须注重整个价值链（包括终端顾客），并通过设计的产品或服务为其合作者和终端顾客创造价值。涉及横向合作的实体，如研发、产品设计和生产，也是如此。合作关系能持续多久同样取决于公司的行为能在多大程度上为终端顾客创造价值。的确，由于目标顾客是收入的关键来源，所以，如果不能为这些顾客创造价值，将会影响公司及其合作者的收入，并因此影响两者之间的合作。

由于合作是一个价值创造过程，所以合作会涉及为目标顾客设计、沟通和传递价值的整个过程。因此，合作可以分为三种：(1) 价值-设计合作，包括产品和服务研发、品牌建设、定价和激励设计；(2) 价值-沟通合作，包括广告、公关和社交媒体；(3) 价值-传递合作，包括实际交付公司的产品或服务。需要注意的是，虽然它们在价值创造的过程中起着不同的作用，但合作的实体通常都会涉及设计、沟通和价值传递这三个方面。例如，除了将公司的产品或服务交付给目标顾客，分销渠道还能在产品定制、加强服务、定价、激励管理和沟通（通过店内广告、展示和直邮等形式向目标顾客宣传产品或服务的好处）等方面扮演重要的角色。同理，除了向目标顾客传达产品或服务的价值，广告公司还能帮助公司树立品牌、优化定价、设计和分派有针对性的激励措施。

合作的优势和劣势

和很多其他的商业关系类似，合作也有其优势和劣势。具体来说，合作会给参与方带来如下收益：有效性、更高的成本效率、灵活性和速度。

- **有效性**。合作可以让公司专注于价值传递过程的某一特定方面（如研发、生产和分销）。由于合作可以让一方利用另一方的专长，所以合作能为双方都带来竞争优势。

- **成本效率**。除了提升价值创造过程的有效性，合作还能让整个过程的成本效率更高，因为通过专注于某个特定职能，每一方都能获得更大的规模经济效应，积累更多经验。专业化还可能促使公司在高性价比的解决方案领域进行投资（如库存管理系统），但如果公司缺乏运营规模，它就不可能在这方面进行投资。
- **灵活性**。与发展公司自身的专长相比，合作需要的资源投入更少，因此可以在很多方面带来更多的灵活性，比如更换技术、进入新市场和退出现有市场。例如，发展一个新的分销渠道需要大量的资源，因此需要长期投入，而使用现有的分销渠道（如租用而非购买货架空间）则会让公司在项目投入上更灵活一些。
- **速度**。合作能让公司更快地实现其期望的结果。例如，生产商可以利用现有的分销渠道在一夜之间进入目标市场，而如果它要建立自己的分销渠道则需要很长的时间。

虽然好处多多，但合作也有一些弊端，包括失去控制和竞争力、激化竞争。

- **失去控制**。将公司业务的某些方面委派给外部实体通常会导致公司失去对整个价值创造过程的控制。例如，将生产外包常常不利于公司对于生产过程和产品质量的控制，而且，外包也会削弱公司对价值创造过程中的财务问题的监控能力。
- **失去竞争力**。将关键活动外包可能会削弱公司的关键竞争力。例如，外包研发活动可能会削弱公司的创新能力。
- **激化竞争**。将关键活动外包可能会让合作的一方发展一系列重要的竞争力，并成为公司的潜在竞争对手。

和很多商业决策一样，决定是否进行合作涉及对相关收益和成本的权衡。当合作带来的好处大于给合作双方带来的成本时，合作就更容易持续。反之，当合作不能给双方带来卓越价值时，它们就可能做出其他选择，比如更换合作者或内包，终止合作。

合作程度

公司与其合作者的关系根据合作程度有所不同。基于合作双方之间关系的性质，合作可以是显性合作，也可以是隐性合作。

- **显性合作**涉及合同关系，比如长期合同约定、合资公司和特许经营协议。这种合作最大的优势就是能够促使合作者之间形成正式的合作关系，从而提升有效性和成本效率。当然，显性合作也有一些弊端，比如灵活性不足、转换成本较高以及存在一定的战略风险：公司可能因为与合作者分享专有信息（如定价政策、利润率和成本结构）而为自己制造一个潜在的竞争对手。
- **隐性合作**一般都不涉及合同关系，因此这种合作比显性合作更灵活。不过，这种灵活性也需要付出一定的代价，即合作的一方很难预测其他渠道成员的行为。合作的另一个弊端是合作的意愿度较低，合作者不愿投入资源来为某个生产商定制渠道。此外，与显性合作相比，隐性合作还可能导致成本效率下降，因为双方的协作程度会因为缺乏系统整合等因素而相对较低。

合作之外的其他选择

合作之外的一个常见的选择是将合作者实施的活动内包给公司的某个实体，该实体可能是公司新成立、完全受公司控制的实体，也可能是公司收购（或合并）的一个现有实体。根据在价值创造过程中不同实体的相对关系，整合可以分为两种：纵向整合和横向整合。

- **纵向整合**通常涉及收购位于价值传递过程中不同位置的一个实体。根据各实体的相对关系，纵向整合一般有两种：向前整合和向后整合。将所有权向供应商的方向延伸就是向后整合；而将所有权向消费者的方向延伸就是向前整合。例如，生产商收购零售商以建立自己的分销体系就属于向前整合，零售商收购批发商或生产商就属于向后整合。

一般来说，如果公司希望控制价值传递过程中的关键方面，就倾向于进行纵向整合。例如，埃克森美孚致力于全球范围内的石油和天然气开发、生产、供应和流通。星巴克直接管理其业务的所有环节，包括采购、烘焙、分销和服务。美国运通公司直接向顾客进行营销、发卡、通过其自身的网络来处理支付，并直接获得特约商户关系。

- **横向整合**涉及收购一家在价值传递过程中处于同等位置的实体。例如，一家零售商收购另一家零售商或一家生产商收购另一家生产商都属于横向整合。横向整合一般发生于具有相似核心竞争力的实体之间。比如，希望通过合并实现规模经济的公司以及希望通过多样化来实现范围经济的公司。

公司进行横向整合一般有如下原因：进入新市场、获得专有技术或研究成果、在具有战略意义的市场中降低竞争程度、在价值传递过程中获得更大的控制权。

管理合作者之间的关系

虽然公司会尽力优化其产品或服务的价值以便更好地为合作者服务，但公司及其合作者的目标往往并不完全一致。因此，合作者之间的关系可能会因为不同的战略目标而变得紧张。合作者力量的不平衡常常会加剧这种紧张关系，并最终引发冲突。

合作者的力量

合作者的力量指的是合作一方向另一方施加影响的能力。这种影响通常会导致价值交换不平衡（偏向力量更强大的一方），并造成一些市场结果：比如更高的价格、利润、折扣和补贴；优先享用稀缺资源；更好的货架空间和交货计划。

合作者在合作关系中的影响力受以下几个因素的影响：合作者的产品或服务的差异

化、合作者的规模、合作对于各方的战略意义和它们的转换成本。

- **产品或服务差异化**。拥有需求量较大的差异化产品或服务的公司通常会有更大的影响力。例如,拥有知名品牌的公司,如可口可乐、阿迪达斯和三星,在和其分销伙伴打交道时,就会有更多的话语权。
- **合作者的规模**。不论是生产商还是分销商,规模大的公司比规模小的公司拥有更多的话语权。例如,大型快消品生产商宝洁、百事可乐、卡夫食品集团、联合利华和雀巢等通常都能从零售商处获得更多优待(更好的货架空间、更低的总额折扣和更低的促销折扣)。类似地,相比于小型零售商,沃尔玛、家乐福、阿尔迪(Aldi)等零售巨头通常能从生产商处获得各种货币及非货币形式的好处,包括更优惠的总额折扣、更低的促销折扣和定制的发货计划。
- **战略重要性**。当某实体为合作者创造的价值占合作者利润的大头时,它就会拥有更大的影响力。例如,沃尔玛在跟小型生产商谈判时拥有很大的话语权,因为这些生产商对于沃尔玛的净收入的贡献很小,但沃尔玛却是它们利润的重要来源。
- **转换成本**。当某实体自身的转换成本(从当前合作者转向另一个合作者的成本)很低,但其合作者的转换成本很高时,它就拥有更大的影响力。这种转换成本可能源自以下因素:公司及其合作者之间的高度系统整合、长期的合同关系以及与新实体合作相关的学习曲线。

合作者之间的冲突

和很多商业关系一样,合作过程中必定会有冲突。合作者之间的冲突常常由不同的利润优化策略而引发。根据合作者关系的性质,合作者之间的冲突一般有两种:纵向冲突和横向冲突。

纵向合作中的冲突

纵向冲突通常描述的是居于价值传递过程不同层级的实体之间的冲突。最常见的就是生产商和零售商之间的冲突。根据冲突的不同性质,渠道冲突可以分为两种:纵向冲突和横向冲突。接下来,我们将详细阐述这两种冲突(如图 7-1 所示)。

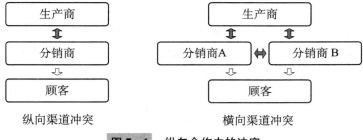

图 7-1 纵向合作中的冲突

- **纵向渠道冲突**描述的是在单一分销渠道（如一个生产商和一个零售商）中的实体之间的冲突。例如，纵向冲突可能涉及零售商销售的生产商产品线的数量和种类。由于生产商希望零售商销售其所有产品线，而零售商希望仅销售不同生产商提供的最有利可图且互相之间不冲突的产品，所以生产商和零售商之间的这种差异就导致了双方的冲突。当合作一方利用其合作关系向另一方施压以实现其战略目标时（如，需求量巨大的某零件的供应商提价，导致生产商的利润下降），也会产生纵向冲突。

- **横向渠道冲突**指的是多个分销渠道中不同实体之间的紧张关系（如一个生产商和两个零售商）。当某生产商利用多个分销渠道（不同的成本结构和利润率）接触同一个顾客群体时，就会引发横向冲突（例如，生产商同时把产品提供给一个提供全方位服务、利润率高的零售商和一个薄利多销的零售商）。当两个零售商将同一产品按照不同的定价卖给同一顾客群体时，该生产商就可能制造渠道冲突。

横向合作中的冲突

横向冲突描述的是在价值传递链中处于同一层级的实体之间的冲突（如图 7-2 所示）。例如，生产商和与其合作研发新产品的研发公司之间、两个合作生产该产品的实体之间、生产商和与其合作向顾客提供售后服务的服务供应商之间都可能出现横向冲突。

图 7-2　横向合作中的冲突

在这种情况下，合作者之间的紧张关系可能由如下一些因素引发：利润分享、专有技术获取、合作开发的知识产权的所有权以及核心竞争力和战略资产共享。当在某一领域合作的实体在另一个领域相互竞争时，这种冲突会进一步加剧。

本章小结

合作者就是与公司进行合作，以便设计、沟通和向目标顾客传递价值的实体。常见的合作形式通常涉及供应商、生产商、分销商（经销商、批发商和零售商）、研发公司、服务供应商、外部销售团队、广告公司和市场调研公司。根据合作者在价值传递过程中的相对地位，合作者要么属于纵向合作者，即处于价值链中的不同位置（供应商-生产商-分销商-顾客），要么属于横向合作者，即通常处于价值链的同一位置。

合作者价值取决于该产品或服务能够在多大程度上帮助合作者实现其目标。合作的好处包括更高的有效性、更高的成本效率、灵活性和进入市场的时间；合作的弊端包括失去控制、公司竞争力流失和竞争加剧的隐患。

虽然公司会尽力优化其产品或服务的价值以便更好地为合作者服务,但公司及其合作者的目标往往并不完全一致。因此,合作者之间的关系可能会因为不同的战略目标而变得紧张。合作者力量的不平衡常常会加剧这种紧张关系,并最终引发冲突。

合作者的力量指的是合作一方向另一方施加影响的能力。这种影响通常会导致价值交换不平衡(偏向力量更强大的一方),并引发市场方面的一些反应,比如更高的价格、利润、折扣和补贴;优先享用稀缺资源;更好的货架空间和交货计划。

合作者之间的冲突指的是不同合作者之间的紧张关系,常常由不同的目标优化策略而引发。分销渠道通常面临两种常见的冲突:涉及同一渠道不同层级的纵向冲突(生产商和零售商)以及涉及同一渠道同一层级上的实体的横向冲突(两个零售商)。

延伸阅读

Anderson, James C., Nirmalya Kumar, and James A. Narus (2007), *Value Merchants: Demonstarting and Documenting Superior Value in Business Markets*. Cambridge, MA: Harvard Business Review Press.

Palmatier, Robert, Louis W. Stern, Adel I. El-Ansary, and Erin Anderson (2014), *Marketing Channel Strategy* (8th ed.). Upper Saddle River, NJ: Prentice Hall.

Young, S. David and Stephen F. O'Byrne (2000), *EVA and Value-Based Management: A Practical Guide to Implementation*. New York, NY: McGraw-Hill.

第三部分

营销战术

第八章　管理产品和服务

第九章　管理品牌

第十章　管理价格

第十一章　管理激励措施

第十二章　管理沟通

第十三章　管理分销

引　言

谋无术则成事难，术无谋则必败。

——中国军事战略家孙子

营销战术主要用来明确产品或服务的战略（由其目标市场和价值主张决定）如何通过其设计得以体现。第三部分，我们将着重介绍产品或服务战术方面的七个营销组合变量——产品、服务、品牌、价格、激励、沟通和分销。

- **产品与服务**描述了产品或服务的功能特征。第八章将详细探讨在创造和管理产品与服务方面时，需做出的重要决策。
- **品牌**用于公司产品或服务的识别，使其有别于竞争对手，并创造超越产品与服务属性的价值。第九章将主要探讨创造与管理品牌。
- **价格**是以金钱来衡量产品或服务，公司因产品或服务为顾客提供的收益而向其收取费用。第十章将概述定价的基本要素。
- **激励**一般是指在短期内，通过增加额外的收益或减少成本，以提升产品或服务的价值。激励管理将在第十一章进行探讨。
- **沟通**旨在让目标顾客了解某产品或服务，并强调其主要特性。第十二章将讨论管理沟通过程中涉及的基本决策。
- **分销**是指将产品或服务交付至目标顾客的渠道。第十三章的重点是管理分销。

设计一个成功的产品或服务，关键在于确保它能向相关的市场实体——目标顾客、公司及其合作者——传递价值。在接下来的几章中，我们将介绍如何在既定战略的基础上，用系统化的方法来开发和管理产品或服务。

第八章
管理产品和服务

> 产品或服务的质量不是取决于供应商做了什么,而是要看顾客能够得到什么,看他们是否愿意为此掏腰包。
>
> ——现代管理学理论创始人彼得·德鲁克

产品与服务管理的目标是使公司交付给目标顾客的价值最大化,并让公司及其合作者受益。本章将重点阐述产品和服务方面的主要决策。

概述

供应物的产品和服务方面反映了其主要的功能特征。一般来说,在购买过程中,产品的所有权会发生改变;一旦所有权明确,生产商会将产品脱手并通过多种渠道分销至终端用户。根据产品的消费模式,通常可分为耐用品与非耐用品。耐用品是指可在多种场合使用且使用时间较长的产品,如汽车、家用电器与机械。非耐用品是指仅在一种场合使用且使用时间较短的产品,如食品、一次性用品和化妆品。

服务从很多方面来说与产品相似,但有两个主要的差别:所有权的改变以及不可分离性。在购买过程中,产品的所有权通常会发生改变(从卖方到买方)。而与产品不同的是,服务并不一定涉及所有权的改变。相反,顾客可获得在一段时间内使用服务的权利。此外,生产商可将产品脱手,而服务具有交付与消费同时发生的特点。

由于服务的生产和交付可同时发生,所以很难将服务标准化,而且服务的质量取决于服务提供商与顾客之间的互动。例如,一位顾客可能在不同时间和不同地点得到同一服务提供商提供的不同质量的服务。由于顾客的行为不同,相同的服务提供商可能会与不同的顾客有不同的互动。创造与交付价值的不可分离性使服务具有易逝性,也无法储存。从事航空、酒店和呼叫中心等行业的公司,应重视这一点。因为它们通常具有既定服务接待能力,而顾客对它们的服务需求却起伏不定。

根据与收益相关的不确定性程度的高低,产品与服务的属性可归为以下三种类别:搜寻、经验与信任。[1]

- **搜寻**属性的不确定性最小,通常可以在购买前通过检查来明确这一属性。
- **经验**属性的不确定性较大,而且只有消费之后才能得知。
- **信任**属性的不确定性最大,而且即使在消费之后,它们的质量也未必能够真正体现出来。

以一支牙膏为例。牙膏的尺寸大小是搜寻属性,味道是经验属性,防止龋齿是信任属性。一般而言,搜寻属性常用于有形的商品,而信任属性更多地用于无形商品。因为与产品相比,服务的突出特点是无形性,所以它们具有更多的经验属性与信任属性。相比之下,产品比服务具有更多的搜寻属性。

产品和服务管理:一个价值创造过程

在设计产品与服务时,管理者的目标是为目标顾客创造价值的同时,使公司及其合作者获益。为实现这一目标,管理者必须考虑五个关键因素:目标顾客、公司的目标与资源、公司的合作者、竞争对手、公司所处的环境,同时,设计出能够为顾客、公司及其合作者创造价值的产品与服务(见图 8-1)。

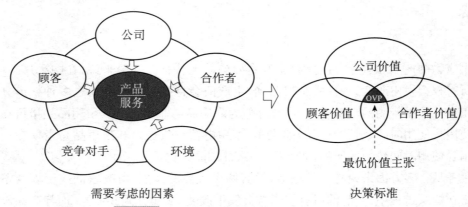

图 8-1 产品和服务管理:一个价值创造过程

在设计一种供应物的产品与服务内容时,5C 框架具有重要的战略意义,5C 包括顾客、公司、合作者、竞争对手及环境。产品或服务的主要功能是为目标顾客创造价值,因此顾客的需求在公司开发产品与服务时扮演着关键的角色。一家公司的产品或服务同样取决于公司的合作者。例如,公司可能会通过制造节省空间的包装或延长易腐产品的保存期,以优化分销渠道的库存成本。因为大多数顾客都会在诸多竞争对手提供的产品和服务中做选择,所以这些产品和服务是设计新产品和服务的标准。在很大程度上,一家公司的产品和服务反映了它的目标和资源,因为这些因素决定了公司产品满足顾客需求的能力。最后,产品和服务方面的设计同样也受到经济、商业、技术、社会文化、法规以及环境的影响,包括各种政府与非政府机构规定实施的技术规范、进出口规章制度以及兼容性标准。

产品和服务的设计除了被 5C 所决定,还受到营销组合的其他因素的影响,包括品牌、价格、激励、沟通与分销。因此,一种供应物的产品和服务应与其品牌保持一致,例如,高性能品牌代表的是优质的产品与服务,反之亦然。价格也决定了产品和服务,例如,价格较高的产品,质量也更好。产品和服务同样依赖于沟通,并且其设计应有助于顾客了解其关键性能。最后,产品和服务的设计也须利于优化其分销渠道,例如方便运输与储存以及货架陈列。

产品和服务方面的决策

在创造并管理产品和服务时,需就诸多因素做出一系列决策。这些因素包括性能、一致性、可靠性、耐用性、兼容性、易用性、技术设计、个性化定制程度、形式、款式以及包装。接下来,我们将对各个因素进行详细介绍。

- **性能**。产品因属性不同,性能也各不相同。例如,汽车在发动机功率、加速能力、舒适度、安全性以及节能性方面各不相同;电脑在处理能力、电池使用寿命、显示屏尺寸和连通性方面各不相同;零食在口味、营养价值和卡路里含量方面也各不相同。决定某种产品或服务性能高低的一个关键原则是其能否为目标顾客、公司及其合作者创造最优价值。如某种供应物属于某条生产线,则它的性能应与这条生产线上的其他供应物保持一致(详见第十七章)。

- **一致性**。设计商品时,一个重要方面就是保证同类产品和服务符合统一的规格。因为服务产品的一个主要特性就是可变性,所以服务交付的一致性至关重要。这也是麦当劳、星巴克与丽思卡尔顿酒店等公司取得成功的主要原因。六西格玛(Six Sigma)是管理产品一致性的主流方法,本章末将详细阐述这一方法。

- **可靠性**。可靠性是指产品或服务可以在其预期使用寿命内无故障地执行指定功能的可能性。可靠性通常是为公司产品或服务创造独特定位的差异点。例如,联邦快递承诺"第二天送达"服务,即"绝对隔夜送达";TD Ameritrade 保证某些交易可在五秒内执行;Verizon 承诺它所运营的是美国最令人信赖的无线通讯网络,呼叫完成率高达 99.9% 以上。

- **耐用性**。产品设计的另外一个重要方面就是产品的生命周期长度。因为购买者在做决定时,耐用性是一个重要的考虑因素,顾客都更青睐持久耐用的产品。同时要认识到,一方面耐用的产品能为公司吸引更多的新顾客,也能建立现有顾客对产品的忠诚度。另一方面，因为顾客一般不愿意用新产品替换功能仍然完善的产品，所以耐用性将对顾客重复购买的频率产生负面影响。因此生产商必须要设计出更优秀的产品，以鼓励顾客更新换代。设计新产品以便使前几代产品落伍的做法通常被称为计划报废（详见第十六章）。

- **兼容性**。兼容性是指一种产品或服务符合现有标准以及互补产品的程度。公司可保证产品或服务与顾客已有的系统和流程兼容并战略性地使用兼容性制造进入壁垒。在互联互通的环境中，顾客必须遵循约定俗成的标准，所以，产品的兼容性同样也是一项非常有效的战略。例如，微软的办公软件产品的普及在很大程度上说明：分享信息时，需要兼容性功能。兼容性也是分部定价需考虑的重要内容。分部定价是指公司对供应物第一部分的定价较低，而互补部分的定价较高（如，剃刀与刀片）。在这种情况下，独特的（专利的）兼容性很重要，它保证了只有同一家公司生产的不同零件能配合使用（如，吉列的剃刀只能用吉列生产的刀片）。

- **易用性**。易用性对很多供应物来说都非常重要。现在普遍存在的一个误解是：更多的功能，一定会带来更高的满意度。然而事实并非如此。如果顾客缺乏相应的知识来使用增加的功能，更多的功能可能会适得其反。比如，2003年宝马7系引入了最新的iDrive技术。这是一个高度智能化的系统，可控制汽车大多数的辅助功能，包括音频系统、车内气候与导航，一个按钮可以掌控700多个功能。由于iDrive存在一个陡峭的学习曲线，所以很快就成为7系备受争议的一个特征。

- **技术设计**。根据产品新颖程度的不同，可明确两种技术开发的方法：产品创新法与产品变异法。产品创新法包括技术的创新，以及创新地使用已有技术设计新产品。产品创新战略会给产品带来实质性的功能差异。而不同于产品创新法，产品变异法对产品的功能改变较少，只是增加不同的颜色、味道、口感、尺寸、设计或包装。

- **个性化定制程度**。设计产品或服务时，公司需决定目标顾客可享受到的个性化定制服务的程度。一个极端是，公司执行批量生产的战略，向所有的顾客提供相同的产品和服务。另一个极端是，公司为每一个顾客提供一对一个性化定制的产品和服务。批量生产与一对一个性化定制之间的折中方案是基于市场细分的定制，这有助于公司用较少的产品种类满足需求相似的顾客群体的需求。举例而言，戴尔为顾客提供了一百多种选择方案，让顾客个性化地定制自己的电脑；保时捷为其旗舰产品911 Carrera提供了接近一千多种个性化选择方案；耐克在nikeid.com网站上提供了10 000种不同设计与颜色的运动鞋个性化选择方案。

- **形式**。产品设计一般包括产品的外形或外观，例如尺寸与形状。设计在制造、运输、存储、盘点和消费产品的过程中都起着重要作用。顾客的消费量各不相同，所以包装产品的大小与形状也各不相同。比如强生的镇痛药物泰诺就有50多种不同的单品包装形式：常规、加强型和儿童用泰诺；普通镇痛型和长效镇痛型药片、囊片、软胶囊、凝胶剂和液体药，而且大小各不相同。

- **款式**。对于以享乐和欢愉为目标的产品，如豪车和有设计感的家具，外观及感觉就非常重要。不同于制造设备,这类产品不强调实用性。因为产品的款式设计可创造出超越产品功能特征的价值,所以,一些公司可以用款式区分自己的产品与竞争对手的产品。例如,苹果设计的电脑不仅有强大的功能和快速的反应能力,同样也非常符合审美要求,这一举措给个人电脑行业带来了变革。Method Products 公司是一家生产家用和个人清洁用品的公司,该公司通过款式新颖且极具现代化的容器成功地将其产品差异化。

- **包装**。包装有几个主要的功能:在运输和存储的过程中保护产品;容纳液体、粉末和颗粒物;将小件物品收纳到较大包装中;防止篡改、仿造、偷窃产品;便于运输、装卸、存储、展示、销售和消费;提供如何运输、存储、使用和处理产品的信息;向潜在购买者做促销,让他们有足够的理由选择这一产品。包装可为产品创造超越其本身的价值。例如,蒂芙尼蓝色礼盒突出了其独特风格,同时,强化了其品牌形象并将其与竞争对手区别开来。

除了决定各个产品和服务的特征,公司还必须决定如何将一种产品与同一产品线上的其他产品区分开,如何在整个生命周期中管理产品和服务。第十六章与第十七章将详细讨论产品和服务的生命周期管理与产品线管理。

本章小结 >>>>

产品和服务管理的目标是优化公司的产品或服务,为目标顾客、公司及其合作者提供最优价值。在购买过程中,产品的所有权会发生改变;一旦所有权明确,生产商会将产品脱手并通过多种渠道分销至终端用户。相比之下,服务通常指使用权(而非所有权),其特点是交付与消费同时进行。

管理产品和服务受到两种因素的影响:战略,包括产品或服务的顾客、公司、合作者、竞争对手及环境;战术,它由其他营销组合要素决定:品牌、价格、激励、沟通及分销。

在管理产品和服务时,需要就诸多因素做出一系列决策,包括性能、一致性、可靠性、耐用性、兼容性、易用性、技术设计、个性化定制程度、形式、款式以及包装。除了决定各个产品和服务的特征,公司还必须决定如何将一种产品与同一产品线上的其他产品区分开来。

相关概念 >>>>

快速消费品(Consumer Packaged Goods,CPG):指用便携式容器包装的消费品。如食品、饮料、保健美容品、香烟、清洁用品。

六西格玛(Six Sigma):由摩托罗拉提出,旨在通过流程管理减少产品缺陷。后来,通用电气公司采纳了这一方法(西格玛 σ 是希腊字母,在统计学中用来衡量一个数据集的离散程度)。六西格玛的理念是:一种产品应符合规范要求,实际产品与理想产品的差距不应超过六个标准差。在这种情况下,被普遍接受的六西格玛定义为:可将每 100 万个产品中的次品数量控制在 3.4 个以下的流程。久而久之,六西格玛不再局限于其字面意思,而成为一种更广义的方法论,用于改善业务流程,即了解顾客需求并且调整业务流程以便最大限度地满足顾客需求的过程。

最小存货单位(Stock Keeping Unit,SKU):指分配给不同产品或服务的独特标识。

延伸阅读

Berry,Leonard A. Parasuraman(2004). *Marketing Services Competing through Quality*. New York,NY:Free Press.

Gremler,Dwayne D. ,Mary Jo Bitner,and Valarie A. Zeithaml(2012),*Service Marketing:Integrating Customer Focus across the Firm*(6th ed.). Boston,MA:McGraw-Hill/Irwin.

Lehmann,Donald R. and Russell S. Winer(2006),*Product Management*(4th ed.). Boston,MA:McGraw-Hill/Irwin.

注释

1 Nelson, Phillip (1970),"Information and Consumer Behavior," *Journal of Political Economy*, 78 (March-April), 311-329.

第九章
管理品牌

> 任何傻瓜都能做成生意，但是只有靠才华、信念和毅力才能创造一个品牌。
> ——奥美广告公司创始人大卫·奥格威

品牌通过为顾客创造超越产品或服务本身的价值而使他们获益。由于品牌在创造市场价值的过程中起着至关重要的作用，所以它是公司战略资产中最有价值的组成部分之一。本章，我们将着重阐述创造和管理品牌的重要方面。

概述

随着商品化的趋势日益明显，差异化的重点也已从产品或服务转移到了品牌。品牌通过两种方式实现产品或服务的差异化：创立独特的品牌识别；为品牌赋予能够激起潜在购买者共鸣的含义。

- **品牌识别**包括品牌名称、标识、标志、特性、口号、广告词、产品设计、包装等用以识别品牌的特征。品牌识别元素应具有独特、令人难忘、惹人喜爱的特征，以及与其他品牌元素和品牌含义相一致的特征。品牌元素还应灵活，以适应市场环境的变化（适应顾客偏好的变化）以及公司产品线战略上的变化（应可延伸至其他产品类别）。此外，公司还应保护其品牌元素的独特性，使其免遭竞争对手的侵害。

- **品牌含义**反映了购买者对于品牌的感知和观念以及对品牌价值主张的理解。品牌含义对顾客对价值的感知具有三重影响。首先，品牌含义显示了品牌相关的产品质量。诸如汰渍、泰诺和米其林之类的品牌一般都和优质产品联系在一起。其次，品牌可以反映产品或服务的价格形象，表明该品牌可以为消费者节省的金钱。比如，沃尔玛、好市多、阿尔迪通常和低价联系在一起。最后，品牌含义创造了在情感（使用和拥有品牌所带来的满足感)、社会(由于拥有某种品牌而被集体接纳)和自我表达(把品牌作为表现自我身份的方式)方面的附加利益。比如,劳斯莱斯、LV 和蒂芙尼彰显了社会地位,哈雷戴维森、欧克利(Oakley)和爱芙趣(Abercrombie & Fitch)都和独特的自我表达价值相关。

品牌识别的主要功能是帮助消费者识别品牌,并通过创造产品和服务特征之外的价值,让公司的产品与竞争对手的产品区别开来。例如,宝马的品牌就是通过它独特的名称、标识等元素体现出来的,而其品牌含义——"终极座驾"——反映了目标顾客关于该品牌的联想。品牌识别可以独立于目标顾客而存在,而品牌含义则主要存在于购买者的大脑中。

品牌营销:一个价值创造过程

品牌旨在创造产品或服务功能性利益之外的价值。为此,管理者必须考虑五个关键因素——目标顾客、公司、合作者、竞争对手、公司——所处的经营环境,从而构建一个能创造市场价值的品牌。在设计能为目标顾客、公司及其合作者创造价值的品牌时,5C 是必须要考虑的五个关键的决策因素(见图 9-1)。

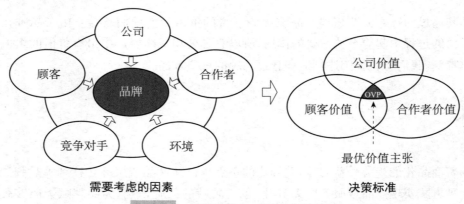

图 9-1　品牌营销:一个价值创造过程

5C——顾客、公司、合作者、竞争对手和环境——明确了树立强大品牌所涉及的战略。因为为目标顾客创造价值是所有品牌的主要功能,所以顾客需求是树立成功品牌的基石。产品或服务的品牌还受公司资源的影响,因此在某一领域拥有良好声誉的公司可以利用其声誉树立品牌。公司合作者也可能影响产品或服务的品牌,比如开发联合品牌营销战略(如微软和英特尔、可口可乐和善品糖、花旗银行和万事达卡)。产品或服务的品牌也受竞争的影响,因为竞争会影响品牌创造独特联想和共同联想(通常称作不同点和相似点)的能力。最后,产品或服务的品牌营销也受到经济、商业、技术、社会文化、法规和经营所处的环境等方面的影响。例如:Aspirin(阿司匹林)、Thermos(原本是生产真空保温瓶的德国公司的注册商标,后泛指保温瓶)和 Escalator(原为商标名,后泛指"自动扶梯")由于已经变成了特定类别商品的同义词,通常作为类属名称使用,因此其品牌的商标不再受法律保护。

除了受到五个 C 的影响之外，品牌营销决策还会受到营销组合其他方面的影响，包括产品和服务特征、价格、激励、沟通和分销。因此，公司的产品或服务的商品化程度越高，就越难观察到其中的收益，品牌在区分公司的产品或服务方面的重要性也越高。产品或服务的品牌还应该与其价格和激励一致：低廉的价格和频繁的打折会损害质优价高的品牌的形象，如同高价格会损害价值品牌的形象一样。同理，聚焦品牌的沟通常常会强化和提升品牌，而聚焦价格和激励的沟通常常会产生相反的效果，损害品牌的形象。[1] 最后，产品或服务的品牌还受其分销渠道的影响，分销渠道通常是树立品牌的一种方式（如迪士尼乐园、苹果和耐克专卖店就是传递迪士尼、苹果和耐克品牌的渠道）。

品牌层级

重要的品牌营销决策需要决定公司产品线上的不同产品应该使用单独的品牌还是共同的品牌。在这种情况下，品牌层级（或品牌架构）反映了公司产品组合中不同品牌之间的关系。管理多种品牌主要有两种手段：单独品牌营销和品牌伞营销。

- **单独品牌营销**涉及为每一种产品或产品线创造一个单独的品牌。比如，汰渍（Tide）、奇尔（Cheer）、波德（Bold）和时代（Era）都是宝洁创造的单独品牌。雪佛兰、别克、凯迪拉克和 GMC 都是通用汽车的单独品牌。金宝汤公司（Campbell Soup Company）的汤的品牌是金宝（Campbell's），烘焙食品的品牌是培珀莉农场（Pepperidge Farm），果汁的品牌是 V8。西尔斯（Sears）用 Kenmore 作为电器的品牌，Craftsman 作为工具的品牌，DieHard 作为电池的品牌。帝亚吉欧（Diageo）经营着数十个含酒精的饮料品牌，包括斯米诺（Smirnoff）、坎特一号（Ketel One）、添加利（Tanqueray）、尊尼获加（Johnnie Walker）、珍宝（J & B）、金快活（José Cuervo）、摩根船长（Captain Morgan）、百利（Baileys）、轩尼诗（Hennessy）、吉尼斯（Guinness）、唐培里侬（Dom Pérignon）、酩悦香槟（Moët & Chandon）等。
- **品牌伞营销**指一个公司的所有产品共用一个品牌。例如，通用电气、亨氏食品、维珍和好市多（柯克兰）的所有产品都使用一个品牌。品牌伞营销通常涉及子品牌营销。在子品牌营销中，母品牌会与一个下属的子品牌结合起来。例如，万豪的 Courtyard、Residence Inn、Fairfield Inn 和 SpringHill Suites 就是在品牌伞营销中使用子品牌的例子。同样地，保时捷的产品线也使用了子品牌营销，其子品牌包括：Carrera、Boxster、Cayenne 和 Cayman。一种更为微妙的子品牌营销是使用同源的品牌名称。比如，雀巢（Nestlé）下属的几种饮品就分别使用了 Nescafé、Nesquik、Nestea 和 Nespresso 作为其品牌名称。

拥有多个产品线的公司也可以使用混合品牌营销，混合品牌营销涉及各种单独品牌营销、品牌伞营销和子品牌营销战略。例如，雪佛兰和凯迪拉克都是通用汽车旗下的品牌，同时，它们各自旗下还有很多子品牌[雪佛兰的科迈罗（Camaro）、英帕拉（Impala）、克尔维特（Corvette）、美宜堡（Malibu）、蒙特卡罗（Monte Carlo）、开拓者（Blazer）和凯迪拉克的 CTS、STS、XLR、凯雷德（Escalade）]。

单独品牌战略的一个关键优势就是它能使公司在不稀释其品牌形象的情况下，服务于不同产品类别中的各种细分顾客群。单独品牌还常常具有更大的品牌价值,因为单独品牌独立于母品牌,可以成为收购主体。其劣势在于,在缺乏已有品牌支持的情况下,要想树立新的品牌,需要耗费大量的时间和金钱。

品牌伞营销的一个关键优势在于它利用了已有品牌的价值,使顾客一眼就能认出核心品牌,同时节省了树立新品牌所需的相关成本。在拓展产品线时使用品牌伞营销可以通过提升母品牌的形象来强化母品牌,尤其是在产品线中加入高端商品时。品牌伞营销还可以通过提高已有品牌对目标顾客的可见性来强化已有品牌。使用品牌伞营销的劣势在于,品牌名下任何产品的糟糕表现都可能轻而易举地损害母品牌的声誉。例如,1986年,通用汽车推出了一款雪佛兰系列的小型汽车,打出的品牌是凯迪拉克西马龙,这样的做法反而削弱了高端品牌凯迪拉克的形象。

品牌动力学

品牌一旦创立,便随时间的推移而不断发展。品牌变化一般有两种类型:品牌重新定位,即公司品牌识别和品牌含义的改变;品牌延伸,即品牌下的供应物种类的延伸。接下来,我们将详细讨论这两种类型。

品牌重新定位

品牌重新定位涉及改变品牌的一些关键方面,其目的通常是为了增加品牌与目标顾客的关联性。重新定位一个品牌的原因通常有:(1)响应目标顾客需求的变化;(2)接触新的目标市场;(3)抵消竞争对手在品牌营销战略上的变化;(4)应对法律上的挑战。下面,我们将对这些原因做详细的说明。

- **响应目标顾客需求的变化**。重新定位品牌的一个最常见的原因是为了确保品牌紧跟其目标顾客不断变化的需求。例如,为了反映女性不断变化的价值观和生活方式,通用磨坊(General Mills)改变了用来向消费者提供烹饪建议的虚拟人物贝蒂妙厨的形象。这些年,贝蒂妙厨的造型换了十几种,从1936年严厉、头发花白的中年妇女变成了如今橄榄色皮肤、乌黑秀发的贝蒂。同样地,为了提升产品对年轻顾客的吸引力,宝洁重新定位了其长达半个世纪的美容品牌玉兰油。玉兰油品牌在2000年发生的关键性变化有:去掉英文品牌名中的"油"这个词(以免产生"油腻"的联想)、精简商标、把标签上的女性形象变得更加年轻以及规整包装设计。

- **接触新的目标市场**。公司一般在进入新的市场时,会重新定位品牌,使品牌形象反映新市场的特性,从而与目标顾客的需求和价值观产生共鸣。例如,菲利普·莫里斯的万宝路牌香烟最初是作为女士香烟于1924年推出的,标榜"如五月般温和";1954年,万宝路重新定位,使用的是更能吸引男性吸烟者的粗犷的牛仔形象。宝洁清洁产品 Mr. Clean(朗白先生)在德国推出时,叫做 Mr. Proper;在英国推出时,名字是 Flash;在法国推出时,称 Monsieur Propre;在意大利推出时,又叫 Mastro Lindo;在西班牙推出时,则是 Don Limpio;到了墨西哥时,名字改为了 Maestro Limpio。

- **抵消竞争对手的定位变化**。由于公司努力为顾客创造优于市场上其他产品或服务的价值,所以竞争对手的定位变化常常会使公司重新定位其品牌,以保持和提升其竞争优势。例如,劲量兔(Energizer Bunny)在美国大受欢迎,迫使金霸王(Duracell)终止了其品牌吉祥物金霸王兔的使用,如今吉祥物金霸王兔仅在北美之外的地区使用。
- **应对法律上的挑战**。1990年,肯塔基州把 Kentucky 的名字注册成了商标。1991年,肯德基炸鸡(Kentucky Fried Chicken)将其名字缩写成 KFC,以避免向肯塔基州支付许可证费用。15年之后的2006年,KFC 在与肯塔基州达成协议之后,开始重新使用原名,再次以 Kentucky Fried Chicken 的名称进行品牌营销。

品牌延伸

品牌延伸指的是在不同的环境中——如不同的产品类别或不同的价位——使用同一个品牌的战略。例如,如今已经变成了咖啡代名词的星巴克,为了延伸其品牌,在店中也销售冰激凌。在超过一个世纪的历程中建立起了精品钢笔生产商美誉的万宝龙,也延伸了其品牌触角,生产奢侈品如手表、太阳镜、袖扣、钱包、公文包甚至香水等。同理,奥克利(Oakley)也把它的品牌从眼镜延伸到了服装、鞋、箱包、手表等不相关的领域。

品牌延伸之所以受欢迎是因为新品牌的建立耗财费时,而品牌延伸可以通过将已有品牌附加到新产品上,杠杆式地放大其品牌价值。因此,在进入一个新的产品领域时,公司通常选择利用现有品牌的权益,而非投资新创品牌。基于品牌延伸与核心商品的关系,品牌延伸可以是垂直的,也可以是水平的。

垂直品牌延伸

垂直品牌延伸指将品牌延伸至不同价位的产品或服务。根据产品或服务延伸的方向,垂直品牌延伸可以分为两种类型:向上延伸——将品牌用于价格更高的产品或服务上,向下延伸——将品牌用于价格更低的产品或服务上(见图9-2)。

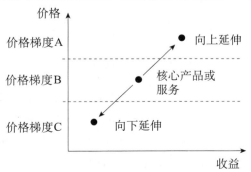

图 9-2　垂直品牌延伸

向上延伸的例子有：2004年，嘉露（Gallo）以嘉露家庭酒庄系列进入高级酒市场，大众试图以大众辉腾进入豪华车市场；20世纪80年代，李维·斯特劳斯（Levi Strauss）试图进入高端套装领域。由于核心品牌的形象通常对向上延伸有害无益，因此垂直品牌延伸中的向上延伸并不十分常见，所以公司通常选择创办单独的品牌，而非延伸已有品牌。例如，丰田和大众决定进军豪华车市场时，都决定向高端方向延伸其产品线，但是选择了不同的品牌营销战略。丰田认为其已有品牌名称不能传达出能够与奔驰S和宝马7系列匹敌的豪华车形象，于是创立了新品牌雷克萨斯，而非延伸其已有品牌。相反，大众进行了向上延伸，打出了大众辉腾的品牌，其特色是车头和车尾的大众标志。其结果就是丰田成功地将雷克萨斯塑造成了其首个奢侈品牌，而大众则难以令其潜在购买者相信大众辉腾是奢侈品牌。

向下延伸的例子有：奔驰A系列、保时捷博克斯特、阿玛尼的A/X。因为利用了核心品牌的形象，向下延伸常常比向上延伸更加成功。向下延伸的主要缺点是可能稀释品牌形象。例如，路特斯（Lotus Cars，英国运动型车生产商）进行向下延伸，采用丰田的引擎（这一款引擎曾用于数款丰田车中，包括塞利卡和花冠等），推出了路特斯Elise，这个策略就对其品牌形象产生了负面的影响。

水平品牌延伸

水平品牌延伸是指在相同价位的不同产品类别中使用同一个品牌（见图9-3）。例如，拉夫·劳伦（Ralph Lauren）成功地将Polo品牌从服装延伸到了床上用品和毛巾等家居用品；天伯伦（Timberland）将其品牌从靴子延伸到了外套和旅行箱包；保时捷将其品牌从运动型车延伸到了小轿车和越野车。

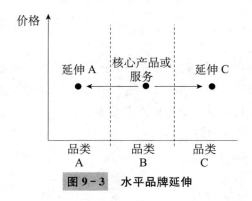

图9-3　水平品牌延伸

水平品牌延伸的缺点是可能稀释品牌，当品牌延伸至与其品牌精髓不一致的多种产品类别时尤其如此。例如，亨氏于2003年推出的第一种非食品产品——纯天然清洗醋就不太成功，因为消费者对打出亨氏品牌的醋制清洗剂感到不解。同理，好市多将同一品牌柯克兰用于所有产品——从食品和酒到清洁用品、电器用品、服装——的战略也遏制了其为自己的品牌赋予特定意义的能力。

品牌资产

品牌资产指的是品牌的货币价值,决定了由品牌所有权而带来的溢价。接下来,我们将讨论有关品牌资产的概念和衡量品牌资产的几个重要方面。

品牌资产和品牌力

品牌资产的关键驱动因素是品牌力。品牌力是指品牌通过有意义的联想将产品或服务区别于竞争对手,为顾客创造价值的能力。品牌资产反映的是品牌对公司的价值,而品牌力反映的是品牌在顾客心中创造的价值。

影响品牌资产的因素包括品牌力,以及公司对其品牌力的使用情况,如用户基础、销售量和定价。更强大的品牌不会自动转换成更大的品牌资产。例如,尽管人们认为阿玛尼、酷悦、奥迪和雷克萨斯的品牌分别比 Gap、麦当劳、大众和丰田强大(通过它们比相同的无品牌产品高出的价格来衡量),但后面一组品牌的品牌资产估值却比前面一组品牌的要高,例如,尽管雷克萨斯的溢价比丰田的高,但丰田的品牌资产估值却比雷克萨斯的要高。[2]

品牌力可以定义为品牌知识对顾客对产品或服务营销活动的反应的影响。[3] 也就是说,如果顾客因为知道一个品牌名称而对其特别青睐,就说明其品牌力较大。例如,品牌力的好处之一就是相对于相同的无品牌产品,顾客更愿意为某种品牌的产品支付溢价。除了溢价,品牌力的其他衡量角度包括:顾客更高的忠诚度、对产品表现出更好的认知;更大的许可、特许和品牌延伸机会;顾客对服务不一致性和营销危机更包容;降价会刺激销量,但涨价对销量的影响较小;更高的沟通效率;更大的渠道力量。因为强大的品牌可以影响产品或服务的所有方面,所以建立强大的品牌对可持续增长至关重要。

衡量品牌资产

了解公司品牌的货币价值对公司估值非常重要,尤其在并购、资产出售、许可、融资和估算来自品牌的收益以及对品牌造成的损害等情形中非常关键。尽管品牌资产至关重要,但至今没有公认的计算方法;不过,有几种可供选择的方法,每种方法都侧重于品牌资产的不同方面。以下是衡量品牌资产最常用的三种方法:

- **基于成本的方法**是在品牌需要从头创造时以相关成本(如市场调研、广告和法律成本)为基础进行品牌资产计算。
- **基于市场的方法**是以品牌产品与同等功能的无品牌产品产生的现金流差额为基础,再减去创造品牌的成本,计算品牌资产。基于市场的方法可以总结为下面的公式:

$$品牌资产 = 销售收益_{品牌} - 销售收益_{无品牌} - 建立品牌的成本$$

- **财务方法**是基于来自品牌未来收入的现金流净现值进行品牌资产计算。这种方法通常涉及三个关键步骤：(1)估算公司的未来现金流；(2)估算品牌对这些现金流的贡献；(3)用反映品牌收入波动性的风险因素调整这些现金流。财务方法可以总结为下面的公式：

品牌资产＝未来现金流的净现值×品牌贡献因素×风险因素

估算品牌资产的财务方法可以用 Interbrand 的方法来说明，该方法是《商业周刊》(*Business Week*)全球100强品牌年度排行榜的基础。这种方法一共有三个步骤。第一步，估算来自品牌的收入占总收入的百分比。根据摩根大通、花旗银行和摩根士丹利分析师的报告，Interbrand 预测与品牌相关的产品和服务在过去五年的收益和销售额。然后，Interbrand 减去估算的来自有形资产的收益，假设剩余的收入来自无形资产。第二步，除去专利、商标、专有技术和管理能力等和品牌无关的无形资产带来的收益，以确定来自无形资产的公司收入中来自品牌的部分。第三步，根据市场领导力、稳定性、市场增长、全球覆盖、趋势、支持（品牌投资）和保护等因素评估这些预估收益的风险情况。来自风险分析的折扣率用于品牌相关的收益，得出品牌的净现值。

上述品牌资产模式的有效性与其假设条件密切相关，因此假设条件中的微小变化都会导致品牌评估中的重大变化。所以，综合利用基于不同假设条件的评估方法可以大大提升品牌资产评估的准确性和一致性。

本章小结

品牌是为了将公司的产品与竞争对手的产品区别开来，并为顾客、公司及其合作者创造价值的营销工具。品牌有两个关键方面：(1)品牌识别，包括品牌名称、标志、符号、特色和设计等用以识别品牌的特征；(2)品牌含义，反映购买者心中关于品牌的独特联想。品牌识别旨在识别公司的产品或服务，将其与竞争对手的产品或服务区别开来；而品牌含义旨在在产品或服务的特征之外创造价值（为顾客、公司及其合作者）。

管理品牌涉及两类决策：(1)战略决策，受产品或服务目标市场的影响，由顾客、公司、合作者、竞争和环境决定；(2)战术决策，受产品、服务、价格、激励、沟通和分销等营销组合变量的影响。

两个重要的品牌营销决策涉及管理品牌层级和品牌动力学。品牌层级反映公司产品组合中不同品牌之间的关系。管理多种品牌有两种常用的手段：单独品牌营销和品牌伞营销。品牌动力学反映的是品牌随时间的演化。品牌动力学常见的类型有两种：品牌重新定位，涉及改变已有品牌，通常是为了增加品牌与目标顾客的关联性；品牌延伸，涉及延伸品牌下的产品类别，不一定改变核心品牌。

品牌资产是来自品牌的财务利益的净现值。影响品牌资产的因素包括品牌力和许多其他反映公司对其品牌力的使用情况的因素。品牌力反映品牌通过有意义的联想将产品区别于竞争性产品，为顾客创造价值的能力。品牌资产反映的是品牌对公司的价值，而品牌力反映的是品牌在顾客心中创造的价值。衡量品牌资产最常用的三种方法分别是：基于成本(重创品牌的成本)的方法、基于市场(除去品牌营销成本后品牌产品的现金流与无品牌产品的现金流的差额)的方法和财务(商品未来收益现金流中来自品牌部分的净现值)方法。综合利用基于不同假设条件的评估方法可以大大提升品牌资产评估的准确性和一致性。

相关概念

品牌审计：对品牌的综合分析，通常是为了确定品牌资产的来源。

品牌精髓：品牌的根本特性，也称作"品牌承诺"。品牌精髓把品牌含义提炼成一个关键点——品牌的定位。认识品牌精髓也就是了解各种品牌的特性，如"宝马的特性""苹果的特性""微软的特性"。

品牌化的组合：指公司的品牌用于其品牌组合中所有产品或服务的品牌营销战略。运用这一战略的公司包括通用电气、福特、亨氏和维珍。另见多品牌组合体。

联合品牌营销：涉及结合两种及以上品牌(通常是来自不同产品类别)的品牌营销战略。联合品牌营销的例子包括联合航空-摩根大通-Visa信用卡，雷克萨斯"Coach"版运动型多功能车和惠普-iPod MP3。其中一种联合品牌营销的形式涉及要素品牌营销。在要素品牌营销中，产品的某一要素或组件拥有自己的品牌识别，如特氟龙表面保护器、Gore-Tex面料、阿斯巴甜和善品糖甜味剂，以及英特尔微处理机。

版权：描述赋予文学和艺术作品创作者权利的法律术语。版权涵盖的作品类型包括文学作品，如小说、诗歌、戏剧、参考书、报纸和电脑程序；数据库；电影、音乐作品和编舞；艺术作品如油画、素描、照片、雕塑；建筑；广告、地图、技术图纸等。

竞争性品牌：为防止主品牌的潜在顾客被低价竞争者抢走而推出的低档(更低价)品牌。

通用化：品牌名称通用化(用品牌名称代指该类产品)。用品牌名称作为通用术语会导致公司失去对品牌名称的专用权利。例如，Trampoline, Brazier, Escalator, Thermos, Yo-Yo和Aspirin的商标已经不再受法律保护；而Xerox, Rollerblade, Velcro和Google也面临着同样的风险。

全球化品牌：指拥有复杂的全球分销系统的品牌，如可口可乐、百事可乐和索尼。

商誉：该会计术语用来指公司的无形资产，包括公司品牌的货币价值。当公司收购其他公司并在其资产账面价值的基础上支付一定溢价时，商誉会被记录在公司的账簿上。

多品牌组合体：指公司拥有多个不相关的单独品牌的品牌营销战略。运用这种战略的公司包括宝洁、联合利华和帝亚吉欧。另见品牌化的组合。

工业产权：工业产权是知识产权的一种，它包括：(1)发明(专利)；(2)工业品外观设计；(3)识别标记如商标、服务标记、厂商名称、货源标记和原产地名称。发明是指提供做某事的新方法或流程，或者为科技难题提供解决方案；专利是指使用发明的专有权利。工业品外观设计主要是指工业品的审美方面，它可以是三维的(如形状或外观)，也可以是二维的(如图案、线条或颜色)。工业品外观设计主要强调设计的美感，它不包括被应用到的产品的科技方面。识别标记如商标、服务标记、厂商名称和货源标记则主要是为了方便产品和服务或公司被消费者识别,并且使产品和服务不受竞争者的威胁。商标或服务标记是一种让消费者识别出某个厂家的特殊标记。地域性的标记则给产品打上了原产地标记,而该原产地因出产高品质商品而享有盛誉。地域性的标记可广泛应用于农产品,比如"Tuscany"主要用于意大利托斯卡纳地区生产的橄榄油,而"Roquefort"主要用于法国罗克福尔地区生产的奶酪。

知识产权:赋予明示形式的创意或其他无形标的的法律权利。知识产权有两类:(1)工业产权,如发明、工业设计和商标、服务标记、厂商名称和命名等识别标记,包括来源标志和原产地名称;(2)版权,包括文学作品如小说、诗歌、戏剧,艺术作品如素描、油画、照片、雕塑,还有电影、音乐作品、建筑设计等。

全国性品牌:在全国供应的品牌。

自有品牌:由零售商进行品牌营销的品牌营销战略(如柯克兰——好市多的自有品牌;Kenmore——西尔斯的家用电器品牌;White Cloud——沃尔玛的洗涤剂自有品牌)。自有品牌(也称"商店品牌")一般与全国性品牌相对,全国性品牌由厂商或第三方而非零售商进行品牌营销(如可口可乐、IBM和耐克)。一般来说,自有品牌常常会比全国性品牌便宜,但也有很多例外,如高档零售商供应的自有品牌[如诺德斯特龙(Nordstrom)和玛莎百货(Marks & Spencer)]。

地区性品牌:仅在特定地理区域供应的品牌。

商店品牌:见自有品牌。

延伸阅读

Aaker, David A. (1996), *Building Strong Brands*. New York, NY: Free Press.

Keller, Kevin Lane (2012), *Strategic Brand Management: Building, Measuring, and Managing Brand Equity* (4th ed.). Upper Saddle River, NJ: Prentice Hall.

Kumar, Nirmalya and Jan-Benedict E. M. Steenkamp (2007), *Private Label Strategy: How to Meet the Store Brand Challenge*. Boston, MA: Harvard Business School Press.

Tybout, Alice M. and Tim Calkins (2005), *Kellogg on Branding*. Hoboken, NJ: John Wiley & Sons.

注释

1 沃尔玛、家得宝和 Priceline.com 等公司除外,这些公司的低价格与其品牌本质直接相关。

2 *Business Week* (2013), "The 100 Top Brands," October 1.

3 Keller, Kevin Lane (2012), *Strategic Brand Management: Building, Measuring, and Managing Brand Equity* (4th ed.). Upper Saddle River, NJ: Prentice Hall.

第十章
管理价格

付出的是价格,得到的是价值。

——美国投资家和慈善家沃伦·巴菲特

价格会直接影响产品或服务给目标顾客、公司及其合作者创造的价值。而且,从公司的角度来看,价格是唯一帮助公司获取收入的营销战术,其他战术都与成本有关。本章,我们将着重阐述有关价格管理的主要方面。

概述

尽管定价在设计和管理公司产品或服务过程中起着重要作用,但是人们对于最佳定价战略的构成因素鲜有共识。随着时间的推移,出现了三种常用的定价方法:成本导向定价法、竞争导向定价法以及需求导向定价法。

- **成本导向定价法**指用公司的成本作为基准来设定价格。例如,在最极端的情况下,该方法被称为成本加成定价法,即在商品成本的基础之上加上固定利润来确定最终价格。
- **竞争导向定价法**指用竞争对手的价格作为基准,通常也被称为竞争性平价定价法,即使用与竞争对手相等的价格设定最终价格。
- **需求导向定价法**指根据顾客对公司产品或服务所提供收益的购买意愿来设定价格。

这三种方法中的任何一种都有其独到之处,在设定价格时,应综合考虑这三种方法。然而,这三种方法又都没有抓住要领,因为定价是产品或服务整体战略和战术的一个重要组成部分,不应该被单独考虑。定价是关于价值的决策,而非只考虑价格。"最佳的"

价格应该和其他营销战术——产品、服务、品牌、激励、沟通和分销——一起来创造卓越的市场价值。

定价：一个价值创造过程

"理想的"价格必须能够优化产品或服务对目标顾客、公司及其合作者的价值。在设定价格时，管理人员必须考虑五个关键因素：目标顾客、公司目标和资源、公司合作者、公司竞争对手和公司所处的运营环境，并且最终确定一个能为顾客、公司及其合作者创造最优价值主张的价格。为了为目标顾客、公司及其合作者创造价值，在设计产品或服务时，必须把 5C 作为关键的决策因素加以考虑（见图 10-1）。

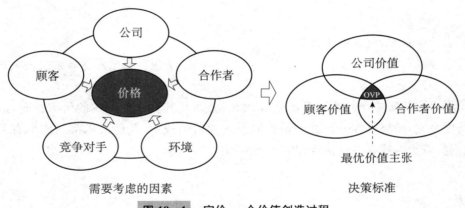

图 10-1 定价：一个价值创造过程

5C——顾客、公司、合作者、竞争对手和环境在设定和管理价格的过程中，是非常重要的决策因素。因此，价格是随着顾客购买产品或服务的意愿的高低而变化的，购买意愿越强烈，通常就意味着可以定更高的价格。定价也是随着公司目标和成本结构的变化而变化的，一般来说，激进的销售目标或较低的成本结构通常意味着较低的价格。定价也会受到公司合作者的影响（例如渠道合作伙伴），强大的渠道（比如沃尔玛、好市多和家乐福）通常会要求更低的价格。由于大多数购买决定都涉及在相互竞争的产品或服务之间做选择，所以产品或服务的价格同样受到竞争对手价格的影响。定价还会随着公司运营环境中各种经济、商业、科技、社会文化、法规和公司运营所处的环境等因素的变化而变化。

除了五个 C，价格还受到其他营销组合变量的影响，包括产品或服务特性、品牌、激励、沟通和分销。因此，相较于千篇一律的产品或服务而言，新奇独特的产品或服务才能卖更高的价格。价格还会随着品牌的变化而变化，因此，大品牌的产品或服务定价远高于小品牌和无品牌的产品或服务。定价还取决于有效的激励（比如促销补贴、价格折扣和优惠券），这些措施决定了买家购买产品或服务的实际花销。价格还会受到沟通的影响，而好的定价又可以促进沟通（比如麦当劳的 1 美元套餐）。产品或服务的价格也会随其分销渠道的改变而改变,因此,成本结构较低的渠道通常会提供较低的价格。

顾客导向定价法

设定最佳价格需要深思熟虑,考虑的因素包括公司的战略目标、顾客的价格敏感性以及顾客对产品或服务价格的心理反应。接下来,我们将详细探讨这些因素在设定最佳价格时扮演的角色。

撇脂定价法和渗透定价法

因为销售额会随着价格的变化而变化,所以公司必须确定最可能实现其目标的价格水平。在推出一种新产品或服务时,公司可以选择撇脂定价法和渗透定价法这两大核心定价战略。

- **撇脂定价法**是指设定一个高价格从市场顶端"撇去油脂",利用的是顾客对产品或服务有需求并且愿意支付较高价格进行购买的心理。通过设定高价格,撇脂定价法通常牺牲市场份额来使利润率最大化。撇脂定价法一般适用于以下情况:(1)需求缺乏弹性,即使降低价格也不会显著提高销售额;(2)在目标细分市场内竞争较少或没有竞争;(3)成本不会随着产量的变化而直接变化,而且累计产量的增加不会大幅节约成本;(4)成为市场先行者也不大可能拥有可持续的竞争优势;(5)公司缺乏资金进行大规模生产。
- **渗透定价法**指设定较低的价格以图薄利多销。渗透定价法比较适用于以下情况:(1)需求富有弹性,即,如果价格定得很低,市场需求就会大量增加;(2)目标细分市场内的竞争日趋激烈;(3)成本随着产量的变化而变化,因此,累计产量的增加可以大幅节约成本;(4)成为市场先行者就可能拥有可持续的竞争优势。

价格敏感度

通常,销量与价格是成反比的:降低价格,销量就会上升,反之,提高价格,销量就会下降。价格改变影响销量的程度随着顾客对价格敏感度的高低而变化。在需求富有弹性,即价格上的小变化都会导致销量的大变化时,降低价格来增加销量是最有效的。反之,在需求缺乏弹性时,由于价格的上升不会导致销量的大幅减少,所以通常都会提升价格以增加利润。

价格-数量关系仅限于单一产品或服务,并且根据该产品或服务的价格弹性来量化。价格弹性代表特定产品或服务销售量的百分比变化($\Delta Q\%$)之于价格的百分比变化($\Delta P\%$)。由于价格上升时,需求量就会减少,所以这一比值为负数;然而,实际上用到的是该比值的绝对值,而且价格弹性通常都以正数表示。

$$E_p = \frac{\Delta Q\%}{\Delta P\%} = \frac{\Delta Q \times P}{\Delta P \times Q}$$

举例来说,数值为-2的价格弹性表示5%的价格上升将会导致10%的销量下滑。在价格弹性(绝对值)大于1的情况下,需求就是富有弹性的,也就是说,价格上的小变化会导致需求量较大的变化。反之,当价格弹性(绝对值)小于1时,需求就缺乏弹性,即价格上的变化对需求量的变化影响不大。当价格弹性(绝对值)等于1时,需求弹性就是单一的,即价格上的变化会导致需求量相同的变化。

因为价格弹性体现的是呈比例的变化,所以它并非取决于表示价格和数量的单位。另外由于价格弹性会随着原始价格的变化而变化,所以价格上相同的绝对变化可以在不同的价格点导致不同的价格弹性。比如,如果原始价格为5美元,降价5美分导致的销售下滑量可能会是5%;如果原始价值为1美元,那么降价五美分导致的销售下滑量可能只有1%。

心理定价法

顾客不会客观地评估价格,他们对产品或服务价格的反应取决于各种心理因素。下面就列出了五种最常见的心理定价法效应:参考-价格效应、价格-数量效应、价格-等级效应、价格-尾数效应和产品线效应。

- **参考-价格效应**。评估一种特定产品或服务的价格时,人们通常以其他价格作为参照来进行判断。这些参考价格可以是内在的,比如在之前的购买场所记下的价格,或者是外在的,比如一种竞争性产品或服务目前的价格。通过战略性地选择参考价格,公司可以将产品或服务的价格限定在一个范围内,以使其对潜在购买者更具吸引力,比如,与更加昂贵的竞争性产品作对比(有关参照点的相关内容,请参见第五章)。
- **价格-数量效应**。人们对于价格上的变化比数量上的变化更加敏感。举例来说,标价2.49美元10只装的热狗在加价0.50美元(10只装2.99美元)后,其销售额很有可能比在整包中少装入2只热狗(8只装2.49美元)下滑得更厉害,尽管以单只热狗计,8只装比10只装更贵一些。
- **价格-等级效应**。人们将价格划归到不同的等级,因此,一件标价1.99美元的物品通常被划归到"1+美元"的等级,而一件标价2.00美元的物品通常就被划归到"2+美元"的等级。这种分等级的价格标注会导致这样一种错觉:标价1.99美元和2.00美元的物品之间的差别为1美元而不是1美分,而这本身多少有点荒谬。
- **价格-尾数效应**。顾客对于价格的错觉也会随着价格尾数的变化而变化。比如,以数字"9"为尾数的价格通常会给人打折的错觉,而以数字"0"为尾数的价格就容易给人优质的错觉。
- **产品线效应**。由于很多产品都是公司整个产品线的一部分,它们的相对价格能够影响这些产品的需求。举例来说,餐馆在试图处理掉一种酒水时,经常会将其价格定到众多酒类中第二便宜的位置，因为想消费便宜酒水的顾客通常会不好意思选择最便宜的酒水。

竞争导向定价法

在当今竞争激烈的市场上，价格战已是屡见不鲜。价格战可能涉及生产商向最终用户直接提供的降价优惠（价格折扣、数量折扣和优惠券），还有生产商向渠道商提供的减价优惠和激励政策（批发折扣和各种促销补贴）。比如，生产商促销补贴的大幅提升可能促使零售商降低价格，由此引发一场价格战。

了解价格战

当一家公司愿意牺牲利润以换取销量时，通常就会发生价格战。价格战通常都会导致在顾客端的降价。降价是价格战的预兆，而管理者对其推崇备至，因为降价容易执行并且通常立竿见影，尤其是当公司以增加销量为目标时。然而，并非每次降价都会引发价格战。发生价格战的可能性受下列因素的影响：

- **产品或服务的差异性**。在产品或服务不易区分且容易被替代时，价格战就很有可能发生。
- **成本结构**。在增加销量就可以获得有效的规模经济时，公司就很有可能卷入价格战。
- **市场增长**。在市场不景气并且公司必须窃取其直接竞争者的市场份额才能增加销量时，价格战就很有可能发生。
- **顾客忠诚度**。如果顾客对价格敏感并且其品牌转换成本较低时，公司就很有可能卷入价格战。

价格战容易打响，但是赢得价格战却代价巨大。赢得一场价格战常常都是以重大的利润损失为代价的，所以价格战的胜利更像是皮洛士式的胜利（付出极大代价而获得的胜利），而非一场真正的胜利。价格战对于公司的盈利能力是不利的，原因如下：

- **固定成本效应**。降价对盈利能力的影响是呈指数形式的。举个例子来说，把某个利润率为10%的商品的价格降低1%，如果降价后销售量没有增长的话，会导致营业收入下降10%。
- **竞争性反应**。由于大多数情况下，竞争者都能同样轻易地进行降价，所以双方竞相降价很少能够一直持续下去。成本结构相似的企业在反击竞争者降价行为时，能很快地降低自己的价格。
- **价格敏感性增加**。价格战通常会导致顾客改变对未来价格的期望值，降低后的价格变成了判断未来价格的参照。

- **品牌贬值**。过分强调价格容易对品牌力造成损害。大量围绕价格的沟通活动更是加剧了价格战发生的几率(公司需要宣扬低价以便公司可以获得足够的销量增加来抵消价格下降带来的利润损失)。

价格战很少能够帮助公司实现战略目标,并且在大多数情况下,价格战的真正受益人仅仅是公司的顾客。一般来说,要想赢得潜在的价格战,最佳战略就是避免引发价格战。

规避价格战

即便公司不求一战,也常常会面临竞争对手率先发招开始降价。在此情况下,大多数管理者的本能反应就是同样以降价来应对。然而,这通常不是成熟的最佳反应。只有在评估了降价的前提和可能的后果之后,公司才能确定最佳的应对战略。下面列出一种相对简单的方法,用来针对竞争者的降价制定战略:

- **核实价格战的威胁**。价格战通常都是由定价信息的错误传达或者对竞争对手战略目标的误解造成的。因此当竞争对手的价格尚未尘埃落定时(比如正在投标),一家公司可能就会误以为某个竞争对手已经大幅削减了价格。另外,竞争对手的价格下降还有可能是因为一些内部因素,比如清空库存(例如在引入新型号之前),而不是因为故意要挑起一场价格战。
- **判断竞争对手的行为可能带来的影响**。公司需要确定最有可能受竞争对手降价影响的顾客,并且估计这些顾客对于公司的价值以及他们可能对降价做出的反应。在某些情况下,一家公司可能会选择放弃毫无战略重要性以及顾客忠诚度低的市场。
- **为特定细分市场制定战略来对抗竞争威胁**。应对价格战威胁,有三种基本战略:按兵不动、推陈出新以及异军突起(更多详细内容,请见第十四章)。

——按兵不动。决定对竞争对手降价置之不理反映出一家公司的信念:降价不会对公司的市场地位造成重大影响;降价不会一直持续下去并且会不攻自破;或者降价所针对的顾客细分群体已经不再是公司想服务的对象了。

——通过降低价格或者增加收益来推陈出新。可以通过永久性地降低实际价格或者暂时性地提供价格激励来达到降价目的。

——异军突起。针对低价竞争者,大部分公司的普遍反应是向下延伸,也就是推出所谓的竞争性品牌。使用竞争性品牌能使公司在不对溢价产品打折的情况下争取价格敏感型顾客(更多详细内容,请见第十七章)。

本章小结

决定最佳价格的关键是考虑价格对产品或服务给大环境中的顾客、合作者、公司带来的价值可能产生什么影响,大环境包括公司战略和战术的各个方面。设定价格是一个关于价值而不仅仅是关于价格的决定。因此,最佳价格应该和其他营销组合变量(产品、服务、品牌、激励、沟通和分销)一起为目标顾客、公司及其合作者创造卓越价值。

顾客对价格信息的看法并不总是客观的,而成功的价格战略通常会考虑到这一点。顾客对价格的认识取决于一系列心理效应,包括参考-价格效应、价格-数量效应、价格-等级效应、价格-尾数效应和产品线效应。

价格竞争常常导致价格战,当公司愿意牺牲利润以获得市场份额时,通常就会爆发价格战。价格战通常会在下列情况下发生:产品或服务不具备差异化时;产能利用率较低时;增加销量就可以获得有效的规模经济时;市场已经成熟并且公司必须窃取其直接竞争对手的市场份额才能增加销量时;以及在顾客价格敏感度高并且品牌转换成本较低时。面对竞争对手的降价,需要用下列方法制定出战略性的反应措施:(1)核实价格战的实际威胁;(2)确定最有可能受竞争对手降价影响的顾客,并估计这些顾客对于公司的价值以及他们的价格敏感度;(3)为特定细分市场制定战略来对抗竞争威胁。

相关概念

附属产品定价法:请见互补产品定价法。

互补产品定价法:适用于多部件、唯一匹配型产品的定价战略。公司可以以较低推广价格售卖产品的第一部件,再以较高价格售卖该产品的其他部件。经典案例包括剃须刀和刀片、打印机和墨盒、手机和手机服务。唯一的匹配性对互补产品定价法的成功至关重要:只有打印机制造商才能售卖适合其打印机的墨盒。

成本加成定价法:在产品成本的基础上加上固定利润来决定最终价格的一种定价方法。该方法易于计算并且利润率相对稳定的行业应用普遍。其主要缺点是没有考虑顾客需求和竞争性定价。

交叉价格弹性:由另一种产品价格的百分比变化导致的某个特定产品销量的百分比变化。

欺诈性定价法:以故意误导的方式为购买者提供产品价格的行为。欺诈性定价法在美国是违法的。

每日低价定价法:零售商在不频繁价格促销的情况下保持低价的定价战略。请参见高-低价定价法。

经验曲线定价法:基于较低的成本结构预期的定价战略,这种预期源于规模经济和经验曲线效应。

高-低价定价法:零售商价格随着时间波动的定价战略,通常是过于依赖促销的结果。请参见每日低价定价法。

横向价格限定:竞争者们或明或暗相互合作来设定价格的行为。价格限定在美国是违法的。

形象定价法:请见价格信号传递。

亏本出售商品：为一种产品或服务设定低价（通常是成本价或低于成本）以图增加其他产品或服务销量的定价战略。比如，零售商可能低价出售一种流行商品以图打造商店人气，由此增加其他更高利润的商品的销量。

掠夺性定价法：以低于成本的价格出售产品来将竞争对手驱逐出市场的战略。在多数情况下，掠夺性定价法在美国是违法的。

声望定价法：以打造产品专属形象为目的，将价格设定在较高层次的定价战略。

价格歧视：就相同档次和质量的产品，向不同购买者收取不同价格的战略。

价格限定：多家公司密谋为一种特定产品或服务设定价格的行为。价格限定在美国是违法的。

价格细分：请见价格歧视。

价格信号传递：(1) 旨在利用价格-质量推论（价格定得越高的产品，质量也就越好）的定价战略，主要用于产品或服务的实际收益并不显而易见的时候（又称声望定价法）；(2) 公司间的间接沟通（法律禁止直接串通定价），目的在于暗示公司关于定价战略的意图。

产品线定价法：每种产品的价格由其在产品线中的位置所决定的定价战略。

第二市场折扣：公司在竞争更加激烈的市场上，比如在出口到发展中国家时，收取更低价格的定价战略。

两阶段定价法：请见互补产品定价法。

垂直价格限定：渠道合作伙伴（制造商以及零售商）或明或暗地协同设定价格的行为。价格限定在美国是违法的。

收益管理定价法：在时间有限、资本固定的情况下，力求实现收入最大化的价格定价战略（航空公司和酒店经常使用此法）。

延伸阅读

Baker, Ronald J. (2010), *Implementing Value Pricing: A Radical Business Model for Professional Firms*. Hoboken, NJ: John Wiley & Sons.

Baker, Walter L., Michael V. Marn, and Craig C. Zawada (2010), *The Price Advantage* (2nd ed.). Hoboken, NJ: John Wiley & Sons.

Nagle, Thomas T., John E. Hogan, and Joseph Zale (2010), *The Strategy and Tactics of Pricing: A Guide to Growing More Profitably* (5th ed.). Upper Saddle River, NJ: Pearson/Prentice Hall.

第十一章
管理激励措施

> 别急,精彩还在后头!
>
> ——发明家、电视购物主持人罗恩·波佩尔

激励措施通常可以作为短期解决办法,通过为顾客增加额外收益并减少购买成本,从而增强产品或服务的价值。因为激励措施通常会让销量增加,因此它又被称作促销。本章将重点讨论管理激励措施的主要方面。

概述

激励措施通常可以分为三类:针对顾客的激励措施(优惠券、忠诚度计划、抽奖、知识竞赛和赠品)、针对公司合作者(通常是渠道合作伙伴)的激励措施(降价、总量折扣、补贴和合作广告)、针对公司员工的激励措施(奖金、奖品和竞赛)。此外,激励措施可以是货币形式的(例如数量折扣、降价、优惠券和返现)或非货币形式的(例如赠品、竞赛和奖品)。货币激励措施通常是为了降低产品或服务的购买成本,而非货币激励措施则通常是为了提高产品或服务为顾客带来的收益。表11-1是根据其侧重点(顾客、合作者和公司)和类型(货币激励和非货币激励)对最常见的激励措施进行的分类。

表 11-1 激励类型

	货币激励	非货币激励
顾客激励	优惠券、返现、降价、总量折扣	赠品、奖品、抽奖
合作者激励	广告、货位、库存、展示和市场开发津贴;额外红利;总量折扣;总量回扣;发票外折扣	竞赛、商品奖励、回购保证、销售支持和培训
公司激励	绩效奖金、现金奖励、额外红利	竞赛、优秀奖、免费商品、旅游度假激励

我们可以运用系统的方法选取各种激励措施的最优组合。接下来,我们将详细讨论这种方法。

管理激励措施:一个价值创造过程

激励措施能通过提高产品或服务为顾客带来的收益或降低购买成本从而提高产品或服务的价值。制定激励措施时,经理人必须对5C加以考量,即目标顾客、公司的目标和资源、合作者、竞争对手和公司运营所处的环境,从而制定出能创造市场价值的激励措施。设计能为目标顾客、公司及其合作者创造价值的产品或服务时,必须要考虑这五个关键的决策因素(见图11-1)。

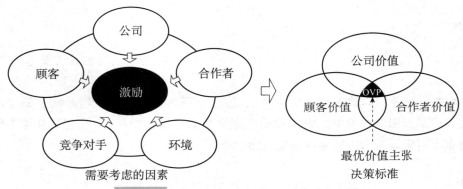

图11-1 管理激励措施:一个价值创造过程

5C——顾客、公司、合作者、竞争对手和环境——是管理激励措施时需要考虑的重要决策因素。激励措施主要受顾客需求的影响,常用于非必需品和对价格敏感的顾客。当公司想在特定时间范围内达到某项销售目标时,也可以采用激励措施。激励措施同样还受公司合作者的影响,例如经销商,很多经销商都获得了相当大的权力,并要求生产商以贸易优惠的形式给予重大优惠。而当竞争对手给予经销商优惠时,公司为了维持竞争对等也必须给予经销商优惠。激励措施的使用也受多种环境因素的影响,例如低迷的经济环境会让公司更多地依靠激励措施来刺激需求。

除了受到5C因素的影响,激励措施的使用还取决于其他市场变量:产品、服务、品牌、价格、沟通和分销。激励措施受到产品和服务方面的影响,例如在同质化趋势日益明显的情况下,公司将更多地使用激励措施。同理,激励措施还受品牌的影响,例如奢侈品品牌很少会使用货币激励措施。产品或服务的激励措施通常是整体定价策略的一部分,例如每日低价策略中会限制激励措施的使用,而高-低定价策略(见第十章)则很大程度上依赖激励措施。产品或服务激励措施还受到沟通活动的影响,例如在以顾客为重点的沟通活动(拉动策略)中通常使用顾客激励措施,而在以经销商为重点的沟通活动(推动策略)中则通常使用贸易激励措施。激励措施还会受到分销渠道的影响,例如强势的经销商通常会要求较大的贸易优惠。

顾客激励措施

顾客激励措施可能由生产商(生产商激励措施)或渠道成员(零售商激励措施)提出。生产商激励措施可能由生产商直接推行,或者由零售商间接推行。根据奖励的类型,顾客激励措施可以分为两类:货币形式的和非货币形式的。

- **货币激励措施**是指在顾客购买产品或服务时以货币形式为其减少购买成本。货币激励措施最常见的形式包括优惠券、返现、降价和数量折扣。

——优惠券能让顾客在购买特定产品或服务时得到一项价格优惠。

——返现是指在顾客购买产品后,给予其部分现金退款。

——降价是指顾客可以无偿享受到价格折扣。

——总量折扣是指顾客购买的产品总量满足一定条件时才能享受到的折扣。

- **非货币激励措施**通常用于提高产品或服务的价值。非货币激励措施最常见的形式为赠品、奖品、知识竞赛、抽奖、游戏和忠诚度计划。

——赠品即在顾客购买特定产品或服务时,公司免费或以较大的折扣提供额外的产品或服务。有时顾客可以在购买产品后立即收到赠品(同产品包装在一起),有时需要用购买凭证兑换。

——奖品则是把获奖的机会作为购买某件特定产品或服务的激励措施。不同于只要购买产品或服务就能获得的赠品,只有少部分购买该产品或服务的人能够获得实际奖品。奖品既可以是货币形式的,也可以是非货币形式的。

——竞赛、抽奖和游戏通常不需要顾客购买产品或服务,只需要提交一份申请表就可以参加,然后通过评委评审(竞赛)、开彩(抽奖)或客观标准(例如游戏的得分)选出获奖者。

——忠诚度计划通常与购买频率、购买数量、所购买产品和服务的类型有关。忠诚度计划可以是货币形式的(根据购买数量对信用卡消费返现),也可以是非货币形式的(航空公司和酒店的常旅客奖励)。

公司使用顾客激励措施通常是为了实现三个主要目标:对顾客的购买时间进行管理、选择性地接触特定顾客群体和回应竞争对手的促销行为。

- **对顾客购买的时间进行管理**。时效性高的激励措施能够促使顾客在与公司目标一致的时间范围内购买产品或服务。公司通常通过使用对所有目标顾客都适用的激励措施(例如暂时的降价)对顾客购买产品的时间进行管理。

- **优化产品或服务对不同顾客群体的价值**。公司可以制定针对特定顾客群体的激励措施,选择性地提高产品或服务对该顾客群体的价值。例如,公司可以给予经济弱势顾客、回头客和大批量采购的买家一定的折扣。

- **回应竞争对手的促销行为**。公司通常通过提供一些激励措施来吸引顾客,而这会迫使其他为相同顾客服务的公司也采取类似的激励措施。

合作者激励措施

合作者激励措施也称贸易激励措施,其对象通常是分销渠道的成员。这些措施可能有多个目标,例如获取某一特定渠道的经销商、提高经销商库存量(为避免缺货或为了将库存由工厂转移至零售商处)和鼓励经销商对公司产品进行促销。与顾客激励措施相似,贸易激励措施也可以是货币形式的或非货币形式的。

- **货币激励措施**即为鼓励经销商购买产品或向顾客促销所给予的付款或价格折扣。典型的货币激励措施包括:

——上架折让:为了让经销商在货架上留出空间摆放新产品所支付的奖励。

——存货折让:当预计到需求将增加时,为了让经销商增加额外库存所支付的奖励。

——合作广告折让:生产商为答谢经销商将产品重点展示在零售商的广告当中,向其支付的奖励。其数额一般按经销商广告费用的百分比计算或者按单位固定价格支付。

——市场开发津贴:在特定细分市场达到某一销售量时所支付的奖励。

——陈列津贴:生产商为答谢经销商在醒目位置陈列其产品或服务所支付的奖励。

——额外红利:当销售人员卖出某件产品时,生产商会直接将现金、奖品和额外的佣金等给予销售人员(而非经销商)作为奖励。因为额外红利鼓励零售商的销售人员向顾客推销产品,因此它们也经常被称作"推销奖金"。

——总量折扣:基于购买产品总量的折扣。

——总量回扣(常称作总量奖金):经销商的采购数量达到某一数量标准(如每季度卖出1 000单位)时,生产商向其支付的奖励。

——发票外的折扣:生产商向经销商提供的所有暂时性价格折扣。

——现金折扣:立即支付或在短期内支付就能获得的降价优惠。

——存货融资(也称底价协议):为了让经销商购买生产商的货物而向其提供的贷款。

- **非货币激励措施**即为鼓励渠道成员对特定产品或服务给予支持所提供的非货币奖励。典型的非货币奖励包括:

——竞赛:给予表现最出色的选手奖励(例如度假旅游、汽车和奖金)。

——赠品:购买特定产品就能获得的免费产品。

——回购保证:生产商与经销商签订的协议,保证购回在一定时间范围内没有卖出的产品。

——销售支持与培训:向经销商提供的多种形式的帮助,从而让经销商熟悉产品、提高销量。

渠道激励措施可以帮助达成以下几个目标:能为新产品获得货架空间(例如通过上

架折让)、鼓励经销商提高库存量以避免缺货(例如通过库存津贴、存货融资和总量折扣)、鼓励经销商对新产品进行促销(通过广告和陈列津贴)和消除竞争对手促销活动的影响(例如通过差价补偿)。

公司激励措施

除了制定以目标顾客和合作者为对象的激励措施,公司通常还会实施激励和奖励员工的激励措施。公司激励措施通常包括奖励满足一定绩效标准的员工。维珍集团创始人理查德·布兰森的一句话充分表明了激励员工的重要性:如果你善待员工,你的员工就会善待你的顾客,而你的顾客将善待你的股东。

常见的公司激励措施包括竞赛、奖金、员工认可奖、免费商品和服务、度假旅游奖励、奖品、抽奖和游戏等。

本章小结

激励措施通常可以在短期内,通过为顾客增加额外收益和减少购买成本来提高产品的价值。激励措施通常可以分为三类:针对顾客的激励措施(优惠券、忠诚度计划、抽奖、竞赛和赠品)、针对公司合作者(通常是渠道合作伙伴)的激励措施(降价、总量折扣、补贴和合作广告)、针对公司员工的激励措施(奖金、奖品和竞赛)。

管理激励措施涉及两种决策:战略决策,其受到由顾客、公司、合作者、竞争者和环境组成的市场的影响;战术决策,其受到产品、服务、品牌、价格、沟通和分销等其他营销组合变量的影响。

大多数顾客激励措施都是为了通过增加产品或服务对顾客的吸引力来暂时提高销量,或者作为细分工具,选择性地增加产品或服务对目标顾客的价值。顾客激励措施可以分为两类:旨在减少产品或服务购买成本(优惠券、返现、降价和总量折扣)的货币激励措施和旨在增加产品或服务为顾客带来的收益(赠品、奖品、竞赛和忠诚度计划)的非货币奖励措施。

大多数合作者激励措施针对的对象为分销渠道成员,并且可能有着多个目标:(1)获取分销覆盖;(2)提高渠道成员的库存量(为避免缺货或为了将库存从生产商处转移至经销商处);(3)鼓励渠道成员对产品或服务进行促销。与顾客激励措施相似,贸易激励措施可以为货币激励(折扣和津贴)或非货币激励(竞赛和红利商品)。

相关概念

独立插页(FSI):插到报纸中的宣传单或优惠券。

拉动式和推动式促销:根据生产商和目标顾客之间促销活动(如激励措施和沟通活

动)的方向,可以将促销策略分为两种:拉动式策略和推动式策略(见图11-2)。推动式策略是指生产商以零售商为促销对象,通过零售商将产品推向终端顾客。例如,生产商可能会给零售商提供较高的利润空间,以吸引零售商销售该产品或服务。生产商还可以给零售商的销售人员提供培训并且给他们发促销材料,让他们熟悉产品的好处,进而提高销量。拉动式策略是指生产商直接向终端顾客促销,创造终端顾客的需求,吸引终端顾客至零售店购买产品或服务,最终在分销渠道中"拉动"产品的流通。举例来说,生产商可能将其产品和服务向终端用户进行大范围的广告宣传,并通过直邮、优惠券和竞赛等方式进行促销。

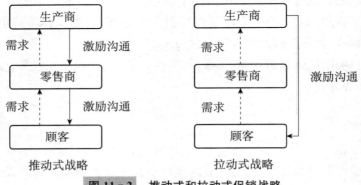

图11-2 推动式和拉动式促销战略

版上优惠券:报纸版面上的优惠券(而非插入的独立页面)。

流失率:购买产品后未参加兑换活动的顾客占所有顾客的百分比。

贸易折让:指包括货位津贴、库存津贴和广告津贴在内的贸易激励措施,通常作为经销商替生产商开展促销活动的奖励。贸易折让通常是针对批发价格的折扣,而非针对某一项付款的折扣。从会计角度来看,贸易折让通常被计作对经销商的折扣,而非独立的营销费用。

延伸阅读

Blattberg, Robert C. and Scott A. Neslin (1990), *Sales Prmotion: Concepts, Methods, and Strategies*. Englewood Cliffs, NJ: Prentice Hall.

Mullin, Roddy (2010), *Sales Promotions: How to Create, Implement, and Integrate Campaigns that Really Work* (5th ed.). Philadelphia, PA: Cogan-Page.

Neslin, Scott A. (2002), *Sales Promotion*. Cambridge, MA: Marketing Science Insitute.

第十二章
管理沟通

> 沟通中的最大问题在于我们总以为已经沟通过了。
> ——剧作家、伦敦经济学院联合创始人乔治·萧伯纳

沟通的目的是让市场——顾客、合作者、公司的利益相关者、竞争对手以及社会——了解一家公司的产品或服务。本章的重点是开发并管理沟通活动。

概述

沟通是营销组合中最为显眼的一部分。成千上万家公司每年投入数百万美元向购买者宣传其产品或服务的实用性、解释其优势、传播降价的信息,以及提升产品或服务及公司的品牌。李奥·贝纳广告公司的创始人李奥·贝纳曾说过,广告宣传告诉人们:"我们有哪些产品,这些产品可以为您带来什么,如何买到我们的产品。"

公司设计与管理沟通的方式在过去几十年发生了巨大变化。其中最重要的一个变化是,沟通从大众媒体模式,包括电视与印刷品,演变为一对一的沟通模式。另外一个重要变化是,以公司为主导的沟通转变为以顾客为主导的社交媒体互动。于是,顾客可以从其他顾客而非生产商那里了解到越来越多关于产品或服务实用性的信息。这些挑战使得高效地管理沟通变得更加复杂,因此使用系统化的方式设计并实施沟通活动就显得尤为重要。

沟通:一个价值创造过程

沟通可以让目标顾客、合作者、或公司员工与利益相关者了解产品或服务的优势。制定沟通战略受到目标顾客、公司的目标和资源、公司的合作者、竞争对手和环境这五个

关键因素(即 5C)的影响。要设计出为目标顾客、公司及其合作者创造价值的产品和服务,5C 也是必须考虑的关键因素(见图 12-1)。

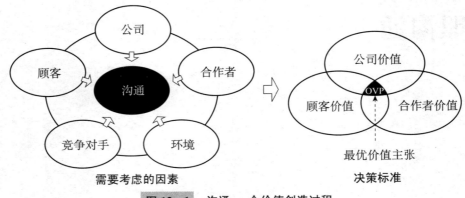

图 12-1　沟通:一个价值创造过程

　　5C 在设计产品或服务沟通战略时至关重要。管理沟通时,选择目标顾客非常重要:对于不熟悉产品或服务的顾客而言,沟通的目的是提升这类顾客对该产品或服务的知晓度;对于已经熟知该产品或服务的顾客而言,沟通的主要目的是加强顾客对其的喜爱程度并促使他们购买。沟通同样会受到公司目标与可用资源的影响,这决定了沟通的内容(信息)、规模(预算)以及媒体选择(电视、广播、印刷品或网络)。在联合开发或联合赞助这种情况下进行广告投放时,沟通活动必须与公司的合作者保持一致。公司的沟通经常受到竞争对手沟通活动的影响,因此竞争性开支的增加将导致公司沟通活动预算的增加。沟通同时也受到公司所处环境的影响;它受到技术进步(如网络媒体的发展)、具体行业(如烟草、酒类及药品)的法规以及广告相关的规章制度(如要求指出产品具体优势以及进行产品对比)。

　　除了受 5C 因素的影响,沟通同样受到其他营销组合要素的影响,即产品、服务、品牌、价格、激励及分销。因此,沟通反映了供应物的产品与服务方面的平衡:大多数情况下服务是无形的,此时,沟通的目的是突出其有形的方面(如保诚集团创造的有形标志);然而,对于有形产品而言,沟通的目的是强调其无形的方面(如质量保证、可靠性和耐用性)。沟通也受到产品品牌的影响,因此所传递的信息、媒体宣传以及创意均应与品牌的身份和品牌的意义保持一致。沟通亦会受到产品或服务的价格与激励的影响,低价产品与高价产品的激励需要不同的沟通战略,低价产品以货币激励为主,而高价产品以非货币激励为主。特定产品或服务的沟通同样受到其分销战略的影响:例如,网络零售商使用多种媒体形式为购买点(point-of-purchase)沟通创造很多机遇。

沟通过程

　　管理沟通遵循 G-STIC 营销框架,然而其主要关注公司营销活动的沟通方面。管理沟通涉及七个关键决策：设定沟通目标、明确沟通战略、确定信息、选择媒体、制订创意解决方案、实施沟通活动、评估沟通活动的有效性（见图12-2）。

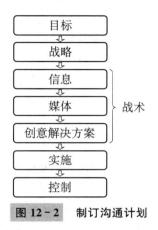

图12-2 制订沟通计划

- 沟通**目标**明确了在一定时间框架内，沟通活动应该达到的标准。
- 沟通**战略**明确了目标受众以及需要向目标受众传达的价值主张。
- **信息**明确了向目标顾客传递的信息。信息中可能涉及其他营销组合中的一个或多个要素：产品、服务、品牌、价格、激励与分销。举例而言，一家公司可促销其产品或服务、沟通其品牌的意义、宣传其价格、告知顾客其当前的激励措施以及其产品或服务的实用性。
- **媒体**是指公司传达信息时所用的手段。媒体决策包括三个主要内容：预算、媒体类型与进度安排。
- **创意解决方案**是指公司信息的执行。创意解决方案的一个关键内容就是活动中使用的吸引顾客注意的方法（信息、幽默或恐惧）以及执行方式（文本、形式和排版）。
- **实施**营销沟通活动是指明确执行信息、媒体以及创意决策的相关后勤工作和时间进程。
- **控制**是指评估营销沟通活动是否成功地达成了目标。

接下来，我们将详细讨论如何组织沟通活动。

设定沟通目标

设定目标时，通常需要做两个决策：明确沟通活动的重点；明确需达到的绩效指标。

- 要明确沟通活动的**重点**，就需要设定成功的最终标准。一般来说，沟通主要有三个核心目标，其中任何一个目标都可以成为一个沟通活动的焦点：
——创造并提升目标顾客对一家公司产品或服务的知晓度。
——创造并强化购买者对公司产品或服务的偏好程度。

——鼓励目标顾客采取行动,如购买产品或服务或者联系公司以了解更多信息。

这些目标相互依存,其中的某些目标是其他目标的前提。比如说,提高产品或服务的吸引力就意味着目标顾客已经意识到该产品或服务的存在。同样,鼓励目标顾客采取行动也意味着目标顾客已经意识到产品或服务的存在,而且认为其具有吸引力。

- 绩效指标是衡量营销沟通活动成功的标准(如在40%的选定市场中创造产品或服务的知晓度),以及达成这些目标的时间表(如产品发布前两周)。

确定沟通战略

沟通战略源于产品或服务的整体营销战略,由两个关键因素组成:目标受众和价值主张。

- **目标受众**明确了沟通活动的受众。产品或服务沟通活动的目标受众不一定与目标顾客一致。除了针对目标顾客,沟通活动还应该将精力集中在可以影响决策过程和实际进行购买的人身上,虽然他们可能并不是产品或服务的目标顾客。比如在购买礼物或家长为孩子购买食品和衣服时,目标受众(送礼物的人或家长)就和目标顾客(接受礼物的人或孩子)不同。
- **价值主张**明确了沟通活动希望传递给目标顾客的价值。沟通活动中传达的价值主张通常都和目标受众相关,明确了产品或服务对于沟通活动的受众的利处。

沟通战略明确了目标受众以及可以指导下一步沟通活动的价值主张:制定沟通战术(信息、媒体和创意解决方案)、制订实施计划和衡量沟通活动是否成功。

确定信息

信息包括营销组合中的一个或多个要素:产品、服务、品牌、价格、激励和分销。下文中,关于营销组合中每个要素的信息详述了公司产品或服务的具体细节:

- **产品和服务相关的信息**可以让目标顾客了解公司产品和服务的特征。
- **品牌相关的信息**主要体现公司或者公司产品或服务品牌的身份识别与意义。
- **价格相关的信息**宣传产品或服务的价格。
- **激励相关的信息**描述与产品或服务相关的激励措施,例如临时减价、总量折扣、回扣、优惠券和赠品。
- **分销相关的信息**强调分销渠道中产品的可得性。

设计信息时的一个关键原则是,在产品最有可能扩大影响力的方面下功夫。比如说,如果顾客尚未意识到供应物的好处,则信息应关注其产品和服务的内容;如果顾客尚未意识到供应物的可得性,则信息应关注分销。第十五章将介绍一种具体的方法,帮助我们识别适合投入营销资源的领域。

选择媒体

选择媒体时需要决定媒体预算、选择使用的媒体类型并决定媒体排期。下面我们将详细讨论这三个方面的内容。

媒体预算

在规划促销活动时,很重要的一步就是确定预算。因为预算不但会直接影响公司的利润,而且在很大程度上决定了要使用的媒体类型。例如,使用电视广告做宣传是基于公司有足够多的资源来维持这种媒体宣传方式。一般来说,可以用以下几种方法来确定沟通预算:

- **目标驱动法**基于为达成公司战略目标而对所需资源做出的估计。该方法考虑到了诸多因素,例如,一次媒体曝光后,公司花费的每一块钱所能触及的目标顾客的数量,以及为创造知晓度所需的平均曝光数。
- **销售百分比法**是指将预算设定为公司销售收入的一部分。
- **竞争对等法**是指设定的预算应与公司主要竞争对手的预算水平相当。在一个产品品类中,根据媒体总开支中期望占到的份额,按比例地设定预算的方法称为广告份额法。
- **传统法**是指设定预算应以前一年的开支为基础。
- **可支付能力法**是指设定预算应以促销活动能获得的资源为基础。

尽管这些方法各有优点(有些方法的优点相对较多),但总的来说,目标驱动法优于其他的方法,原因是它可以有效地估计达成公司沟通目标所需的资源。竞争对等法与销售百分比法能为预算决策提供有益的观点,原因是它们不受市场真实情况的干扰。最不可能提供精确预算估计的是传统法与可支付能力法。

媒体类型

媒体类型指公司传达其信息所使用的手段。最受欢迎的媒体类型包括:广告宣传、公共关系与社交媒体、直接营销、人员销售、活动赞助、以产品为基础的沟通与产品样品。下面将详细探讨这些媒体类型。

- **广告宣传**是指非人员营销沟通。在这种情况下,公司明确要传达的信息并承担大部分或所有的媒体成本(广播时间与印刷版面)。最受欢迎的广告宣传形式有:视听(电视、视频与电影)、广播、印刷品(促销手册、报纸与杂志广告、报纸与杂志插页)、网络、移动设备、户外宣传(海报与广告牌)、销售点宣传(商店前、过道尾、货架卡——促销产品旁的标牌)。在美国,广告是最流行的媒体类型,广告费用大多用于电视广告。
- **公共关系与社交媒体**是指不直接受公司控制的第三方所参与的沟通活动。公共关系与广告宣传不同,公司不因此向媒体支付费用,所以公司不能掌控信息的内容。公共关系旨在鼓励第三方(意见领袖与媒体)为商品做促销。因为来自第三方的信息通常与公司的商品无既得利益关系,所以一般认为公共关系比公司直接赞助进行的沟通更值得信赖。

- **直接营销**是指单独且有目标的沟通(产品目录、直接邮件、电话营销与网络广告),其目标一般是引发直接回应。
- **人员销售**是指直接地、面对面地与公司代表(销售人员)互动。
- **活动赞助**是指赞助目标顾客感兴趣的赛事与活动。活动赞助的一种形式是产品植入,即赞助商有权将其商品嵌入(植入)某种娱乐形式中,例如体育赛事、电视节目或电影。
- **以产品为基础的沟通**根植于产品本身,例如产品标签、标牌与包装。
- **产品样品与免费试用**让顾客直接体验产品的好处。样品与免费试用品通常用于鼓励顾客尝试新产品。让顾客体验新产品的途径通常有:直邮(如包装消费品)、网络(如数字内容产品,包括电子报纸、音乐样品与电影片花),或在销售点试用(可直接消费的产品,比如食品试吃)。

如何在不同类型的媒体间分配资源取决于该媒体传递既定信息的有效性和成本效率。对某些类型的产品(汽油、酒品、香烟)来说,广告媒体的选择还会受到一些重要的法律法规的影响。

除了决定不同媒体类型间的资源分配,媒体决策还包括在一种媒体类型中决定具体的媒体渠道。例如,在电视广告领域,媒体渠道决策涉及选择特定的节目以及时间段,让公司的信息能以最佳的方式传递给目标顾客并影响目标顾客。因此,啤酒公司通常选择在大众瞩目的体育赛事期间做广告,因为观众大多是男性;而一些美容产品通常选择在女性观众多的节目中做广告。

媒体排期

决定媒体排期需明确沟通的模式、范围以及频率。

- 沟通的**模式**可分为持续式、集中式或者间歇式。持续式沟通(亦称为起伏式沟通)指在一定时间段内均匀地在不同时段分配曝光次数。集中式沟通指在一个时间段内分配大多数的曝光次数(如,将全部广告宣传资金用于一次"超级碗"赛事的广告上)。间歇式沟通(亦称为脉冲式沟通)指在不同时间段进行大规模和小规模(或不进行)广告宣传活动(如,每隔一周进行一次广告)。具体选择哪种形式取决于公司产品的特征以及目标顾客采用或使用产品的模式。
- **频率**是指在一段时间内向目标顾客曝光信息的次数。顾客需要多少次能记住公司的信息取决于一些因素,如沟通目标、产品或服务的新颖度、媒体类型(电视、广播、印刷品、邮件、购买点宣传、户外或网上广告宣传)、用于创造知晓度的创意方法以及顾客在观看广告时的参与度。尽管公司为了达到沟通目标一般需要进行多次曝光,但是在有些情况下,一次曝光足矣。

• **接受人数**是指在一定时间段内,至少可得到一次信息的目标顾客的数量。沟通范围一般与目标市场的规模有关:市场越大,潜在接受人数就越多。

制订创意解决方案

创意解决方案是指将公司的信息转化为适合所选媒体类型(如电视、印刷品、广播、网络与购买点宣传)的语言。创意解决方案主要包含两个要素:吸引力与执行风格。

• **吸引力**是指沟通公司信息的方法。大多数创意解决方案至少包括两方面的吸引力:以信息为基础的吸引力、以情感为基础的吸引力。以信息为基础的吸引力通常依赖以下几种方法:事实陈述(直接陈述相关信息)、演示(在台上展示产品或服务的主要优势)、日常生活故事(说明在日常生活中产品或服务的主要优势)以及推荐(某人自己亲身体验后,赞扬产品或服务,以及普通用户或者名人使用产品或服务后对其的认可)。相比而言,以情感为基础的吸引力通常强调情感,如爱情、浪漫、幽默与恐惧。一些沟通活动为达到最佳效果,会将两种方式结合起来。

• **执行风格**是指使用已选媒体类型的语言传递某种信息的方法。不同媒体类型应使用不同的风格。比如说,印刷品广告需决定文稿(标题措辞和文章正文)、视觉元素(图片、照片、图形与标识)、形式(版面大小和色彩方案)、排版(对广告不同部分的安排);广播广告需决定文本(对话的措辞与口述)、音频(音乐、对话与音效)和形式(长度);电视广告需决定视觉元素(图像)、文本(对话措辞、口述、打印文本)、音频(音乐、对话与音效)和形式(长度)。

制定沟通活动战略的一项重要内容是保持营销信息与创意解决方案娱乐成分的平衡。因为吸引购买者的关注越来越难,所以很多公司经常开发一些过于具有创意的活动以求突破重围。创意本身是好事,但是在商业沟通中,不可忽略沟通内容本身而单纯强调创意。"我没有把广告视为一种娱乐或者一种艺术形式,而是把它视为信息沟通的中介",奥美集团创始人大卫·奥格威(David Ogilvy)指出,"一个好的广告是在没有哗众取宠的情况下将产品销售出去"。

实施沟通活动

实施一项沟通活动需建设必要的基础设施用于执行活动,设立必要的流程执行信息、媒体与创意解决方案并且确定实施进度。

• 建立沟通活动的**组织基础设施**要明确相关的合作者(广告宣传、公共关系与社交媒体机构)并成立小组,管理沟通活动。
- **设立流程**要明确在生产前期需采取的具体行动(明确信息、媒体以及创意解决方案的技术要素)、确定生产过程中的活动(实际拍摄、录像、录音或印刷广告)、明确生产之后的行动(编辑、复制、保证合规性并得到客户的认可)、明晰分销过程中的具体活动(广播、印刷与运输)。
- **确定实施进度**是指确定时间进度以及执行单个任务的最佳顺序以保证以高效且具有成本效率的方式执行沟通活动。

评估沟通有效性

近一个世纪之前,约翰·沃纳梅克(John Wanamaker)曾有句名言:我知道我用来做广告的钱有一半都浪费了,但我就是不知道是哪一半。虽然这句话大约是 100 年前所说的,但它却点明了目前评估沟通有效性所面临的挑战。营销人员、广告公司和调研公司间就衡量广告有效性的最佳方法尚未达成共识。因此,不同的公司使用不同的标准衡量一项广告活动的有效性。最常用的标准包括六个要素:曝光度、理解度、回忆度、说服力、意图和行为。

- **曝光度**是指目标受众能看到某一广告的次数。
- **理解度**是指目标受众对广告中所植入信息的理解程度。
- **回忆度**是指目标受众对广告的记忆程度。回忆可分为辅助式回忆和无辅助式回忆。前者是指,参与调查问卷者先看一系列的广告,然后给他们一个包含各品牌的列表,再让他们回忆是否见过其中的一些品牌。后者是指,参与调查问卷者观看完广告之后,回忆看到过的所有品牌。
- **说服力**是指广告在多大程度上可强化或改变目标受众的偏好。通过一次广告很难动摇已确立市场地位的品牌(这些品牌也通常是最大的广告商),广告公司衡量受众对广告的态度而非受众对品牌的态度的前提是,如果目标受众喜欢广告,那么他们会将喜欢广告的态度转化为喜欢这一品牌。
- **意图**是指顾客做出支持产品或服务的行为(例如,购买产品、逛门店或与公司联系)的心理倾向。一般情况下,意图的衡量标准是:询问参与调查问卷者在一段既定的时间内购买该产品的可能性。
- **行为**是指一则广告对参与调查问卷者实际行为的影响,例如,购买产品、询问产品特征以及在网络上搜索产品。行为的衡量标准大多是:销量、销售询问量以及网站访问量。

关于上述哪种措施是衡量沟通有效性最可靠的指标这一问题,现在还存在诸多分歧。从直觉上讲,似乎销售量是衡量沟通有效性的最佳标准。然而事实并非如此。用顾客行为衡量沟通有效性的问题在于,很多时候,沟通的作用不是即时显现的(特别是在品牌建设沟通方面)。因此沟通的影响力通常会受到诸多看似无关紧要的因素的影响,例如,价格变化、激励、竞争性行为以及购买周期。

更有效的衡量沟通活动有效性的方法应考虑三个主要因素:沟通目标、沟通信息以及所选的媒体类型。

- **沟通目标**。衡量沟通活动成功与否的标准随沟通目标的变化而变化。如果沟通旨在创造知晓度,则应衡量曝光度、理解度以及回忆度等要素。如果沟通旨在加强顾客对产品或服务的偏好程度,则应衡量广告的说服力。最后,如果沟通旨在激励购买行动,则应衡量行为要素。
- **沟通信息**。评估沟通活动的有效性同样取决于信息的类型。向目标受众沟通有关激励措施的信息会即时对销售产生影响,然而品牌建设沟通的影响会推迟显现。因此使用销售量衡量沟通的有效性可能会低估品牌建设沟通的影响,高估以激励为导向的沟通的作用。
- **媒体类型**。衡量沟通的有效性还取决于特定的媒体类型。如果媒体类型与业绩标准不直接相关,如公共关系与活动赞助,则可通过知晓度与偏好等间接标准对沟通有效性进行衡量。相反,如果媒体类型与业绩标准(如直接营销、人员销售与点击广告)直接相关,则可用实际行为衡量沟通活动的有效性。

本章小结

　　管理沟通涉及战略决策与战术决策。战略决策由产品目标市场中的公司顾客、公司、合作者、竞争对手与环境决定。而战术决策受到其他营销组合要素的影响:产品、服务、品牌、价格、激励与分销。

　　管理沟通有六个关键步骤:设定目标、开发信息、选择媒体、开发创意解决方案、实施沟通活动并评估活动结果。

　　目标明确了在一定时间段内沟通活动要达到的一系列标准。三个最常见的沟通目标是:创造知晓度、加深偏好程度并鼓励采取行动。

　　信息明确了需向目标顾客沟通的信息。信息关注价值-设计营销组合的六项要素中的一项或几项:产品、服务、品牌、价格、激励与分销。

　　媒体指公司传递其信息所使用的方法。媒体决策包括三个方面:设定媒体预算、决定媒体类型(广告宣传、公共关系与社交媒体、人员销售、产品样品、活动赞助与产品植入)与列出媒体排期表(模式、范围与频度)。

　　创意解决方案是指在某一特定媒体形式中,执行公司信息。创意解决方案主要包含两个要素:吸引力(以信息为基础或以情感为基础)与执行风格(文本、格式与布局)。

　　营销沟通的执行是指确定与执行信息、媒体和创意决策相关的时间表和后勤工作。

　　营销沟通的控制是指评估沟通活动是否成功达到其目标。最常用的标准有以下六个评估要素:曝光度、理解度、回忆度、说服力、意图以及行为。选择衡量沟通活动有效性的标准取决于以下三个方面:沟通目标、沟通信息以及所选的媒体类型。

相关概念

线上沟通：公司的沟通一般分为两类：线上沟通（Above-the-Line, ATL）与线下沟通（Below-the-Line, BTL）。前者包括大众媒体广告，例如，电视广告、广播与印刷品广告；后者包括公共关系、活动赞助、人员营销与直邮。过去，线上沟通这个词指的是广告公司收取佣金的沟通活动；而线下沟通指的是收取标准费用而非佣金的沟通活动。现在，线上沟通和线下沟通分别指强调大众媒体和一对一沟通的沟通活动。而且，线下沟通通常还包括顾客和贸易激励。

广告津贴：它是一种贸易促进形式，零售商为生产商的产品做广告从而获得一定数额的产品折扣。

广告知晓度：知晓商品的潜在顾客的数量。知晓度取决于向目标受众做广告的总次数，以及创造知晓度所需要的曝光数。如果一次曝光足够创造知晓度，则知晓度等于广告接受人数。

$$知晓度 = \frac{广告接受人数 \times 曝光频率}{创造知晓度必需的曝光数}$$

广告频率：在一段时间内，广告向目标受众曝光的次数。它也可以用于指在具体的一段时间内，广告通过特定媒介重复播放的次数。

广告接受人数：指在一定时间段内，有多少受众至少看过或听过一次广告（针对相同受众的多次曝光不会增加广告接受人数）。接受人数既可以用人数表示也可以用全部人口的百分比表示。例如，10 000 户家庭中有 4 000 户至少看过或听过一次广告，则广告接受人数为 40%。

联盟营销：广告商与网络内容提供商就收益进行分红的一种沟通战略。联盟营销奖励的基础取决于具体的业绩衡量指标。例如，销量、点击次数以及网络流量。

知晓率：知晓商品的潜在顾客数量占潜在顾客总数的百分比。根据衡量方式的不同，一般有两种知晓度类型：提示知晓度和未提示知晓度。在提示知晓度的情况下，会将目标商品的名称告诉接受调查问卷者（如，"在过去的一个月中，你有没有看到过可口可乐的任何广告？"）；而在未提示知晓度的情况下，接受调查问卷者不会得到任何与商品相关的具体信息（如，"在过去的一个月中，你看到过哪些软饮料的广告？"）。

线下沟通：详见线上沟通。

广告中的翘尾效应（遗留效应）：广告活动超出活动的期限范围的影响力。例如，在一定时间段内的广告可能会增加以后的产品销量。

比较广告：直接拿一种产品或服务和另一种产品或服务作比较的广告战略。

竞争均势预算法：预算分配战略基于：(1) 与竞争对手绝对开支水平保持一致；(2) 与市场份额百分比保持一致。

合作广告：生产商与零售商联合为产品或服务做广告，如零售商可突出生产商的产品、服务与品牌，而生产商向零售商支付一定比例的广告费用。

收视点成本(Cost Per Point,CPP)：指一次沟通活动的成本。CPP是指触及既定人口数量百分之一所花费的媒体成本。详见毛评点(GRP)。

$$CPP = \frac{广告成本}{GRP}$$

千人成本(Cost Per Thousand,CPM)：指一次沟通活动的成本。CPM是指使用一种媒体让广告触及1 000个人或者家庭的成本(M在罗马数字中表示1 000)。例如，一则电视广告用了200 000美元触及了10 000个观众，则CPM为20美元。CPM可以较好地衡量运用不同的媒体形式(如电视、印刷品与互联网)投放广告的有效性，这在一定程度上使CPM广受欢迎。

$$CPM = \frac{广告费用}{总印象数量} \times 1\,000$$

毛评点(Gross Rating Point,GRP)：一种对目标受众接受的广告总数量的衡量指标。它等于所触及人口占总人口的百分比乘以曝光频率。例如，如果一则广告平均可三次触及60%的家庭，则它的GRP等于180。GRP也可以用总印象除以受众总数来表示。1个GRP代表在特定地区占总受众1%的受众。

$$GRP = 接触人数 \times 频率$$

印象：一则广告向一个人曝光一次。

电视导购：较长的电视广告，一般长度为五分钟甚至更长。

机构广告：该广告战略的目标是树立一个组织的形象或商誉(并非为了促销某一产品或服务)。

整合营销传播(Integrated Marketing Communication,IMC)：一种在设计营销传播活动中强调所有营销活动的一致性的传播方式。这一传播方式至少要求三方面的一致性：战略一致性、战术一致性以及内部一致性。战略一致性明确了在沟通活动的不同方面以及在产品或服务的整体营销战略的不同要素之间进行协调；战术一致性表明了在沟通及其营销组合的其他要素之间进行协调，以保持产品或服务传递的信息与目标顾客接收到的产品或服务优势、品牌形象、价格、激励措施和分销渠道等信息一致；内部一致性表明了沟通计划中的信息、媒体、创意解决方案、实施和控制(评估活动成功与否)应与沟通目标相一致，并且它们本身也要一致。内部一致性同样适用于不同的媒体类型(如广告、公共关系和直邮)，它们须以彼此协调而非彼此独立的方式运作。

净推荐值：这一颇受欢迎的指标旨在衡量顾客对公司或其产品的口碑[1]。为了得出该指标，公司会向其现有的与潜在的顾客询问他们将公司或其产品推荐给他人的可能性(如，"你将这一公司推荐给你朋友或同事的可能性有多大？")。参与调查问卷者可从0-10分中进行选择，0分表示完全没有可能，10分表示非常有可能。根据他们的回应，可将顾客分为三个类别：促销者(评分为9分或10分)、持消极态度者(评分为7分或8分)以及贬低者(评分为6分或更低)。净推荐值等于公司促销者与贬低者所占顾客百分比之差。例如，一家公司的顾客有40%为促销者，25%为贬低者，则公司净推荐值为15%。

购买点广告：在购买点展示的促销材料（如在零售店内）。

公益公告（Public Service Announcement, PSA）：使用免费空间或者使用媒体捐赠的免费时间段的非营利性广告。

提示性广告：该广告战略的目标是维持知晓度并激励顾客再次购买已确定市场地位的产品或服务。

媒体比重占有率：一家公司某种产品的沟通费用与该产品类别总沟通费用之比。

$$媒体比重占有率 = \frac{某产品或服务的沟通费用}{该产品类别的总沟通费用}$$

目标收视率（Target Rating Point, TRP）：该指标衡量向目标受众投放的广告数量。目标收视率与毛评点相似，但是它的计算只使用目标受众作为基数（而非看节目的总受众数量）。因此，一个目标收视率指特定地区1%的目标受众。

预热广告（Teaser Advertising）：旨在提前吸引关注的沟通策略，通常不提供或仅提供很少的产品或服务信息。

第一提及品牌广告：在一种产品类别下，受访者想起的第一个品牌。

广告疲乏：指沟通活动的有效性随着顾客对于沟通信息逐渐失去兴趣（通常是因为不断重复）而降低。

延伸阅读

Belch, George E. and Michael A. Belch (2011), *Advertising and Promtion: AN Integrated Marketing Communications Perspective* (9th ed.). Boston, MA: McGraw-Hill Irwin.

Ogilvy, David (1983), *Ogilvy on Advertising* (1st American ed.). New York, NY: Crown.

Sutherland, Max (2009), *Advertisting and the Mind of the Consumer: What Works, What Doesn't, and Why* (3rd ed.). St. Leonards, NSW, Australia: Allen & Unwin.

注释

1 Reichheld, Fred (2003), "The One Number You Need to Grow," *Harvard Business Review*, (December), 1-11.

第十三章　管理分销

假如你生产的产品极好,那么即便你住在森林深处,人们也会开辟一条小径找到你;但你若希望门庭若市,那么最好还是建造一条高速公路吧。

——美国报纸出版商威廉·蓝道夫·赫斯特

管理分销是指设计和管理将产品或服务传递给目标顾客的过程。本章我们将重点阐述有关管理分销渠道的主要方面。

概述

分销一般是指一家公司与诸多分销合作伙伴(零售商、批发商与经销商)合作,以便将公司的产品交付给目标顾客的过程。零售分销渠道有很多种模式,例如:传统经销商(塔吉特)、加盟店(麦当劳)、人员销售(安利)、价格俱乐部(好市多)以及线上零售商(Amazon.com)。

一个重要的零售趋势是将分散的零售网点整合为强大的零售连锁店与超级店。除了沃尔玛之类的大规模零售商,整合过程中也出现了一些专注于某个产品类别的零售商,如家居建材用品零售商家得宝、电子电器产品零售商百思买与书籍零售商邦诺书店。此外线上零售比传统的实体店更受欢迎,因为现在网络购物已成为一种风尚。零售商的整合与专业化以及日益重要的线上零售模式都要求公司制定出高效的分销战略,以适应复杂多变的零售环境。

分销:一个价值创造过程

分销旨在向目标顾客交付能为公司及其合作者创造价值的产品或服务。管理者在设计一项分销战略时,必须考虑 5C,即顾客、公司、合作者、竞争对手和环境,从而设计出一个能为相关市场实体创造最佳价值的分销渠道。设计能为目标顾客、公司及其合作者创造价值的产品或服务时,也必须要考虑这五个关键的决策因素(见图 13-1)。

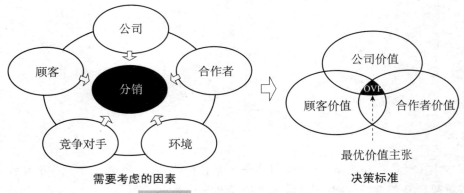

图 13-1 分销:一个价值创造过程

5C,即顾客、公司、合作者、竞争对手以及环境,在设计分销时具有非常重要的战略意义。比如说,目标顾客的选择决定了分销渠道的设计方式。针对大众市场的产品或服务很可能在不同地区有多个经销商,而针对特定市场的产品或服务的分销渠道则可能相对狭窄。分销渠道的选择同样取决于公司的目标与资源。一个想要占领市场的公司很可能会使用多种渠道以实现产品的广泛覆盖。一种产品或服务的分销战略同样可以反映公司及其合作者之间的权力均衡。在这种情况下,公司可能会选择多个经销商或自行开设零售店,以使分销渠道的权力最小化。选择分销渠道同样受到竞争对手产品的影响。因很多公司会选择避免直接对抗(如,避开一场价格战),所以可能会寻求不同于竞争对手的渠道。分销同样也受到经济、商业、技术、社会文化、法规与环境的影响。例如,因文化与传统不同,对店面大小的偏好会各不相同。许多国家的消费者喜欢较小的店面,喜欢个人经营的零售网点,而不喜欢整合一体的超级连锁商店。

除了受到 5C 的影响之外,其他的营销组合因素,即产品、服务、品牌、价格、激励和沟通也会影响分销,所以供应物的分销会受到其产品和服务特征的影响。例如,新颖、复杂或无差异的产品可从具有更大销售支持力度的渠道中获益。分销也必须与产品或服务的品牌形象相一致。例如,时尚品牌(如拉尔夫·劳伦、法国鳄鱼以及卡地亚)受益于其直接的分销模式,保证了其始终如一的品牌形象。分销也会受到价格的影响,所以低价产品或服务的分销渠道通常提供较低质量的服务,而高价产品或服务的分销渠道通常提供高质量服务。一般情况下,产品或服务的激励也会影响分销渠道:提供激励较多的产品或服务一般需要可以经常促销的分销渠道(如百货商店),然而对于不需要激励的产品或服务而言,更适合它们的是能提供每日低价的零售商(如沃尔玛、塔吉特和家得宝)。分销渠道高效传播产品或服务的优势以及将产品或服务"推"向目标顾客的能力也会影响分销渠道的选择与设计。

分销渠道设计

设计与管理分销渠道的过程包括几个重要决策：渠道结构、渠道协调、渠道类型、渠道覆盖以及渠道专属性。以下部分将详述其主要内容。

渠道结构

渠道结构明确了分销渠道的构成以及产品和服务从生产商到顾客的流程。渠道的结构各不相同，可分为直接渠道、间接渠道与混合渠道（见图13-2）。

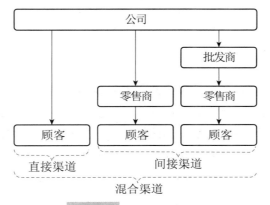

图13-2　分销渠道结构

直接渠道是指在无任何中间商的情况下，生产商与终端顾客直接互动的分销模式。直接分销渠道有诸多优势：(1)因价值交付过程的不同环节间可更好地协调，所以分销系统更加高效；(2)因无中间商，所以成本效率更高；(3)在向顾客交付产品或服务的过程中可更好地控制环境（服务质量、产品展示以及互补产品的可得性）；(4)与终端顾客更密切的联系，可让生产商获得顾客需求以及顾客对产品反馈的第一手资料。

尽管直接分销模式有很多优点，但是它同样也有一些缺点：(1)建立直接分销渠道，特别是实体店，耗时较长；(2)大多数情况下，在无中间商的直接分销模式中，分销网点少于有中间商的分销模式；(3)建立并管理一个分销渠道需要不同的资产与资质，而很多生产商不一定可以具备这些资源；(4)多数情况下，直接分销渠道需要大量预付的固定资本投资。

间接渠道是指生产商与终端顾客通过中间商（如批发商与零售商）进行互动的分销模式。间接渠道模式有诸多优点：(1)可立即开展分销；(2)覆盖范围广，可将公司产品交付给所有的或者大多数的目标顾客；(3)因中间商的资产以及核心优势可使生产商从中受益，所以价值交付过程更高效；(4)潜在的规模效益，因中间商为很多生产商进行类似的活动；(5)无需大量的提前投资，因为生产商是从中间商处为产品"租借"货架空间。

尽管在间接分销模式中使用中间商有很多优点，但是它同样也有一些缺点：(1)因渠道结构更复杂，可能会对分销系统的效率产生负面影响；(2)依赖中间商可能会增加分销总成本；(3)失去对销售环境的控制；(4)从顾客那里直接搜集信息的能力将大大减弱；(5)因生产商和其中间商的战略目标不同，收益最优化战略不同，可能会导致纵向渠道冲突。

混合渠道是指生产商与终端顾客通过多种渠道互动的分销模式，既有直接互动，也有通过中间商（如批发商与零售商）的间接互动。混合渠道结合直接渠道与间接渠道，因此它具备很多优点。同时，混合渠道也有直接渠道与间接渠道的很多缺点。此外，使用混合渠道可能会造成渠道冲突，因为公司和其中间商可能面向同样的顾客。尽管混合渠道存在一些缺点，但是现在这种方式在某些品类中越来越受欢迎，尤其是生产商可以相对容易地建立直接网络分销时。

渠道协调

协调可以提高整体渠道的高效性以及成本效率，从而使渠道的各个成员受益。传统的协调方式有：以所有权为基础的协调、以合同为基础的协调以及隐形协调。

• **共同所有制**是指不同的渠道成员属于同一家公司的协调方式。以渠道成员共同所有制为基础的渠道协调有很多潜在优点：(1)进一步优化渠道功能，提高渠道的高效性以及成本效率（方法是联合优化效益以及系统整合）；(2)共享更多信息；(3)更好的管控与业绩监管。

尽管单一所有权分销渠道有很多优点，但是它也有一些缺点：(1)初期投资大；(2)因缺乏竞争，可能会降低内部效率；(3)因规模较小而导致成本效率下降；(4)如从一种业务功能转为另外一个，则需要提升分销渠道专业技能（如，从制造转分销）。此外，在混合分销的情况下，并非所有渠道都归公司所有，所有权经常会造成独立经销商之间的渠道冲突。

• **合同关系**是指渠道成员间的约束性协议，包括长期合同协议、合资及特许经营协议。以合同关系为基础的渠道协调有几个主要的优点：(1)较低的初期投资，(2)实施速度快；(3)因合作者规模或专业化可降低成本。

尽管合同渠道协调有诸多优点，但是它也有一些缺点：(1)协调变少可能降低效率；(2)共享专业知识以及战略信息（定价策略、利润率和成本结构）可能带来潜在竞争对手（前向一体化或后向一体化）的战略风险；(3)监管业绩的能力下降。

• **隐形渠道协调**是指未经明文规定的协调。隐形渠道协调类似于合同协调，其特点是具有很大的灵活性。但它虽然灵活，却不能预测渠道成员的行为。隐形渠道协调的另外一个缺点是缺乏承诺，从而导致公司不愿投入资源为某一生产商定制个性化渠道。同时，隐形渠道协调也可能因渠道缺乏协调而导致成本效率下降。

渠道类型

因分类不同,渠道的宽度与深度也不尽相同。根据宽度,渠道可分为以下两种类型:专卖渠道或宽泛渠道。如 Foot Locker、欧迪办公、CarMax 和玩具反斗城这类专卖渠道零售商,它们关注的产品品类较少。然而,类似沃尔玛、好市多和家乐福这样的大规模零售商,它们的产品品类就更为宽泛。

根据分类的深度,渠道可分为有限渠道与广泛渠道。如 7-11 和 Circle K 这样的有限类别零售商,所售的物品为每一种产品品类中的一小部分产品;然而,像家乐福和沃尔玛这样的扩散式分类零售商,所售的物品为每一种产品品类中的大量产品。一些零售专卖商所售产品在同品类内也极其广泛,例如家得宝、百思买、欧迪办公、SportMart,因此也被称为产品品类杀手。

渠道覆盖

由于向目标顾客提供产品或服务的销售网点数目不同,渠道战略覆盖面各不相同。广泛覆盖面是指很多顾客很容易在某一市场上买到某种产品或服务;然而,有限覆盖面是指目标顾客唯有通过特定市场或零售专卖商才可以买到某种产品或服务。广泛覆盖面的缺点是:它通常会导致高成本与渠道冲突。有限覆盖面的缺点是:一些目标顾客无法获得该产品或服务。

渠道专属性

渠道专属性是指一种产品或服务能在多大程度上通过不同的分销渠道获得。渠道专属性常用于减少横向渠道冲突,即具有不同成本结构与利润率的经销商向同样的顾客销售相同的产品或服务。为减少不同零售商之间因销售相同产品或服务而造成的直接价格对比,生产商一般会发布适用不同渠道的产品变体,这些产品功能各异,因此无法直接对比价格。

分销渠道的价值交付功能

分销渠道的主要功能是将公司的产品或服务交付给目标顾客。这包括交付供应物的不同内容:产品、服务、品牌、价格与激励。

- **交付产品**是指将产品的归属以及所有权(所有权持有者)从生产商转给中间商(批发商、经销商与零售商),最后转至终端用户手中。这一过程可能涉及价值增值的功能。
- **交付服务**是指以顾客为中心的各项活动,例如个性化定制、维修、技术支持、保修服务,以及以合作者为中心的各项活动,例如储存、库存管理、分类与重新包装。

- **交付品牌**是指给予顾客体验品牌的机会。迪士尼、索尼和哈雷戴维森的零售店就是将品牌交付给顾客的渠道。
- **交付价格**是指收集并处理顾客的付款。营销组合的其他要素中,交易对象都是从公司流向顾客,而交付价格的方向正好相反:款项从顾客流向公司。
- **交付激励**是指分配激励,例如优惠券、返现以及奖品,同时处理一些激励相关的流程(如优惠券兑现)。

需要注意的是,除了交付价值,分销渠道也常常参与设计与沟通其所交付的产品或服务。分销渠道的价值设计功能包括产品组装、融资、保修服务、提升产品或服务品牌形象、谈判销售价格以及管理购买点的激励措施。同样,分销渠道的价值沟通功能包括解释产品或服务的优势、沟通品牌意义并让顾客了解产品或服务的价格与激励措施。除了向目标顾客交付价值,分销渠道的功能还包括管理逆向物流,如处理退货退款。通过征求与收集顾客的反馈、建议与投诉,渠道同样可以管理信息逆流。

本章小结

决定分销时需考虑两种要素:战略要素与战术要素。前者包括顾客、公司、合作者、竞争对手与环境;后者包括其他的营销组合要素,即产品、服务、品牌、价格、激励与沟通。

设计与管理沟通渠道包括几个主要内容:渠道结构(直接渠道、间接渠道与混合渠道)、渠道协调(以所有权为基础的协调、以合同为基础的协调以及隐形协调)、渠道类型(专卖渠道与宽泛渠道,或有限渠道与广泛渠道)、渠道覆盖(有限覆盖与广泛覆盖)与渠道专属性。

通过将公司产品或服务的不同方面交付给顾客,渠道可以促进公司与其目标顾客之间的价值交流:渠道交付公司的产品或服务、提升产品或服务的品牌、收集付款、分配并处理激励措施。渠道还通过处理产品回收及付款信用证来促进逆向物流。

相关概念

所有商品量(All-Commodity Volume,ACV): 衡量产品或服务可获得性的指标,通常用指定区域内各零售商销售公司某种产品或服务的总量除以指定区域内所有零售商销售各品类产品的总量得到。后者也指在特定区域内的总销量。

$$ACV = \frac{各零售商销售公司某种产品或服务的总量}{所有零售商销售各品类产品的总量}$$

品类杀手: 专注于一个产品品类的零售专卖店,但提供该品类中各种不同的产品,而且产品的价格非常具有竞争力。属于品类杀手的零售商有:百思买(电器与电子产品)、欧迪办公(办公用品)、家得宝(家具建材用品)以及 PetSmart(宠物用品专卖店)。

合同式垂直营销系统: 渠道结构中的渠道成员在合同的基础上(而非共同所有制)建

立一系列的关系。

公司式垂直营销系统：渠道结构中的渠道成员有共同的所有权而非合同关系。

推销员：将药品推销给医生与药剂师的间接销售人员，然后再让他们将这一品牌推荐给消费者。

直接渠道：生产商与终端顾客直接互动、不需中间商的分销战略。

提前购买：增加渠道库存，一般发生在生产商促销或预测到价格将上涨时。

灰市：未经授权而销售产品的市场渠道。

横向渠道冲突：在多种分销渠道中实体间的矛盾（如生产商和两个零售商）。更多细节参见第七章。

混合渠道：生产商与终端顾客通过很多渠道（直接渠道以及通过中间商）进行互动的分销战略。

间接渠道：生产商与终端顾客通过中间商进行互动的分销战略。

库存周转次数：补充库存的次数，计算方法是一种商品产生的年收入除以平均库存。

跟单员：为零售商摆放货架、定价以及举办符合要求的特别活动等店内活动提供支持的间接销售人员。

平行进口：当同样的产品在A国的价格较高，而在B国的价格较低时，A国选择从B国进口该产品。比如，美国从加拿大进口药物（假设的案例）。大多数情况下，平行进口在美国是违法的。

逆向物流：回收可循环和可再次使用的材料，以返回维修、重新制作或处理。

同店销售额：在零售业中，对比开业满一年或一年多的商店当前年份销售额与前一年的历史数据，即可得出同店销售额。同店销售额很受欢迎，因为它区分了商店歇业以及连锁扩张等因素的影响，表明了销售增长带来的新销售额以及开店或歇业带来的销售额。

货架空间份额：分配给某种商品的货架空间（相比于整个地区的总货架空间）。

商品损失：零售商用来表示商品被顾客和员工偷盗的术语。

纵向渠道冲突：在单一的分销渠道中实体间存在的矛盾（如一家生产商与一家零售商）。详见第七章。

垂直营销系统：统一集中的分销渠道。

延伸阅读

Palmatier, Robert, Louis W. Stern, Adel I. EI-Ansary, and Erin Anderson (2014), *Marketing Channel Strategy* (8th ed.). Upper Saddle River, NJ: Prentice Hall.

Ulin, Jeff (2009), *The Business of Media Distribution: Monetizing Film, TV and Video Content in an Online Word*. New York, NY: Focal Press.

Zoltners, Andris A., Prabhakant Sinha, and Sally Lorimer (2004), *Sales Force Design for Strategic Advantage*. Basingstoke, NH: Palgrave Macmilan.

第四部分

管理增长

第十四章　获取并维护市场地位

第十五章　管理销售增长

第十六章　管理新产品

第十七章　管理产品线

引　言

要么迈出脚步成长，要么退回到安逸的角落。

——美国心理学家亚伯拉罕·马斯洛

　　管理增长是获取盈利最常见的途径。同削减成本相比，大多数公司更倾向于使用顶线增长的战略。除了能增加利润外，在追求增长的同时，公司能为自己制造挑战、增强创新能力，从而为公司增添活力。

　　在管理增长的过程中，有四个关键问题值得注意：获取并维护市场地位、管理销售增长、研发新产品和管理生产线。下面，我们将简要介绍一下这四个问题，并在接下来的几个章节进行详细讨论。

- **获取并维护市场地位**，即在竞争环境中实现并保持增长。我们将在第十四章中对管理市场地位的战略进行探讨。
- **管理销售增长**，即提高销售量，通常可以通过获得新顾客和提高对现有顾客的销量来实现。我们将在第十五章对提高新顾客的采用率和现有顾客的使用率这两种战略进行讨论。
- **新产品开发**是确保可持续增长的必要条件。我们将在第十六章对预测新产品需求、理解新产品采用、开发新产品和管理产品生命周期等与新产品开发相关的主要问题进行详细讨论。
- **产品线管理**旨在使各种产品与公司的产品线一致。我们将在第十七章详细探讨产品线管理的重要方面，包括管理纵向和横向延伸、管理产品线自相蚕食，以及利用产品线来获取和维护市场地位。

　　增长战略的选择最终取决于公司的目标、战略资源、目标顾客、合作者、竞争对手，以及整体的市场环境。以下章节中将给出系统的方法，用于分析这些因素，这对成功实施增长战略来说至关重要。

第十四章
获取并维护市场地位

> 在足球比赛中,对方球队的出现让一切变得更复杂。
>
> ——法国哲学家让-保罗·萨特

不断变化的竞争环境要求公司运用动态的战略对公司的市场地位进行管理。为管理市场地位,公司需要回答两个问题:如何获取市场地位,以及如何维护现有地位。我们将在本章重点讨论这两个问题以及应对它们的战略。

获取市场地位

从竞争的角度来说,公司可以通过三个核心战略来获取市场份额:(1)从市场竞争对手的手中夺取份额;(2)通过吸引新顾客,增大市场规模;(3)创造新市场。

窃取份额战略

窃取份额战略指的是公司通过某种途径从竞争对手的手中吸引顾客,而非为此类产品吸引新顾客。苹果公司以微软公司为目标,并从其手中吸引顾客,这就是典型的窃取份额战略。窃取份额战略的实施范围也不尽相同:可以只针对某一特定竞争对手的顾客(例如百事可乐以可口可乐的顾客为目标),或者是以整个市场作为目标(例如皇冠可乐试图从所有竞争对手手中夺取份额,包括可口可乐和百事可乐)。窃取份额战略如图 14-1 所示。其中,深灰阴影部分代表公司现有的市场份额,浅色阴影部分代表公司希望从竞争对手处获取的市场份额。由于公司专注于吸引竞争对手的顾客,窃取份额战略也被称为选择性需求战略。

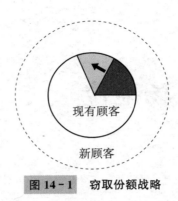

图 14-1 窃取份额战略

为了能成功吸引竞争对手的顾客,公司需要向他们提出有说服力的价值主张。此时,公司可以运用两种夺取份额的基本战略:差异化战略和同一化战略。

- **差异化战略**旨在通过展现公司产品或服务的优势,从而在竞争中夺取份额。这些差异化优势都将为顾客带来更多的收益,例如更高的性能或更低的购买成本。
- **同一化战略**又称"跟随"战略,是指通过建立与竞争对手(通常是市场领导者)产品或服务间的共同点,从而说明事实上公司与竞争对手的产品或服务是完全一样的,进而从其手中夺取份额。"跟随"战略的一种特殊形式就是克隆,即仿制竞争对手现有的产品或服务,但通常需要做一些轻微的改动以避免专利和商标侵权责任。

市场增长战略

窃取份额战略需要吸引竞争对手现有的顾客,而市场增长战略则是为该产品类别吸引新顾客(如图 14-2 所示)。例如,一个促进牛奶消费的活动(例如名为"喝牛奶了吗?"的公益活动)能够扩大整个产品类别的市场规模,此时,消费者的转移发生在替代商品之间(奶制品和非奶制品),而非不同的奶制品品牌之间。因为市场增长战略重在提高整个产品类别的需求,所以有时它也被称作基本需求刺激。

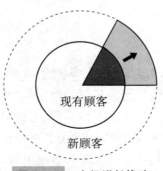

图 14-2 市场增长战略

因为市场增长战略旨在扩大整个产品类别的市场规模,因此所有在该产品类别下竞争的公司都将从中受益。公司通常会在产品生命周期的初期采用这种战略,因为此时市场增速快、竞争还未成为主要问题。此外,由于产品或服务通常会获得与它们的市场地位成比例的份额,因此对于相对成熟的产品来说,市场增长战略更可能会让市场领导者受益。

需要注意的是,该战略也存在一种如图 14-3 所示的例外情况。当某种产品或服务相对于竞争产品或服务来说有着更优越的价值主张时(由于科技突破、独特的功能或价格优势),它可能会获得大量新顾客(与其当前份额不成比例)。此时,份额较小的产品也可能成长为市场领导者(见图 14-3)。

图 14-3 拥有卓越价值主张的产品或服务的市场增长战略

市场创新战略

市场创新战略即通过吸引从未使用过某一产品类别下的产品和服务的顾客以获取市场地位,这与市场增长战略类似(如图 14-4 所示)。但它们的主要区别在于市场增长战略是为现有产品类别吸引新顾客,此时公司需要面对来自现有对手的竞争,而市场创新战略则是开辟出全新的产品类别,因此不存在直接竞争对手。因为市场创新战略侧重于开拓不存在竞争的市场(有时也被称作蓝海战略),因此通常会带来较高的利润率和较快的增长,也不可避免地会吸引新的市场进入者。

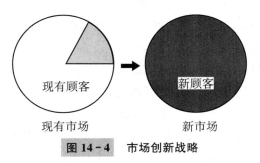

图 14-4 市场创新战略

由于市场创新战略以全新产品类别的新顾客为目标,因此产品创新战略通常会涉及开拓新市场。接下来,我们将探讨有关开拓新市场的主要内容。

开拓新市场

先驱者或先行者是指第一个进入某一特殊领域的公司。根据所处领域的不同,先行者可以分为四种常见的类型。

- **科技先行者**:指第一个为某一产品类别引入新技术的公司。
- **产品先行者**:指为满足特殊的顾客需要,第一个向市场引入全新概念产品的公司。
- **商业模式先行者**:指第一个引入新的商业模式的公司。
- **市场先行者**:指第一个向特定目标市场引入某一产品或服务的公司。

为方便营销分析,先行者一词用于指代为满足顾客的某种需求,第一个将某种产品或服务引入特定市场的公司。因此,某一市场的先行者即率先向某一顾客群体提供产品或服务的公司。从时间角度来看,虽然另一家公司可能已率先向另一顾客群体推出过该产品或服务,但对于某一顾客群体来说,第一个向他们引进某产品或服务的公司就是他们的先行者。例如,2001年苹果公司在美国推出了iPod,尽管韩国Saehan公司曾于1998年在亚洲推出过使用相同技术的MPMan产品,但我们仍然认为苹果公司是美国市场中推出便携式MP3播放器的先行者。

先行者的优势

同后来者相比,市场会为先行者提供许多重要优势。这些优势包括塑造顾客偏好、制造转换成本、获取稀缺资源、制造进入壁垒和利用学习曲线。

- **偏好形成**。先行者拥有唯一的机会,可以对顾客的偏好进行塑造,在其品牌与潜在顾客需求之间建立起紧密的联系。例如,吉普、谷歌、亚马逊、易趣、推特和施乐不仅塑造了顾客偏好,还成为所处行业的代名词。
- **转换成本**。作为先行者,公司有机会通过制造转换成本,在顾客中建立忠诚度。这些转换成本可能为功能上的(转向另一件产品或服务后,顾客不能享受到先行者产品或服务的特殊功能)、金钱上的(更换专利设备的成本或违约金)或者是心理上的(学习使用竞争对手产品功能所需的成本)。
- **资源优势**。先行者能够率先占有原材料、人力资源、地理位置和合作者网络等稀缺资源,进而从中获利。例如,先行者可以通过独占具有重要战略意义的矿产资源,从而对行业进行垄断。与之相似,先行者还可以抢先占有工程师、设计师和经理人等紧缺的人才资源,或者是具有重要战略意义的地理位置(星巴克、麦当劳、沃尔玛)和网络域名(flowers.com, drugstore.com, cars.com)。先行者还能够率先与分销商、广告商等具有重要战略意义的合作者建立起同盟关系从而在竞争中先发制人。例如,体育用品制造商会和有前途的运动员在他们职业生涯的早期签订独家长期合同,以防止竞争对手在他们事业开始腾飞时与这些运动员合作。

- **进入壁垒**。先行者可以制造科技壁垒，以阻止竞争对手进入市场。例如，一项能够满足顾客特定需求的产品或服务在研发过程中需要某项发明或设计，先行者可以通过取得该项发明或设计的独家使用权从而制造进入壁垒。先行者还可以制定专有技术标准（例如操作系统、通信协议和视频压缩），确保在市场中持续享有技术优势。
- **学习曲线**。随着累计产量的增长，先行者通常可以从学习曲线中受益，进而提高生产效益和效率。简单来说，同竞争对手相比，先行者经营业务的时间通常更长，因此在技术知识、劳动力经验和生产率方面更具备竞争优势。

先行者的劣势

先行者的地位并不是总能为公司带来优势。先行者也面临一系列明显的劣势，这些劣势可能会阻碍公司战略的实施。三个最常见的劣势包括：被竞争对手"搭便车"、在位者惰性和市场不确定性。

- **被竞争对手"搭便车"**。后入者可以免费利用先行者的资源，例如先行者对科技、产品设计、顾客教育、注册审批、基础设施建设和人力资源开发的投资。举例来说，美国数字录像机市场的先行者 TiVo 曾花费数百万美元用于研发个人数字录像机及向美国消费者宣传该产品的优点，但后来它却发现自己身处于提供有线电视和卫星电视等相似服务的运营商的竞争之中，需要同他们争夺那些已经了解该产品的目标顾客。而跟随者还可以对先行者的产品加以研究并进行改善，这样只用开发原产品所需资源的一小部分便能实现。例如，在 DHL 速递业务模式的基础上，联邦快递在美国开展次日达业务；IBM 对苹果和雅达利（Atari）之前推出的产品进行改善，发布了它的个人电脑产品；百思买基于 Circuit City 成功的经营模式进行连锁店的快速扩张。
- **在位者惰性**。市场领导者通常满足于现状，于是竞争对手便会趁机抓住在科技中和市场中的机遇。举例来说，即便在大型主机被网络计算机取代时，IBM 依然对大型主机业务充满信心，这使得戴尔和惠普等竞争对手能在 IBM 的市场中找到立足点，并夺取了 IBM 部分最重要的客户。在位者惰性的产生也可能是由于公司不愿通过采用新技术或新商业模式来改进现有生产线。例如，邦诺（Barnes & Noble）和 Borders 等实体书商没能意识到电子商务的重要性，从而让亚马逊在在线图书零售领域确立了主导地位。在位者惰性也可能由"沉没成本心态"所导致，即当科技进步和市场力量使得某些投资不可行时，经理人依然执意要对现有科技和市场进行大量投资。例如 20 世纪 30 年代，福特不愿进行必要的投资来改善现有生产设备从而丰富产品种类，这也是它在与通用汽车的竞争中失去市场领导地位的原因之一。
- **市场不确定性**。先行者的另一个潜在劣势是推行新产品需面临的不确定性。当先行者在推出新产品时，必须考虑到科技和市场需求带来的诸多不确定性，而跟随者却可以从先行者的成功和失败中总结经验教训，并设计出更优的战略。正是由于在推行新产品时，会产生很多不确定性，所以很多具备较强分销能力的大品牌通常会推迟进入市场的时间，这能保证它们学习先行者的经验并制定出高效、成本效率高的市场进入战略。这些公司利用它们的品牌和渠道管理新产品开发和进入市场时所产生的风险，保证它们能在较晚进入特定市场时取得成功。举例来说，1947年，科特（Cott）公司在美国推出了第一款无糖软饮料；1962年，皇冠（Royal Crown）公司推出了第一款无糖可乐。然而，可口可乐公司和百事公司却利用它们的品牌和分销渠道超越了前者，占据了软饮料市场。

市场先行者的众多劣势表明，当进入新市场时，公司不仅应该努力争夺市场份额，同时也要建立起无法被当前和未来竞争对手轻易复制的商业模式。因为能够获利的市场必然会引来竞争，创造出可持续的竞争优势才是先行战略成功的关键。

维护市场地位

由于在某领域取得商业成功将必然引来其他公司的竞争，因此公司在制定市场扩张战略外，还需要制定战略来维护它的市场地位。面对竞争，公司可以用三种基本方式进行应对：不采取行动、对现有产品重新定位（降低成本、推出低端产品、增加收益、推出更新更高端的产品）以及推出新产品（高端或经济型产品）。图14-5是对这些战略的说明，我们将在以下部分对这些战略进行更详细的讨论。

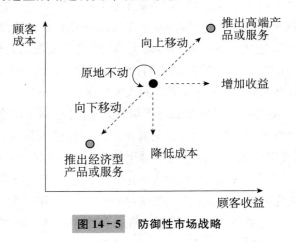

图14-5　防御性市场战略

不采取行动

当一个公司认为竞争对手的行为不会对其市场地位造成实质影响或者竞争行为不会持续很久时，它会忽视竞争对手的行动。例如，当竞争对手推出一种廉价劣质的产品或服务时，公司会认为它的高档产品或服务不会受其影响，因此不把竞争对手的行为看作是直接威胁。同样，当竞争对手降价时，如果公司认为竞争对手不能长期保持这样的低价位，它可能也不会采取任何措施。

对现有产品或服务重新定位

对产品或服务进行重新定位的方式有两种,即通过改变产品的价值主张来提高对现有顾客的吸引力,或者以其他顾客群体为目标对产品进行重新定位。

- **通过重新定位,提高产品或服务对现有顾客的价值**。因为价值是收益与购买成本的综合反映,因此提高价值可以通过两种方式来实现:提高收益和降低购买成本。

——提高产品或服务收益。为提高产品或服务给顾客带来的收益,公司可以采取以下措施:(1)增强产品或服务的功能(通过改善性能);(2)提高货币收益(通过增加货币回报);(3)提高心理收益(通过改善产品或服务形象)。为确保每种战略的成功,公司必须保证顾客能感受到收益的提高。在顾客无法感受到的方面对产品或服务进行改善可能无法提高其对顾客的价值。

——降低购买成本。正如提高收益一样,降低产品或服务的购买成本也可以通过降低功能、货币和心理三方面的购买成本来实现。由于价格通常是购买成本中最重要的部分,因此降低产品或服务价格和增加货币奖励是降低购买成本最常见的两种形式。

- **重新定位以吸引新顾客**。除了为现有顾客提高产品或服务价值,公司还可以通过对产品或服务进行重新定位,从而更好地满足目标顾客的需求。重新定位意味着通过以下两种方式对特定产品或服务的价值主张做出改变:纵向重新定位和横向重新定位。

——纵向重新定位指的是公司通过改变产品或服务所处的价格段对其价值主张做出修改。纵向重新定位既可以是向上调整,也可以是向下调整。向上调整时,公司会在提高产品或服务价格的同时,提高其收益。相反,向下调整时则需要降低产品或服务价格,同时相应地减少其收益。

——横向重新定位是指公司在不改变产品或服务所处价格段的情况下,通过改变产品或服务的益处来对其价值主张做出修改。例如,人们通常认为只有老年人才喜欢吃梅干,为改变这种观念并吸引年轻人购买梅干,加州梅干生产商开始对梅干进行宣传-强调其富含抗氧化物的特点。

延伸产品线

除了对现有产品或服务进行重新定位,公司还可以通过在生产线上增加新产品或服务来应对竞争行为。延伸生产线与重新定位类似,它们的主要区别就是在选用延伸生产线的战略时,公司并非对现有产品或服务的价值主张做出修改,而是推出具有不同价值主张的新产品或服务。延伸生产线常见的战略有两种:纵向延伸和横向延伸。

- **纵向延伸**是指推出在收益和价格方面都具备差异化的新产品(例如竞争对手的产品为经济型轿车,公司则可以推出豪华型轿车)。公司可以通过同时对生产线进行向上和向下延伸来维护其市场地位。一种应对竞争对手低价产品的常用战略就是推出竞争品牌,即向下延伸生产线,推出低价产品从而让核心产品免于同竞争对手的低价产品竞争。另一种相对复杂的方法就是包夹战略，在推出低价产品的同时，对核心产品进行向上的重新定位。另一种较为常见的方法就是好-更好-最好战略，即同时向上和向下推出新产品，形成生产三个价格段产品的生产线。

- **横向延伸**是指主要通过产品功能而非价格（例如轿车和小型货车）对新产品与竞争产品加以区分。随着产品分类逐渐成熟，其用户群的组成也越来越多样化，因此为满足不同顾客群体的需求，就需要向其提供定制产品。因此，如果先行者对其生产线进行延伸，进而提供符合每个具有重要战略意义的顾客群体需求的产品，先行者就有可能避免竞争。

我们将在第十七章对如何管理生产线进行更详细的讨论。

核心竞争力：竞争优势的来源

为了获取和维护市场地位，公司需要发展能为其带来竞争优势的核心竞争力。核心竞争力包括公司在对其商业模式至关重要的领域里所具备的专长，能帮助公司创造市场价值。从营销的角度来看，公司可以在六个关键领域发展其核心竞争力：商业创新、运营管理、技术研发、产品研发、服务管理和品牌建设。

- **商业创新**。商业管理方面的竞争力是指非常擅长管理商业流程，如识别商业目标、制定有助于实现目标的战略和战术以及实施公司的商业计划。商业创新竞争力也包括公司构建合作者网络的能力。这项竞争力一般会给公司带来商业模式上领先的战略优势。在商业创新方面显示出核心胜任力的公司包括麦当劳、亚马逊、宜家、PayPal、网飞和星巴克。

- **运营管理**。运营管理方面的竞争力指的是生产和供应链管理方面的专长。拥有这种竞争力的公司非常善于优化其商业流程的有效性和成本效率，能发展出两种战略优势：物流领先优势和成本领先优势。物流领先优势是指公司非常善于供应链管理，使公司在生产或分销方面具有无可匹敌的整合优势和有效性。例如，富士康——全球最大的电子产业科技制造服务商（富士康是黑莓、iPad、iPhone、iPod、Kindle、Xbox、PlayStation和Wii的供应商），以其生产复杂电子产品的惊人产量而著称。其他在物流方面具有卓越竞争力的公司包括UPS、联邦快递和亚马逊。成本领先优势反映了公司作为低成本（不一定是最低成本）生产商的市场地位。例如，沃尔玛在运营管理方面的竞争力就体现在低成本带给它的市场领先地位上。其他在运营管理方面体现出核心竞争力的公司还包括好市多、家乐福、H&M和Zara。

- **技术研发**。在技术研发方面的竞争力指的是公司开发新的技术解决方案的能力。这项竞争力一般会给公司带来技术领先的战略优势。体现出这种核心竞争力的公司包括摩托罗拉、BASF、谷歌和英特尔。不过，在研发新技术方面的竞争力不一定能保证公司研发出商业上非常成功的产品，比如施乐及其帕罗奥图研究中心（PAPC）发明了很多新技术,包括复印、激光打印、图形用户界面、客户端(服务端架构)和以太网,但在将这些新技术转化成成功的产品方面,施乐一直反应迟缓。

- **产品研发**。产品研发方面的竞争力指的是公司研发出能够给顾客提供优质价值的产品的能力。这项竞争力一般会给公司带来产品领先的战略优势。体现出这种核心竞争力的公司包括苹果、微软和默克(Merck)。公司在产品研发方面的竞争力并不取决于其在技术研发方面的竞争力。实际上,很多技术上不太先进但能满足顾客在功能上的需求的产品往往比技术一流但不能满足顾客实际需求的产品更加成功。

- **服务管理**。服务管理方面的竞争力指的是公司能够给顾客提供具有优质价值的服务的能力。这项竞争力一般会给公司带来服务领先的战略优势。体现出这种核心竞争力的公司包括丽思卡尔顿酒店、美国运通、亚马逊、Zappos.com 和诺德斯特龙。公司在服务管理方面的竞争力并不一定源自其在产品研发方面的竞争力。和产品不同,服务的传递和消费是同时发生的,所以需要一系列不同的技能和资源。

- **品牌建设**。品牌建设方面的竞争力指的是公司创建能够给顾客提供优质价值的知名品牌的能力。这项竞争力一般会给公司带来品牌领先的战略优势。体现出这种核心竞争力的公司包括哈雷戴维森(Harley-Davidson)、耐克、雀巢和联合利华。

注意,上述核心竞争力并不相互排斥,在某个领域的成功并不会妨碍公司在其他领域的卓越表现。为了始终保持竞争力,公司必须在多个领域发展其竞争力。例如,亚马逊的成功归功于其在上述所有领域的竞争力,从商业模式到品牌建设。

核心竞争力的概念和战略资产(详细内容见第四章)密切相关。核心竞争力反映了公司在特定功能领域的专长,其源于公司对战略资产的高效应用,而公司的资产通常源于其竞争力。例如,公司在数据库软件开发方面的竞争力很可能提升相关资产价值,如运营架构、合作者网络、人力资本和知识产权。

本章小结 ▶▶▶

不断变化的竞争环境要求公司运用动态的战略对公司的市场地位进行管理。通常可以运用三种基本战略来获得市场地位:从竞争对手手中夺取份额(窃取份额战略)、通过为产品类别吸引新顾客来扩大市场规模(市场增长战略)和创造新市场(市场创新战略)。

为获得市场地位,公司通常需要开拓新市场。市场先行者的主要优势包括有机会塑造顾客偏好、制造转换成本、预先占用稀缺资源、制造科技壁垒和利用学习曲线。先行者的劣势包括被竞争对手搭便车、在位者惰性与由科技和顾客需求引发的市场不确定性。

由于在某领域取得商业成功将必然引来其他公司的竞争,因此公司需要制定战略来维护它的市场地位。公司通常可以运用三种基本方法应对竞争对手的行动:不采取行动、对现有产品或服务重新定位(提高产品或服务给顾客带来的收益、降低购买成本和向上或向下重新定位)和延伸产品线。

为了获取和维护市场地位,公司必须发展能使其获取竞争优势的核心竞争力。核心竞争力包括公司在对其商业模式至关重要的六个关键领域所具备的专长,包括商业创新、运营管理、技术研发、产品研发、服务管理和品牌建设。

相关概念

蓝海战略:由钱·金(Chan Kim)和勒妮·莫博涅(Renée Mauborgne)提出,他们认为公司应该专注于探索不存在竞争的新市场(蓝海),而不是在竞争过于激烈的现有市场(红海)竞争。与产品生命周期理论相似,蓝海战略认为公司应避免在成熟市场(红海)中竞争,并优先探索新市场(蓝海),因为公司可以对新市场进行塑造,并且有可能成为新市场的领导者。根据此战略,科技创新通常并不是发现新市场的主要驱动力,一个公司能否发现新市场取决于它是否具备以创新的方式为目标顾客创造价值的能力。

战略集团:指针对相同目标顾客、遵循相似战略来为目标顾客提供服务的竞争对手。属于同一战略集团的竞争对手通常拥有相似的产品和服务、相似的品牌战略、相似的定价和激励战略、相似的沟通活动以及相似的分销渠道。因此,同一战略集团内公司之间的竞争通常比不同战略集团的公司之间的竞争更激烈。

相关模型:产品-市场增长模型

产品-市场增长模型(也称安索夫矩阵)即通过把顾客细分与产品开发机会联系起来从而对市场机会进行评估的实用方法[2]。该模型通常以 2×2 矩阵的形式表示,其中的变量为产品类型(现有产品、新产品)和顾客类型(现有顾客、新顾客)。由此得出的 4 种产品-市场战略分别为市场渗透、市场开发、产品研发和多样化经营(如图 14-6 所示)。

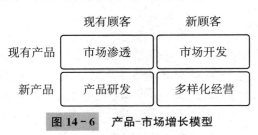

图 14-6　产品-市场增长模型

- 市场渗透战略旨在提高公司现有产品或服务对现有顾客的销量。一种常见的市场渗透战略就是提高产品使用率。举例来说,航空公司推出常旅客计划以刺激现有顾客的需求;麦片厂商在产品中加入优惠券;橙汁厂商提倡全天饮用橙汁,而不仅限于在早餐时。

- 市场开发战略则是为了提高现有产品或服务对新顾客的销量。常见的市场开发战略包括价格促销(例如降价、优惠券和返现)、拓展新分销渠道和以新顾客群体为目标的宣传战略。

- 产品研发战略致力于通过为现有顾客研发新产品从而提高销量。两种最常见的产品研发战略包括研发全新的产品或通过对现有产品进行改造以延伸生产线。
- 多样化经营战略是指通过为新顾客推出新产品或服务从而提高销量。相对于其他战略来说,选择多样化经营战略时需要面对全新的顾客和产品或服务,这通常也会给公司带来更大的风险。选择多样化经营的主要原因就是公司能够利用新领域中的机遇以实现增长。

以上四种战略并不相互排斥,公司可以选择多个增长战略。然而,公司需要对这些战略进行优化并侧重于那些能帮助其实现战略目标的战略。

相关框架:SWOT 分析

SWOT 框架是一种用来评估公司整体商业条件的框架,该框架简单易用、非常灵活,而且也非常直观。顾名思义,SWOT 框架就是分析四个关键因素:公司的优势(strengths)和劣势(weaknesses),以及所面临的机会(opportunities)和威胁(threats)。根据这些因素属于外部还是内部,以及对于公司来说有利还是不利,这四个因素被分在了四个象限。内部分析(优势和劣势)主要针对公司本身,而外部分析(机会和威胁)主要针对公司所在的市场环境(如图 14-7 所示)。

图 14-7 SWOT 框架

举例来说,诸如忠诚的顾客、知名品牌、具有战略意义的专利和商标、专业知识、富有经验的人员和拥有稀缺资源都可看作是公司的优势,而不忠诚的顾客、稀释的品牌、缺乏技术专长等都属于劣势。同样地,需求未满足的新顾客群体、有利的经济环境都可以看作机会,而新竞争对手的加入、产品商品化的增强、消费者的增加和供应商力量的增强都被视为威胁。

延伸阅读

Day, George S., David J. Reibstein, and Robert E. Gunther (2004), *Wharton on Dynamic Competitive Strategy*. New York, NY: John Wiley & Sons.

Kim, W. Chan and Renée Mauborgne (2005), *Blue Ocean Strategy: How to Create Uncontested Market Space and Make the Competition Irrelevant*. Boston, MA: Harvard

Business School Press.

Prahalad, C. K. and Gary Hamel (1990), "The Core Competence of the Corporation," *Harvard Business Review*, (May-June), 79-91.

注释

1 改编自 Hoch, Stephen J. (1996), "How Should National Brands Think about Private Labels?" *Sloan Management Review*, 37 (2), 89—102.

2 Ansoff, H. Igor (1979), *Strategic Management*. New York, NY: John Wiley & Sons.

第十五章
管理销售增长

> 不进,则退。
>
> ——德国作家和哲学家约翰·沃尔夫冈·冯·歌德

为实现可持续盈利,公司需要做出大量努力,而能否实现销售增长在这其中起着重要作用。本章内容的重点是理解影响销量的主要因素以及如何制定有效的销售增长战略。

概述

一般来说,我们可以运用两个基本战略来提高销量:提高新顾客对公司产品或服务的采用率和提高产品或服务对现有顾客的销量(见图 15-1)。如何将公司资源合理地分配到两种战略中并优化每种战略的实施过程,对公司获取并维护市场地位、确保长期盈利来说至关重要。

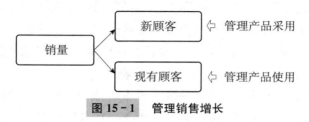

图 15-1　管理销售增长

以下部分将详细探讨如何使用两种战略(提高新顾客的采用率和提高现有顾客的使用率)来实现销售增长。

管理产品采用

为制定提高产品销量的最佳战略,公司首先需要理解目标顾客采用新产品的过程,然后找出在此过程的不同阶段中影响顾客采用新产品的障碍,最终制订扫除这些障碍的行动方案。下面我们将从这几方面对如何管理产品采用率进行详细探讨。

理解产品的采用过程

从顾客的角度来说,采用某个产品可以看作是一个多阶段的过程,由 4 个关键的连续阶段组成:知晓阶段(awareness)、吸引阶段(attractiveness)、可支付阶段(affordability)、获得阶段(availability)。这表明顾客在采用某产品时,他们应当经历:(1)知晓此产品的存在;(2)被产品能带来的收益所吸引;(3)可支付产品的价格;(4)能通过某种途径获得该产品。由于最终购买该产品的潜在顾客数量在各步骤中依次减少,因此顾客采用某产品的过程中的步骤也被称为"采用漏斗"(见图 15-2)。

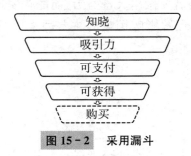

图 15-2 采用漏斗

漏斗图描述了用户在购买一件新产品时所经历的过程。以下为漏斗图的主要阶段:

- **知晓阶段**反映了顾客是否知晓产品的存在。公司对目标顾客的直接宣传活动、合作者(分销商、供应商、合作开发伙伴、合作赞助伙伴)发起的宣传活动或者如社交媒体、新闻报道等第三方发起的宣传活动都可以让目标顾客知晓产品的存在。

- **吸引阶段**反映了购买者期待从产品中获得的功能。此阶段反映了一件产品与其他竞争产品相比,是否能更好地满足目标顾客的特殊需求。在此阶段中,顾客不仅知晓产品的存在,同时也理解并看重产品所能带来的效用。

- **可支付阶段**反映了顾客对产品的购买成本与他们的购买力之间的考量。可支付能力(购买成本)和吸引力(收益)共同决定了某产品对目标顾客的总体价值(效用)。此阶段既涉及货币成本,又涉及非货币成本(例如在购买和使用某产品中投入的时间和精力)。在发展中国家与经济落后地区,货币成本通常是影响顾客采用某一产品的主要障碍。

- **获得阶段**反映了顾客通过各种渠道购买到某产品的难易程度。为特定顾客群体服务的分销渠道的密度和这些渠道中产品的日常库存共同决定了产品的可获得性。

识别并填补采用缺口

为提高产品的采用率,需要找出并消除顾客采用某产品过程中遇到的阻碍。这些阻碍通常也被称作产品采用缺口,可以通过绘制采用过程中不同阶段的顾客流失量加以说明。此分析的目标就是要更好地理解顾客采用某产品的动态过程,找出问题并制订对应的解决方案。

为形象地阐释顾客在采用产品过程中遇到的潜在阻碍,可将不同阶段的顾客数量用一系列条形图表示,如图 15-3 所示。其中,空白区域表示的是没有进入下一阶段的潜在顾客。空白区域面积与阴影区域面积之比,反映了公司在每个阶段为获取新顾客所用方案的有效程度。

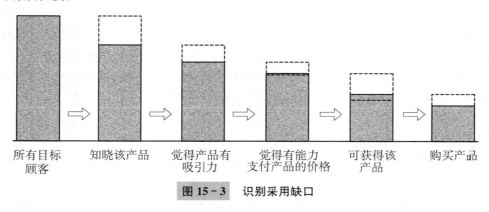

图 15-3　识别采用缺口

评估每一阶段中潜在顾客的流失量,便能直观地看出顾客在采用某一产品的过程中,每一阶段都会出现不成比例的减少量,这些不成比例的减少量就是产品采用缺口。利用缺口分析可以找出顾客在采用产品过程中出现问题的环节,并制定填补这些缺口的具体方案。以下为填补各阶段缺口的常见解决方案。

- 为填补**知晓阶段缺口**,公司应提高产品在目标顾客中的知名度。为填补此类缺口,公司应提高沟通活动的效率(可通过增加沟通活动的总支出、精简信息、制订更富创意的方案和以更低的成本利用更高效的媒体等方法实现)。除了公司直接宣传外,还可以请合作者帮助提高产品在目标顾客中的知名度(例如通过联合广告)。最后,公司也可以请第三方进行宣传活动,提升产品知名度(例如请意见领袖鼓励顾客采用某产品,以及增加对产品的宣传)。

- 为填补**吸引阶段缺口**,公司应提升产品为顾客带来的收益。对此类缺口的填补,需要通过对产品进行改善或再设计来实现,其中包括对产品、服务、品牌和价格做出永久性修改,或者是通过激励手段暂时提高产品价值。但需要注意的是,吸引阶段缺口的出现并不一定是因为产品缺少目标顾客期待的效用，也可能是由于购买者对产品缺乏了解所导致的。所以，可以通过运用多种媒体进行宣传或向目标顾客提供产品样品或展示，让顾客体验产品，增强顾客对产品的了解，从而填补吸引阶段的缺口。

- 为填补**可支付阶段缺口**，公司需要降低产品的购买成本。降低货币购买成本的措施包括降低产品价格、增加优惠活动或者对产品重新设计以提高其可支付度。而降低非货币购买成本则需要减少顾客在购买和使用产品过程中所投入的时间和精力。需要注意的是，可支付阶段缺口的产生并不一定是因为产品的实际购买成本过高，也可能是因为顾客对产品实际购买成本的理解不准确。所以，可以通过消除顾客对价格的误解，让顾客准确地理解产品的购买成本，从而填补此类缺口。
- **获得阶段缺口**表明部分目标顾客无法购买到某产品。例如，由于公司低估了产品对目标顾客的吸引力或者由于不合理的分销都可能导致产品出现供应不足。根据具体原因，提高产品可获得性的办法通常有：提高产能以满足需求；改善分销渠道，让目标顾客更轻松地购买到产品；改善渠道管理，降低缺货的发生频率。
- **购买阶段缺口**表明，即便某产品对顾客具有吸引力，顾客能够承受其价格并且可以通过某种途径购买到该产品，顾客也不一定会在公司目标中规定的时间范围内购买该产品。这可能是由于顾客没有在近期购买该产品的意愿，或者是有这样的意愿但由于时间或预算的限制未能付诸实践。为填补购买意愿造成的缺口，通常需要使用时效性高的激励措施，例如短期价格折扣、优惠券和融资方案。

管理产品使用

到目前为止，我们讨论的重点都是如何通过提高新顾客的采用率来提高产品销量。而提高产品销量的另一种方法就是增加现有顾客对产品的消费。

理解消费

事实上，大部分购买行为都是会重复发生的，无论是食品、服装和化妆品等日常用品，还是汽车、家电、电子设备等耐用品。因此，提高重复消费会对销量产生显著影响。

在一段时间内，个人顾客购买某产品的总量取决于几个主要因素，包括对产品的整体满意度、顾客使用产品的频率、每次使用时所需的数量、更换频率和产品的可获得性（见图15-4）。以下是对这5个因素更详细的总结。

- **满意度**反映了顾客对产品的体验。吸引阶段反映了顾客在购买产品前对产品的预期，而满意度则反映了顾客在实际使用产品之后对产品的评价。
- **使用频率**反映了顾客使用某个产品的次数。例如，对于汽车来讲，使用频率是指顾客开车的次数；对于牙膏来讲，使用频率是指人们刷牙的次数。

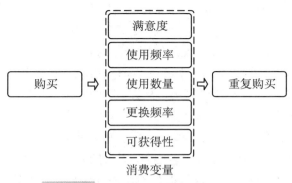

图 15-4　影响产品消费量的关键因素

- **使用量**是指顾客每次使用产品时的用量。例如，牙膏的使用量取决于人们每次刷牙时的用量。
- **更换频率**是指顾客决定对原有产品（例如汽车、打印机墨盒、滤水器、剃须刀片）进行更换的频率。
- **可获得性**体现了顾客是否能轻松更换或重新购买到该产品。

识别并填补消费缺口

提高使用率的一种实用方法是通过对消费过程进行分析，找出并消除顾客在重复购买某产品过程中所遇到的阻碍。图 15-5 显示了产品使用方面的一些潜在阻碍，每个条形柱顶端的空白部分对应了消费行为次优的顾客的比例，空白部分与阴影部分的比率反映了公司在管理消费的各个阶段所采取的行动的有效性。

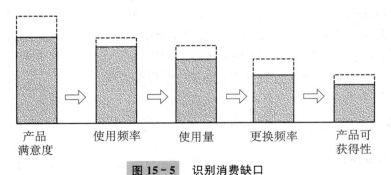

图 15-5　识别消费缺口

评估重复购买过程中各阶段的有效性，便能确定各阶段中不成比例的减少量。以下为填补重复购买过程中不同阶段缺口的常见方法。

- 为填补**满意度缺口**，公司需要提升产品的顾客体验。针对不同的原因，解决措施通常有：增强产品效用并减少产品购买成本从而提高产品竞争力；根据顾客偏好的变化，调整产品定位；为产品线增添变化，避免顾客对产品厌倦，满足顾客的求变心理。

- 为填补**使用频率缺口**,公司需要提高顾客使用产品的频率。例如,如果顾客更频繁地清洗衣物,那么洗衣粉的销量就会增加;更频繁地刷牙,牙膏的销量就会增加;更频繁地剃须,剃须刀的销量就会增加。推广使用产品的新方法同样可以提高销量。举例来说,金宝汤公司提倡顾客在夏季(通常是在冬季)饮用其汤类产品,而艾禾美(Arm & Hammer)公司则宣传小苏打不仅可以用于烹饪,还可以用于家庭清洁和除臭。

- 为填补**使用量缺口**,公司应提高顾客每次使用产品的用量。一种提高使用量的办法就是告知顾客最佳使用量。此种方法的经典案例就是洗发水使用说明上的"冲洗并重复上述步骤"。另一种方法就是加大包装容量,更大的容量意味着更多的使用量。例如,百事公司在1970年推出2L装的饮料,提高了顾客对其产品的消费。另一种方法就是对产品进行设计,确保顾客每次都以最佳用量使用产品。例如,亨氏食品公司曾推出了一种塑料挤压瓶包装,该包装增大了瓶口面积,并把瓶口设计在包装瓶的底部,因此省去了番茄酱滑到瓶口的时间。与此相似的是,洗衣粉通常以"匙"做单位来衡量最佳用量。

- 为填补**更换频率缺口**,公司需要提高顾客更换产品的频率。当消费量由产品被替换前的使用次数决定时,如打印机墨盒、剃须刀刀片和滤水器,这种缺口就尤其重要。在这种情况下,公司可以通过告知消费者最佳使用周期和更换频率来管理顾客的更换频率。例如,为鼓励顾客更换牙刷,吉列在欧乐B牙刷上添加了蓝色刷毛。通过这样的方法提醒顾客:当刷毛褪色时,就应该更换牙刷了。

- 为填补**可获得性缺口**,公司应确保顾客对产品的持续消费,避免顾客在使用过程中出现缺货。例如,打印机厂商为产品设计墨粉指示灯,在墨粉即将用完时提醒顾客进行更换。另一种方法则是通过激励手段,鼓励顾客提前购买产品,以备更换。顾客提前购买并储藏产品还能为公司带来附带的好处:促进"使用量弹性大"(即产品的消费量会随储备数量的增加而增加)类型产品的消费量。例如,对食品和饮料的消费通常受到手中持有数量的影响,持有的数量越大,消费量就越大(通常称之为"储藏效应")。

由于购买的重复发生,填补消费缺口通常能比填补采用缺口带来更大的销量增长。由于在市场中占主导地位的大公司拥有的用户的基数较大,因此对于它们来说更是如此。此时,优化用户体验也会对提高产品销量产生重要影响。

本章小结

销售增长是实现可持续盈利的主要因素。增加公司产品销量的两个核心战略为:(1)提高新顾客对产品的采用率;(2)提高现有顾客对产品的使用率。

从顾客的角度来说,采用某个产品可以看作是一个多阶段的过程,它由四个关键的阶段组成:知晓阶段(知晓某件产品的存在)、吸引阶段(顾客预期从产品中获得的效用)、可支付阶段(预期的产品购买成本)、获得阶段(目标顾客获得产品的难易度)。为有效管理产品的采用率,通常需要找出并消除顾客采用某产品过程中遇到的阻碍(采用缺口)。

在很多情况下,除了提高新顾客的采用率,还可以通过提高现有顾客的使用率(和重复购买频率)来提高产品销量。产品的重复购买受以下五个因素的影响:满意度(顾客在使用产品后对产品的评价)、使用频率(顾客使用产品的频率)、使用量(顾客每次使用产品时所用的量)、更换频率(顾客更换产品的频率)、可获得性(顾客重复购买或使用产品的难易程度)。为有效管理产品的使用率,通常需要找出并消除顾客重复购买产品过程中在不同阶段遇到的阻碍(使用缺口)。

相关概念

转换率:购买过某产品或服务的前顾客和现有顾客的数量与知晓该产品或服务的顾客总量之比。

$$转换率 = \frac{现有顾客和前顾客的数量}{知晓该产品或服务的潜在顾客的数量}$$

顾客流失率(波动率):在特定阶段停止使用公司产品或服务的顾客的数量与同一阶段顾客的平均总数量之比。

$$顾客流失率 = \frac{在特定阶段停止使用公司产品或服务的顾客的数量}{同阶段顾客总量}$$

帕累托原则:意大利经济学家维弗雷多·帕累托于19世纪80年代发现的80/20原则。帕累托指出意大利80%的土地掌握在20%的人口的手中。稍后,他发现自家花园口20%的豌豆产出了豌豆总量的80%。很多其他领域也见证了80/20原则。在营销领域,80/20原则的一个最常见的例子是,80%的收入(或利润)源于20%的顾客(或产品)。

市场渗透率:至少购买过一次某产品的顾客的数量与潜在顾客的总量之比。

$$渗透率 = \frac{现有顾客和前顾客的数量}{潜在顾客的数量}$$

保留率:在现有购买周期内(月、季度或年)重复购买某产品或服务的顾客数量与上一周期内购买过该产品或服务的顾客数量之比。有时也指重复购买某产品或服务的顾客数量与至少购买过一次该产品或服务的顾客总量之比。

$$保留率 = \frac{在现阶段的活跃顾客数量}{上阶段的活跃顾客数量}$$

延伸阅读

Aaker, David A. (2009), *Strategic Market Management* (9th ed.). New York, NY: John Wiley & Sons.

Best, Roger J. (2012), *Market-Based Management: Strategies for Growing Customer Value and Profitaboility* (6th ed.). Upper Saddle River, NJ: Prentice Hall.

Kumar, Nirmalya (2004), *Marketing as Strategy: Understanding the CEO's Agenda for Driving Growth and Innovation*. Boston, MA: Harvard Business School Press.

第十六章
管理新产品

我不是在设计时装,而是在设计梦想。

——时尚设计师和企业家拉夫·劳伦

新产品和服务是公司持续增长的关键,它们使公司能够利用市场的变化为顾客创造更加卓越的价值,以获取和保持其市场地位。本章将重点讲述新产品规划和管理方面的内容。

预测新产品的市场需求

公司决定开发一个新产品时,通常基于这样一个信念,即认为市场上存在对于新产品的需求。为了能够在新产品开发的过程中明确长期战略和短期战术,公司需要知晓目标市场的细枝末节,尤其是目标市场规模的大小。这个评估潜在市场规模大小的流程,被称为需求预测。

一般存在两类需求预测:市场预测和销售预测。**市场预测**是对特定市场中所有公司最终可以实现的总体销量进行评估。关于市场潜力的预测,通常被作为市场进入与退出决策、资源分配决策的依据,此外,还会被用来设定目标与评估绩效。与市场预测(预测在一个特定的市场上可以实现的所有潜在销量)不同,销售预测为实现销量附加了一个明确的时间范围。因此,**销售预测**是对特定的时间范围内可实现的总体销量的评估。与关于市场潜力的评估类似,销售预测通常也被用来作为市场进入与退出决策、资源分配、产能规划的依据,并被用来评估各种市场营销组合要素变化对于销售的影响。

基于被使用数据的类型,存在两种需求预测的方法:采集和分析一手数据(专门为需求预测采集的数据)与分析二手数据(既有数据)。接下来,我们将对这两种方法作更详细的讨论。

使用一手数据预测需求

一手数据预测需要采集和分析新数据，以洞察顾客的采用过程，评估潜在市场的规模以及顾客采用的速度。一般有两种用一手数据预测需求的方法：专家意见型预测和顾客研究型预测。

- **专家意见型预测**是指基于专家的意见去预测市场需求。根据专家背景的不同，预测类型主要有三种：高管预测、销售预测以及行业人士预测。

——高管预测是一种基于公司最高管理层和高级管理人员的综合意见、自上而下式的预测。

——销售预测是一种基于公司销售人员与销售管理人员的综合意见、自下而上式的预测。

——行业人士预测基于的是行业专家们的综合意见，比如行业分析师、来自竞争对手的高管、经理人和销售人员。

由于大多数专家意见型预测都是基于多个专家的综合意见，因此通过怎样的流程去综合每位专家的意见并实现最后的评估，便显得至关重要。一个常用的引导出专家意见的方法是德尔菲法，我们将在本章的末尾具体介绍这个方法。

- **顾客研究型预测**考察顾客在产品开发的不同阶段对于产品的反应。最常用的两种基于顾客的预测方法是概念测试与市场测试。

——概念测试是指在特定产品导入市场之前，评估顾客对于该产品的反应的流程。概念测试可以基于对产品的描述，也可以基于具备完全功能的产品雏形。一种概念测试的方法是在目标细分顾客群中选取一组具有代表性的样本（一个焦点小组），以揭示顾客在产品一些重要方面的见解、想法和评论。另一种方法则是根据目标顾客关于产品价值以及购买成本的描述，来评估其购买产品的可能性。由于概念预测以顾客对未来行为的预测为基础，因此只能提供一个粗略的销量预测。

——市场测试是依据对试验市场的测试，预估市场潜力和未来的销量。它通常被视为决定是否推出新产品的最后一关，同时也被用来对产品营销组合的一些细节方面进行测试。市场测试的目的在于，对公司产品将要导入的目标市场环境里的所有相关要素进行复制（产品相关的广告和激励、竞争产品和展销环境），以使市场测试的结果可以适用于更普遍（全国性）市场的销售预测。为了确保测试结果具有更广泛的有效性，一般要在多个市场（通常是位于不同地理区域的市场）进行测试。由于进行市场测试的成本相对较高，它通常只用于那些已经成功通过概念测试阶段的产品。

使用二手数据预测需求

二手数据预测是基于业已存在的数据。依据数据类型的不同，也有三种使用二手数据预测需求的方法：

- **产品特性预测**是指基于同一产品以前的销售数据，对产品需求进行预测。一个常见的方法是依据过去的销售数据来确定趋势，然后根据这些趋势推断未来的销量。各种时间序列统计方法都可以被用于这种类型的数据分析，例如线性趋势分析、移动平均分析和指数平滑法。另一种常见的方法是通过确立产品销售与各种内部因素（产品价格、激励和沟通）、外部因素（竞争对手的价格、激励和沟通）之间的关系，来预测未来可能的销量。

- **类比预测**是指通过与一个拥有有效销售数据、功能相似的产品的采用周期进行对照，来预测一项产品的市场表现。这个方法同样适用于那些缺乏采用数据的新产品，或者那些针对现有产品实施的非传统、市场反应未知的营销活动（如价格大幅变化、新的激励措施、非传统的沟通活动）。例如，在预测3D电视的采用时，我们可以使用与相似产品的采用过程进行对照的方法，比如彩色电视、平板电视和高清电视。类比预测的方法存在一个重要假设，即新产品采用的范式（市场渗透的速度和深度）与类似产品的采用范式非常类似。

- **基于品类的预测**是指利用有效的产品品类数据去预估一个特定产品的市场表现。一个用于量化销售潜力的预测方法，是根据一个特定地理区域的人口和全国范围内每人的平均消费量，计算该区域的总体市场潜力，并评估该品类市场目前的发展程度（也被称为品类发展指数，或者CDI）。另一种基于品类的需求预测方法，是评估某个特定产品（而不是整个品类）在一个特定的市场中业已发展的程度（又被称为品牌发展指数，或者BDI）。比较这两种指数可以揭示某产品相对于整个品类的市场表现（我们将在本章末详细讨论）。如果品牌发展指数较高、品类发展指数较低，则表明该品牌比竞争对手表现更加优越；而如果品牌发展指数较低、品类发展指数较高，则表明竞争对手的表现更加优越。

了解新产品采用

管理新产品必须了解顾客是如何采用新产品的——这个过程通常被称为新产品扩散。新产品扩散的过程通常表现为一个S形曲线，它描绘了在任何一个特定的时间点新产品采用的总量（见图16-1A）。扩散过程的模式取决于两个因素：(1)市场潜力，它表明了最终将采用新产品的顾客的总量；(2)扩散的速度，它可以在一个时间范围中被定义并确定拐点——以这个拐点为界，市场增长率逐渐放慢，并开始下降（同时在这个点，渗透曲线的形状开始由凸变凹）。

产品扩散的过程还可以以另外一种模式来表现，即在一个特定的时间点产品新采用者的数量（而非总量）。这时，新产品采用过程表现为一个钟形曲线，即在相对缓慢的启动阶段后，采用新产品的顾客数量不断增多，直到达到一个峰值，然后由于潜在采用者数量的减少而逐渐下降。新采用者模式与总采用者模式之间是直接相关的，但也存在一个重要区别，即新采用者模式代表了随着时间推移新采用者数量的变化，而不是现有顾客总数的变化(见图 16-1B)。关于新采用者模式的钟形曲线,常见的解释是将顾客按照他们的采用模式划分成不同的类别。我们将在本章末尾讨论两种最有影响力的分类框架——罗杰斯模型和摩尔模型。

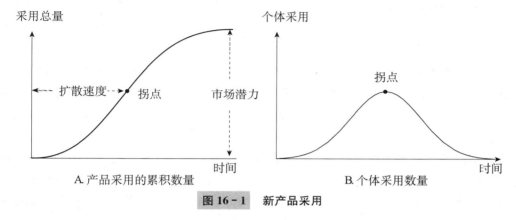

图 16-1　新产品采用

新产品采用并不一定遵循钟形曲线形式的正态分布:一些新产品被接受得非常迅速,而其他一些则要花费漫长的时间才能到达产品采用的峰值。一项新产品可能被相当大一部分人群在短时间内立即采用,然后以一个较为缓慢的速度扩散直至被所有的目标顾客采用;或者,新产品采用可能在刚开始就较为缓慢,而且被大多数目标顾客采用的时间点也出现得相对较晚。一项新产品被顾客采用的速度,取决于其所能提供的价值。具体来说,有以下几个因素会影响到新产品的扩散:

- **产品的内在价值**。新产品的内在价值越高,就越容易被顾客采用。
- **相对优势**。新产品对于替代产品的相对优势越大,就越容易被顾客采用。
- **透明度**。当一项新产品的相对优势很容易被顾客观察到并且可以为顾客所体验时,它就更容易被顾客采用。
- **兼容性**。一项能与顾客现有体系和流程相兼容的产品,比不能兼容的产品更容易被顾客采用。
- **感知到的风险**。当顾客不确定性水平较低时,新产品更容易被顾客采用。这种不确定性可能包括顾客关于自身偏好的不确定性、关于产品未来表现的不确定性以及关于新产品潜在风险的不确定性。

除了受到产品固有价值的影响,顾客采用一项新产品的可能性还受到公司推广与分销活动的影响。因此,与新产品关联的推广活动规模越大(广告、公关、货币与非货币激励),跨渠道的产品分销体系的可得性越高,新产品就越容易被采用。

管理新产品研发

新产品研发是指将想法转化成相关的产品或服务。研发新产品的一个主要挑战是,简化创新过程,以促使新产品在市场上取得成功。接下来,我们将探讨有关新产品研发的主要方面。

理解新产品研发过程

新产品研发的过程由以下六个步骤组成:
- **创意生成**是指产生一些想法,作为研发新产品的基础。想法的来源多种多样:可以源于公司(如通过市场调研或员工建议)、顾客(如通过众包)以及合作者(如经销商、零售商和批发商)。创意产生之后,通常会进行想法筛选,即从技术和市场可行性的角度来评估想法。
- **概念发展**是指通过描述提议的产品或服务的关键技术和市场方面的特征来细致地描绘最初的想法。在这个阶段,目标是确定重要的产品属性、涉及的技术流程和产品或服务的战术方面(产品、服务、品牌、价格、激励、沟通和分销)。概念发展通常和概念测试密切相关,以检验新产品在技术上是否可行,以及是否能够被目标顾客接受。
- **商业分析**是指评估产品或服务的商业模式的可行性。这个阶段主要是检验产品或服务的概念为目标顾客、公司及其合作者创造最优价值主张的能力。商业分析的一个重要方面是预测市场需求(本章后半部分将详细讨论这个问题)。
- **产品研发**是指设计和生产产品或服务。通常,公司会少量生产某种产品以检验其技术和商业可行性。如果生产实际产品非常复杂或代价高昂,公司也可能会在生产少量试点产品之前先生产一个模型。
- **市场测试**是指评估新产品或模型(通常都是在模拟使用环境下或在某个试点市场区域小规模生产)的可行性。市场测试可以让公司更加实际地评估产品或服务成功的可能性。除了评估顾客对产品或服务的反应,市场测试(常被称为 Beta 测试)也可以用来在产品商业化之前,改进其设计和功能。
- **商业部署**是指大规模部署新产品,包括大规模生产、促销和分销。

注意,虽然上述六个步骤是按最常见的顺序排列的,但这个顺序并不是固定的。当产品研发需要大量资源时,产品模型的市场测试可以安排在研发实际的产品之前。而当商业部署不需要大量资源时,新产品研发过程也可以跳过市场测试阶段。

管理新产品研发的风险

新产品研发的一个重要挑战是,对成功推出新产品的不确定性进行管理。由于不确定性会增加失败的风险,因此将风险最小化是新产品研发的一个重要方面。管理风险是指最大限度地降低新产品或服务失败的几率(如在不利的市场条件下),避免浪费公司的资源。与新产品研发有关的风险可以分为两类:市场风险和技术风险。
- **市场风险**反映了与 5C 相关的不确定性。所以,新产品要满足的顾客需求可能只是暂时的,或者仅存在于一个较小的顾客细分群体中,其规模并不足以抵消在研发、生产、促销和分销方面的成本。公司的合作者(供应商、分销商和合作开发者)可能不会提供必要的支持来确保产品或服务的成功。公司可能会因为成本超支、生产设施不全和流失关键人员等原因而出现资源不足的情况,无法研发和推出新产品或服务。竞争对手可能先发制人,或通过模仿公司的技术制造出更便宜的产品或在公司技术的基础上改进技术,生产出性能更好的产品,从而获得相应的优势。最后,新产品或服务的成功还受市场环境变化的影响,如更先进的技术、波动的社会文化趋势、有关产品规格和产品研发流程的新的法规,以及新的进口(出口)关税、税收和费用。

- **技术风险**反映了与新产品或服务相关的技术可行性方面的不确定性。例如,想要的产品特性可能无法通过现有技术实现,产品设计可能与性能要求不符,产品的可靠性可能因为使用了新技术而打折。技术风险也可能会延长研发新产品或服务所需的时间,也会因此在较长一段时间内,增加与市场环境变化相关的市场风险。

管理风险的一个常见方法是:评估上述六个阶段的结果,并在进入下一阶段前,放弃那些不太可能成功的想法、概念和产品。因此,新产品开发可以被看作是一个漏斗,刚开始有很多不同的想法,但只有很少的一部分最终实现商业化。阶段-关卡法是管理新产品研发风险的一个常见战略,它引入了想法、概念或产品进入下一阶段前必须达到的标准,如图16-2所示。

图 16-2　使新产品研发的风险最小化的阶段-关卡法

为了管理与新产品相关的风险,经理人必须明确这五个关卡应设置的障碍——筛选想法、筛选概念、业务评估、产品评估和市场评估(如图16-2所示)。障碍设置越严格,新产品或服务成功的几率就越高。同时,如果障碍设置得过于严格,公司也有可能错失一个有潜力的新产品,从而让竞争对手得以先发制人。因此,在产品研发的各个阶段设置恰当的关卡,对于开发新产品、降低新产品失败风险至关重要。

管理产品生命周期

产品生命周期的概念主要源于这样一个想法:产品的生命是有限的,会经历各个不同的阶段。通常,产品的生命周期有四个阶段:引入期、成长期、成熟期和衰退期。在引入期,产品的知名度很低,竞争对手也不多。随着产品进入成长期,进入市场的竞争对手的数量开始增加。在成熟期,竞争对手的数量达到顶峰,市场开始饱和,行业利润率也因为激烈的竞争开始下降。最后,在衰退期,产品的需求开始下降,行业利润率降至低水平,竞争对手的数量开始逐渐下降。图16-3显示了产品生命周期的四个阶段以及各阶段相关的市场条件。

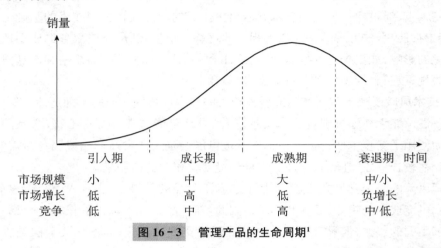

图 16-3 管理产品的生命周期[1]

在不同的产品生命周期阶段,产品策略各不相同。在引入期,公司通常针对最有可能的采用者提供单一的产品品类。当产品进入成长期阶段时,顾客数量不断增多,同时顾客群体开始异质化。为了应对现有顾客与潜在顾客多样化的消费需求,公司需要有计划地延伸产品品类以更好地满足不同细分群体的需求。产品品种数量通常在成熟期达到顶峰,并且在产品进入衰退期后开始减少。利润的萎缩使公司专注于畅销产品,并淘汰那些不能达到公司利润基准目标的产品。

同样,产品所处的生命周期阶段不同,沟通方式也有所不同。在产品引入的早期阶段,沟通活动的主要目的是在早期的采用者和渠道合作伙伴中建立知名度。当产品进入成长期时,公司沟通活动的目标转移至建立大众市场的知名度,同时寻求与竞争对手产品的差异化。随着产品进入成熟期,大多数的顾客都已经知晓该产品,沟通的焦点也就从建立知名度转移至通过强调产品的相对优势来使其与竞争产品区别开来。这种对产品差异化的强调,一直持续到产品进入衰退期阶段;不过,这时公司沟通活动总支出开始下降。

新产品决策的一个重要方面,是随着时间的推移管理公司产品的发展过程。当产品逐渐过时,新一代的产品通常会利用目标市场中的一些变化来取代旧产品,例如顾客偏好的改变、竞争格局的变化、技术的进步以及监管环境的变化。创新可以使公司延长产品个体的生命周期(见图16-4)。为了说明这一点,让我们来看看吉列的产品开发战略,它促进了吉列第八代剃须刀产品"锋隐"(Fusion)的推出。吉列剃须刀最初于1903年推出,取而代之的是第二代剃须刀 TracII(1971),其次是吉列感应剃须刀(Sensor)(1990)、吉列超级感应剃须刀(Sensor Excel)(1995)、吉列锋速3(Mach3)(1998)、吉列锋速3突破剃须刀（2002）、吉列锋速 3 动力剃须刀（M3Power）（2004）和吉列锋隐（Fusion）（2006）、吉列锋隐超顺（ProGlide）（2010）、吉列锋隐 FlexBall 电动剃须刀（2014）。

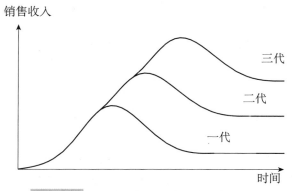

图 16-4 通过创新延长产品的生命周期[2]

当开发出新一代产品时，公司经常会制定一些策略使上一代产品报废，这通常被称为计划报废。计划报废是指在设计新一代产品时，在一些重要的维度上，如功能、兼容性和风格方面，使上一代产品落后于新产品（并且因此报废）。例如，为了促使顾客转移到最新版本的软件上，公司会有计划地终止对早期版本软件的支持服务（例如，软件升级）。此外，新一代软件增加的功能也通常会限制其向后的兼容性。因此，一旦新软件已经被大量用户采用，早期的版本就会因为不兼容而被报废。通过在预期的生命周期里优化性能以管理新产品的成本，是计划报废在新产品设计中的重要体现，这个过程通常被称为价值工程。例如，一个期望在特定时间范围内淘汰产品的公司，可以通过把产品零部件的耐用性设计得与产品生命周期相一致以优化成本。

本章小结

公司决定开发新产品是因为它相信市场上存在对于该产品或服务的需求。为了明确研发新产品过程中涉及的战略和战术，公司需要了解目标市场的具体情况，尤其是目标市场规模的大小。

了解市场需求对于新产品的管理必不可少。需求预测的方法有两种：采集一手数据的方法（专门为需求预测采集的数据）和分析二手数据的方法（既有数据）。一手数据预测也包括两类方法：专家判断预测法和顾客研究预测法。使用既有数据（二手）的预测方法包括产品特性预测、类比预测和基于品类的预测。由于大多数预测方法都基于各种假设，因此，混合使用多种方法将使预测更加精确。

新产品采用的过程可以表示为一条 S 形曲线，它描述了在任何一个给定的时间点采用者的总数，同时也可以表示为一条钟形曲线，它描述了在任何一个给定的时间点产品新采用者的数量（而不是总数）。新产品采用受以下几个因素的影响：产品的内在价值、相对于类似产品的优势、产品或服务优势的透明度、与相关产品的兼容性和顾客因产品采用而感知到的风险。

将想法转化成产品或服务的过程由以下六个阶段组成：创意生成、概念发展、商业分析、产品研发、市场测试和商业部署。为了使市场风险和技术风险最小化，公司可以利用阶段-关卡法，在各个阶段引入想法、概念或产品进入下一阶段前必须达到的标准（门槛）。

管理产品的生命周期涉及在产品或服务的不同阶段，优化其市场价值。产品生命周期的四个阶段包括：引入期、成长期、成熟期和衰退期。在引入期，产品的知名度很低，竞争对手也不多。随着产品进入成长期，进入市场的竞争对手的数量开始增加。在成熟期，竞争对手的数量达到顶峰，市场开始饱和，行业利润率也因为激烈的竞争开始下降。最后，在衰退期，产品的需求开始下降，行业利润率降至低水平，竞争对手的数量开始逐渐下降。由于产品生命周期的各个阶段对应不同的市场条件，所以在不同的阶段就需要运用不同的营销战略。

相关概念

品牌发展指数（Brand Development Index，BDI）：用于衡量在某一区域市场内，特定产品（或归属于同一品牌下的产品线）的销量占据市场总量的比例。品牌发展指数以量化的方式反映了某一品牌在特定市场的销售增长潜力。

$$BDI = \frac{某品牌在区域市场X的销售量占全美销售量的百分比}{区域市场X的人口数占全美人口数的百分比}$$

品类发展指数（Category Development Index，CDI）：用于衡量在某一区域市场内，某一产品类别的销量占据市场总量的比例。品类发展指数体现了某一产品类别在特定市场的销售增长潜力。

$$CDI = \frac{某品类在区域市场X的销售量占全美销售量的百分比}{区域市场X的人口数占全美人口数的百分比}$$

德尔菲法（Delphi Method）：一种用于引导群组专家意见的流行方法，它的命名源于古希腊最受尊崇的阿波罗神庙的所在地——德尔菲。德尔菲法涉及多轮专家匿名意见的收集。它的主要目标，是通过控制决策中许多可能出现的偏差，确保专家预测的精准性，例如社交从众性（与多数人保持一致）、专家地位效应（组织内的资历）、证实性偏见（忽略那些与原预测不一致的新信息）以及其他相关的影响因素（专家表达个人预测时的说服能力）。为了达到这种控制的效果，专家个人预测意见由一名主持人来统一收集，以确保过程的匿名性。每个预测通常包括两个部分：预测意见以及做出此预测的依据。在德尔菲法的应用中，每一轮的预测之后，主持人将收集汇总的匿名预测意见与预测依据，重新提供给每一位专家，并使他们有权修改个人的预测意见。这个过程将不断重复，直到达成共识。在某些情况下，多轮预测也未必能达成共识，这时专家个人的预测通常被整合成一个总体的预测意见(例如,通过对每位专家的预测数字进行平均)。

相关框架:新产品采用的罗杰斯模型 》》》》

罗杰斯模型的一个重要前提是一些消费者必然比另外一些更容易接受新产品。[3] 基于新产品采用的时间,罗杰斯模型将顾客分为五个类别(见图16-5):创新者(占比2.5%的首批采用者)、早期采用者(位于创新者之后的占比13.5%的采用者)、早期大众(接下来的34%的采用者)、晚期大众(接下来的34%的采用者)和落后者(剩下的16%的采用者)。

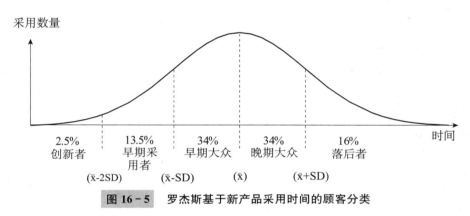

图16-5 罗杰斯基于新产品采用时间的顾客分类

每个顾客类别所占的百分比基于这样一个假设,即新产品采用的过程可以表示为一个正态分布,它由两个重要的参数决定:平均数($\bar{x}$)与标准差(SD),标准差衡量数据集的离散程度。在这种情况下,早期与晚期大众被定义为距离平均数的一个标准差范围(34%),而早期采用者被定义为距离平均数的两个标准差范围。这种分类是不对称的:平均数的左边有三个类别,而右边只有两个类别。这是由于最左边的部分被进一步划分为两个类别:创新者和早期采用者,他们累积的占比与右边落后者的占比相等。之所以进行进一步的划分,是由于这两种类别的顾客展现了不同的采用行为模式,因此在理论上需要被单独考虑。

尽管罗杰斯模型很流行,但它依然存在很多局限性。其中一个重要的局限性在于,它本质上是一个分类模型。虽然它识别了新产品采用者中五种不同的顾客类别,但它没有解释导致这种分类的原因。例如,这个模型没有提供一个标准,来判断一个顾客个体是否将成为早期采用者或者落后者。另外一个局限是,虽然在现实中,一个在某一领域表现为创新者的顾客,可能在另一个领域表现为落后者,但是顾客个体具体归属于哪一个类别依然与其相对稳定的性格特质息息相关。另外,模型局限性还可以追溯到它依据的一些假设,诸如新产品采用过程在人口中呈现正态分布,以及对于五个顾客类别占比的预设比例。因此,罗杰斯模型的应用,仅限于对新产品采用过程的一般描述,以及把采用者分为五个类别以达到区别描述的目的。

相关框架：新技术采用的摩尔模型

罗杰斯的创新扩散理论在技术产品上的一个应用，是摩尔的"中断"模型。[4]摩尔认为，基于技术创新的新产品的采用是不连续的，这是由于不同类别的采用者有着不同的采用模式，因此要求企业实施不同的营销策略。摩尔模型根据顾客对于技术的态度定义了五种不同的顾客类别，它们与罗杰斯定义的五个顾客类别一一对应：技术狂热者（创新者）、梦想者（早期采用者）、实用主义者（早期大众）、保守者（晚期大众）和怀疑者（落后者）。这五类采用者的具体描述如下：

- 技术狂热者（创新者）从根本上致力于新技术，并从成为新技术的第一个体验者当中获取成就感。
- 梦想者（早期采用者）最早应用新技术，以解决问题和开发市场机会。
- 实用主义者（早期大众）将技术革新视为生产力工具。与技术狂热者不同，他们并不欣赏技术本身；与梦想者不同，他们并不利用技术革新去改变现有的商业模式，而是用来优化效率和提升现有商业模式的有效性。
- 保守者（晚期大众）通常对他们是否能从新技术革新中获益感到悲观，因而不太情愿采用。
- 怀疑者（落后者）对任何的技术革新都加以批评，因而即使新技术为他们提供了明显的好处，他们也不太可能采用。

罗杰斯模型显示了产品跨越不同生命阶段的平滑、连续的过程，与此不同，摩尔模型假设那些基于技术革新的新产品的采用，遵循的是一种不连续的模式。这种不连续的采用过程源于这样的事实，即不同的采用者群体有着不同的采用模式，因而需要企业实施不同的营销策略。因此，当某项技术在某个细分市场得到充分利用时，并不意味着它能够在另一个细分市场得到充分利用。

举例来说，即使一项新产品已经为技术狂热者所采用，它也可能永远不会被梦想者广泛接受。因此，公司在推广技术革新中的最大障碍，在于填补不同细分市场之间的缺口。根据摩尔的理论，每个细分市场间的关键缺口——通常被称为"中断期"——存在于早期市场（狂热者和梦想者）和主流市场（实用主义者、保守者和怀疑者）之间。在这种情况下，"中断期"描述了新技术在商业化趋势中遇到的障碍，它使市场先驱者不能在主流市场中获得对其产品的认同（如图16-6所示）。因此，要想取得成功，新产品必须跨越早期市场与主流市场之间的"中断期"。

为了避免新产品采用不连续性的危害，摩尔模型建议我们首先面向技术狂热者推广新产品，以使他们帮助教育梦想者。接下来，梦想者有可能将新产品介绍给实用主义者——两个最大的细分市场中的一个。利用在实用主义者市场获取的成功，公司能够获取相关知识经验，并实现规模经济效应，以使产品更加可靠、便宜，从而让产品能够满足保守者的需求。对于通常被称为"高科技的牛虻"的怀疑者，公司只能顺其自然，不向他们进行新产品的推广。

即便"消费者在应用新技术的速度和概率方面有所区别"这一点非常直观，摩尔模型

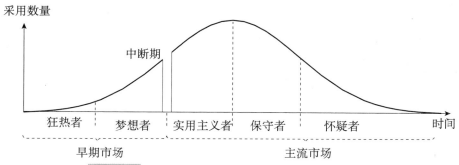

图 16-6 摩尔关于罗杰斯模型在技术市场中的应用

在技术采用方面的预测也是受到多种假设限制的。把技术采用者分为五大类,并事先预测五类采用者的规模(如狂热者/创新者占总采用人数的 2.5%)的做法并不适用于所有的新技术,因为它通常设定了不切实际的假设,而这个假设在罗杰斯模型中是不需要的,罗杰斯模型假设产品采用的过程是连续的,并且跨越不同的细分群体。反过来,技术创新的新产品采用过程中存在"中断"奠定了摩尔模型的基石,因此确定每个细分群体及其规模就显得十分重要。举例来说,占比 16% 的早期市场消费者采用新产品后,一个显著的"中断"期会出现的假设是不适合所有创新品类和行业的。同样地,相关细分市场规模是由科技产品对于更广阔市场的吸引力程度决定的。因为市场上的某些新产品是比其他产品更有吸引力的,所以新产品的采用模式应是多样化的。

延伸阅读

Christensen, Clayton (1997), *The Innovator's Dilemma: When New Technologies Cause Great Firms to Fail*. Boston, MA: Harvard Business School Press.

Grieves, Michael (2006), *Product Lifecycle Management: Driving the Next Generation of Lean Thinking*. New York, NY: McGraw-Hill.

Rogers, Everett M. (2003), *Diffusion of Innovations* (5th ed.). New York, NY: Free Press.

注释

1 改编自 Levitt, Theodore (1965), "Exploit the Product Life Cycle," *Harvard Business Review*, 43, (November-December), 81-94.

2 改编自 Christensen, Clayton (1997), *The Innovator's Dilemma: When New Technologies Cause Great Firms to Fail*. Boston, MA: Harvard Business School Press.

3 Rogers, Everett M. (1962), *Diffusion of Innovations*. New York, NY: Free Press.

4 Moore, Geoffrey A. (1991), *Crossing the Chasm: Marketing and Selling High-Tech Products to Mainstream Customers*. New York, NY: HarperBusiness.

第十七章
管理产品线

美的本质在于多样化的统一。

——英国小说家威廉·萨默塞特·毛姆

产品线是指一组功能类似、针对相同的目标顾客或者通过相同渠道分销的相关产品。产品线管理旨在优化组成公司产品线的每个产品给顾客提供的价值。本章将重点探讨有关公司产品线管理的重要内容——产品线的纵向与横向延伸管理、产品线内部冲突管理以及利用产品线获取和维护市场地位。

产品线:创造价值的一种手段

市场的日益分割,要求企业开发定制化的个性产品,为每一个细分市场单独创造价值。公司可以轻易满足所有顾客需求的时代早已远去;要想在如今的竞争环境中取得成功,公司必须面向市场中的"长尾",开发和管理一系列的产品组合。即使是曾经能够以单一的产品覆盖市场的公司,如今也发现它们必须延伸和不断改造产品线来满足不同顾客群体的需求。

产品线管理将公司的重心从优化单个产品的价值转移到优化整个产品线的价值。作为产品线中的某个产品,它可能无法创造卓越的价值,但却可以通过与产品线上的其他产品进行互补而间接创造价值。在这种情况下,产品线管理不仅仅是优化单个产品的价值,而是优化整个产品线的价值。因此,创造和管理产品线的一个关键原则是,产品——单独或整体——应该能为各相关市场参与者——公司、目标顾客及合作者创造卓越价值。

产品线可以为价值交换过程中的各个市场实体(目标顾客、公司和合作者)创造价值。接下来,我们将介绍产品线创造市场价值的方式。

通过创造收入和利润的额外来源,以及为其他有利可图或具有战略重要性的产品或服务提供支持,产品线可以使公司受益。对于那些希望通过一个供应商就满足所有顾客需求的分销渠道来说,产品线可以增加它们对于单个产品的采用。此外,产品线还能帮助公司应对竞争,阻碍新竞争对手的进入,从而为公司创造价值。不仅如此,产品线还能通过在分销渠道中占据好的货架空间来排挤现有的竞争对手。

产品线还能通过更好地满足顾客偏好来使其受益:公司的产品线越宽泛,顾客找到他们的理想产品的几率就越高。产品线还能使那些热衷于尝试新产品的顾客受益。如果没有丰富的产品线,他们就很可能转而投入竞争对手的怀抱,因为他们觉得选择的空间被产品的有限种类压缩了。

产品线还能通过帮助公司为不同的合作者需求进行产品定制而使合作者受益。例如,产品线可以帮助渠道合作伙伴——生产商和分销商——管理他们之间的关系。尤其是,产品线可以使提供相同产品、针对相同顾客但价格不同的分销渠道之间(如大众市场的零售商和专卖店)可能发生的冲突最小化。生产商可以通过研发同一产品的不同版本(颜色、包装和其他一些特性方面略有不同)来解决这种冲突(通常被称为横向渠道冲突),因为这样做会让顾客很难比较不同分销渠道中的产品。

虽然好处多多,但产品线也有一些重要的缺陷。从公司的角度来说,产品线会增加产品的研发、生产、分销和管理成本。而且,还有可能出现产品线非但没有刺激新的顾客需求,反而蚕食了现有产品销量的风险。增加产品选择也可能让顾客感到迷茫,不知道如何做出选择。虽然,提供更多选择的初衷是为了让顾客找到他们心目中理想的产品,但如果顾客没有明确的偏好,那么提供很多选择就会适得其反,让他们更加迷茫。其后果是,顾客可能延迟购买或者直接转向选择更加简便的竞争对手。最后,产品线扩张也可能遇到来自渠道合作伙伴的抵制,因为为了实现利润最大化,他们可能只愿意销售公司最有利可图的产品,而不是整个产品线(通常被称为纵向渠道冲突,详情参见第二章)。

管理产品线的一个关键原则是,产品线中的每个产品都拥有独特的价值主张,能够满足特定顾客群体的需求。如果产品之间过于类似,就可能只满足了相同顾客的相同需求,因此不可避免地出现自相蚕食的现象(接下来会详细介绍)。因此,延伸公司产品线的一个首要条件是,公司的新产品能够为相应的顾客创造价值。

公司产品线的逻辑可以通过一个典型的定位图来进行阐释(具体细节参见第四章)。定位图表示的是顾客对公司产品线上的产品在两个重要属性上的相对性能的感知(不是相对于竞争性产品而言的)。图17-1就是一个产品线定位图,显示了产品线上各个产品提供的、被顾客感知的收益(用黑点表示),以及产品的目标顾客(黑点外面的圆圈)。圈的大小代表了顾客群体的规模,圈越大,通常就表示顾客之间的异质性更高,因为其包含的顾客数量更多。

属性价值图是产品线定位图的一个有效补充。属性价值图提供了单个产品在所有相关属性上的性能表现,而不仅仅是两种属性(如图17-2所示)。这就更准确地反映了

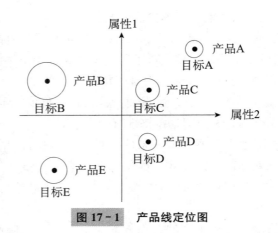

图 17-1　产品线定位图

产品线上各个产品在所有相关属性上的相似点和不同之处。为了给顾客、公司及其合作者创造价值，每个产品的属性价值特征应该和目标顾客群体的需求相匹配。

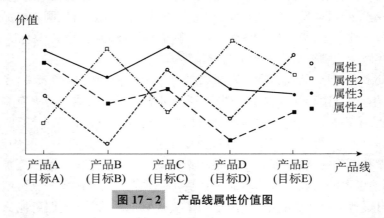

图 17-2　产品线属性价值图

为了确保公司的产品不但在产品线上拥有最优定位，而且还优于竞争对手，产品线定位图和属性价值图也可以把竞争性产品包括在内。实际上，竞争性产品的定位和属性价值图也可以看作是产品线图的一种一般情况，因为产品线上的产品之间也相互竞争，争夺属于自己的顾客份额。所以，产品线内实现差异化和竞争性差异化同样重要。

注意，虽然在大多数情况下，单个产品必须满足某种特殊的顾客需求，但有时候，公司产品线上的多个产品可能会针对相同顾客的相同需求，以满足他们对于产品多样化的需求。因此，除了要对不同的顾客群体具有独特的吸引力，公司也会设计一些在某些属性（如口味、香味或颜色）上有微小差别的差异化产品来满足那些期望产品多样化的顾客的需求。

产品线不仅能为目标顾客创造价值，还能为公司的合作者创造价值。以某个通过多种渠道，以不同的服务水平和成本结构来出售的产品为例，因为零售商的利润最大化战略各不相同，所以那些奉行薄利多销战略的零售商的定价势必会比那些推崇高利润低销量战略的零售商的定价要低。这种定价上的差异化很可能导致冲突（通常称为横向渠道冲突），高端渠道的顾客很可能会不满，因为他们居然可以在其他地方以更低的价格购买到相同的产品。解决这个问题的一个办法是，推出该产品的高端和低端版本，高端版本只在高端渠道出售，低端版本只在低端渠道出售。这样，公司就能利用产品线优化其产品的市场价值。

建设产品线的一个常见方法是，先推出单个产品，然后增加新的产品，即产品线延伸。根据现有产品与新增产品之间的关系，产品线延伸可以分为两类：纵向和横向。接下来，我们将详细介绍这两种不同类型的延伸。

管理产品线的纵向延伸

产品线的纵向延伸是指在不同的价位增加新的产品。有些新增产品会以更高的价格提供更多价值（向上延伸），有的新增产品则是以更低的价格提供更少的价值（向下延伸）。图 17-3 显示的是纵向延伸的两种情况——向上延伸和向下延伸，接下来，我们将详细介绍这两种情况。

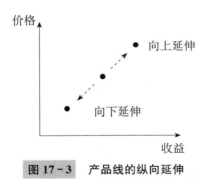

图 17-3 产品线的纵向延伸

产品线向上延伸

高端扩展，即通过新增以更高价格传递更高价值的产品，来扩展公司产品线。向高端扩展产品线的一个主要原因在于，这样能够使公司占领利润更高的高端市场。例如，为了能在持续增长的专业工具市场稳固地位，领先的家装公司百得公司（Black & Decker）新开发了专业、高端的电动工具产品线得伟（DeWalt）。向上延伸通常是指通过创造符合顾客新的需求和新的购买能力的产品，来留住顾客。例如，在其低价车成功的基础上，大众开发出了更高端的车型——捷达、帕萨特和辉腾——来满足追求更宽敞、性能更高的汽车的顾客的需求。

除了能够帮助公司进入更高端的市场，向高端扩展产品线还能够与现有产品产生协同作用。例如，增加更高端的产品能够提高公司产品线中较低端产品的形象。E. & J. Gallo Winery 公司之所以引进更高价的获奖品牌 Gallo 酒产品线，部分原因也是期望能够以此提高其低端的产品形象。公司进行向上延伸的另外一个目的是为了在研发先进技术方面获取竞争优势。例如,汽车制造商通常会推出性能更高的产品来强化其核心竞争力,并利用由此掌握的先进技术来大量生产较低端的产品。

尽管有很多优点,但向高端扩展产品线同样存在很多挑战。开发高端产品通常需要特殊的资源,而一个专注于低端产品市场的公司可能缺乏这些资源。这些资源的匮乏可能使公司无力开发新产品以成功地参与高端市场竞争。例如,开发一个高端的著名品牌需要大量的特殊资源,如关于时尚趋势的认知、产品开发知识、高端的制造能力、一个声誉良好的品牌、与专业供应商的关系以及低端生产商可能不具备的高端的分销渠道。

由于多数公司都不具备这些开发更高品质产品所需要的资源,"有机的"高端产品扩展战略(公司内部开发)通常需要较长时间才能落实,而且并不普遍。相反,公司可以通过收购市场上现有的高端品牌来进入高端市场。例如,菲亚特通过收购法拉利进入高端跑车市场、Gap 收购香蕉共和国(Banana Republic)、万豪收购丽兹卡尔顿等都体现了这种收购战略。

产品线向下延伸

向低端扩展产品线,即通过新增以更低价位提供更低价值的产品,来扩展公司的产品线,其目的在于通过吸引公司目前尚未服务到的收入更低的顾客,来扩大公司的顾客群。低端扩展的例子有阿玛尼推出了 Armani Exchange,梅赛德斯推出了 A 级车,以及 Gap 引入了老海军品牌(Old Navy)。

向低端扩展产品线的初衷,是通过为较低层次的顾客群体提供服务,来拉动销售规模的增长。向下延伸还能通过向顾客提供门槛较低的产品来接触顾客。例如,奥迪和宝马 1 系向年轻的顾客群体提供他们负担得起的车型,而这部分群体未来很可能成为有利可图的顾客。

低端扩展对那些固定成本较高的行业内的公司尤其有益,因为在这些行业内较易实现规模经济效应,例如航空、酒店以及汽车行业。举个例子,很多高端汽车生产商——包括奔驰、宝马和保时捷——已经开始尝试利用他们的设计与制造资源开发较低端的车型。向下延伸尤其受那些渴望短期成效的经理人的青睐,因为基于公司现有的资源,向下延伸通常比向上延伸要容易实施。

尽管存在很多优点,向低端扩展产品线也有一些重要缺陷。首要的问题便是低端扩展对于公司既有高端产品市场造成的威胁(本章随后将具体讨论)。如果新扩展的低端产品与既有的高端产品使用同一品牌名称,那么原有品牌价值反而会因低质量和低价格的联想效应而被削弱。另外,低端产品相对高端产品利润率更低,因此它们需要足够的销售规模才能有利可图。再者,服务价格敏感型顾客同样充满挑战,因为与那些看重性能的顾客相比,这些顾客的品牌忠诚度更低。

管理产品线的横向延伸

横向延伸的产品线,通常处于一个相同的价格等级,它主要在产品提供的价值类型上有所不同(见图17-4)。在产品线的纵向扩展中,不同等级的产品价值可以按照其对顾客吸引力的差异来清晰界定(例如,丽兹卡尔顿酒店很可能被认为比万豪更有吸引力),而与此不同,横向延伸并不意味着顾客偏好上的等级划分。横向延伸是在产品价值类型上的差异化,因而对于不同的顾客群体,吸引力也可能有所不同。例如,横向产品线上的产品并不需要差别定价,不同的设计、样式、颜色和香味就可能会使产品对不同品味的顾客的吸引力有所不同。因此,尽管产品价格可能会各有不同,但这不是产品水平差异化的关键因素。

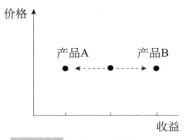

图 17-4 产品线的横向延伸

横向延伸的价值在于为顾客提供更符合他们偏好的产品。与在不同的价格与品质层次为顾客提供更好选择的纵向延伸不同,横向延伸的宗旨是在某个特定的价格与品质层次来契合顾客的品味。通过提供各种不同的选项,产品线的横向延伸帮助公司满足了不同品味顾客的需求,同时也满足了这些顾客多样化的购买行为。例如,高露洁、宝洁和联合利华已经推出了100多个牙膏的品种,以吸引不同口味偏好的消费者,同时也满足了顾客的多样化需求。

由于利用了公司现有核心竞争力和战略资产,横向延伸通常比产品线的纵向扩展更容易实现。此外,由于同处类似的价位以及拥有类似的成本结构,通过横向延伸的产品与现有产品的利润空间大体相当,因此消除了公司产品相互竞争而互相蚕食市场的隐忧——这相对于产品线的低端扩展是一个重要优势。

尽管有多种优点,横向延伸产品线同样存在一些重要缺陷。一个重要的隐忧在于横向延伸的成本效率较低。事实上,由于很难去识别哪些顾客拥有共同的独特品味,公司需要提供一整条产品线,以让顾客根据自己的品味选择适合的产品。但是这个方法的问题在于,会使公司资源密集消耗从而导致成本效率低下。除了会增加公司的成本,广泛而又相似的产品类别会导致顾客产生困惑并选择延迟购买,尤其是在顾客无法轻易地确定哪一类产品最符合他们的偏好的时候。

管理产品线自相蚕食

延伸产品线时,公司期望新产品能够争夺竞争对手的市场份额或者吸引新顾客,从而为公司带来额外的销售收入。在理想的情形下,由新产品产生的所有销售额都来自竞争对手的市场份额或者该品类市场总量的增长(见图17-5B)。然而,在现实中这种情况很少发生。推出新产品的一个常见副作用是,除了会窃取竞争对手的市场份额,新产品还会争夺公司现有产品的市场,这通常被称为自相蚕食(见图17-5C)。

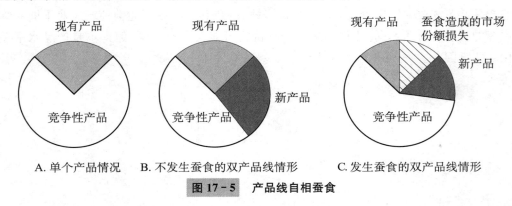

图17-5 产品线自相蚕食

自相蚕食是指公司的某个产品的销量会影响另一个产品的销量。存在自相蚕食的现象并不一定表明公司的战略有问题。实际上,公司可以积极寻求用一种产品来蚕食其他产品的销量,比如,市场引领者在推出一款现有旗舰产品的改良版时,就只能蚕食其现有旗舰产品的销量。当宝洁推出包含五个刀片的吉列 Fusion 时,就不可避免地影响了只有三个刀片的老产品 Mach3 的销量。

在进行向下延伸时,公司就要特别关注自相蚕食了,因为新产品通常比老产品的利润率低。为了尽量降低自相蚕食发生的几率,公司应该确保新产品与现有产品在价格和收益上都有很大的差异,即低价就意味较少的收益。如果新产品和现有产品收益相同,但价格更低,顾客就没有理由选择价格更贵的产品。因此,在这种情况下,差异化是避免自相蚕食的关键。

通过观察公司产品线不同产品的价格-收益比率的分布情况,我们可以看出产品线纵向延伸差异化的重要性(见图17-6)。这里,价值-对等线代表感知收益和感知价格的比值是固定的:高收益、高价格的产品在右上方,低收益、低价格的产品在左下方。理想情况下,所有产品都应该在价值-对等线上(如产品A、B、C)。但在现实中,产品给顾客带来的价值可能各不相同,有些产品(如E和F)能创造卓越价值(收益较高,但价格较低),但其他产品(如产品D)的价值就较低(收益较低,但价格较高)。这些价值差距很可能会影响产品的市场份额,价值处于劣势的产品很可能会损失市场份额。这就表明,随着时间的流逝,产品 A、B 和 D 的销量很可能分别被产品 E、F 和 C 的销量所蚕食(只要顾客期望同等收益水平下所支付价格为最低)。

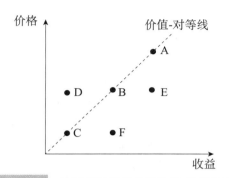

图 17-6　产品线自相蚕食和价格-收益比率

当对向下延伸实行差异化时,公司要在以下两种情况之间进行权衡:一方面公司要防止自相蚕食的现象出现,确保向下延伸的低端产品不会比现有产品更具吸引力,从而损害现有的产品;另一方面,公司还要为向下延伸的低端产品开拓市场,提高其吸引力。为了使自相蚕食的几率降到最低,公司可以使新产品劣于其直接竞争对手。比如,为了避免自相蚕食,英特尔推出了赛扬处理器,并使其性能低于其低价竞争对手 AMD 和 Cyrix。对低端产品定价过高也可能导致过度差异化。比如,老海军(Old Navy)的前身 Gap Warehouse 之所以失败,就是因为为了避免与 Gap 的核心产品自相蚕食,它的定价过高,使其相对于其竞争对手处于劣势。

一般来说,当新产品的利润率比被蚕食的产品的利润率低时,我们就要尤其重视了,因为公司的利润会因此而下降。所以,一个关键的问题是,在一个新产品出现亏损之前,公司能够承受多大程度的蚕食。某个现有的产品被新产品蚕食的最大蚕食量通常用自相蚕食的盈亏平衡率来衡量,即新产品蚕食现有产品但不导致公司利润损失的最大比率。本章末尾,我们将详细介绍如何计算自相蚕食的盈亏平衡率。

被利润较低的产品蚕食(当纵向延伸的差异化不太到位时)并不是自相蚕食造成利润损失的唯一情况。横向延伸的差异化如果不到位,也会导致自相蚕食的情况发生。即使横向产品线上的产品定价相当,利润率也相似,但如果产品数量的增加没有促进销量的话,产品线的整体利润率就很可能下降,因为公司的大量产品都针对相同的顾客。因此,当产品线上的新增产品与现有产品都针对相同顾客的相同需求时,延伸产品线只能导致产品相互替代,而不是刺激新的需求。

通过管理产品线来获取和维护市场地位

扩展产品线除了能为目标顾客创造价值,也能帮助公司获取和维持市场地位。接下来，我们将具体介绍三种最常见的产品线竞争战略——竞争品牌战略、包夹战略和"好—更好—最好"战略。

竞争品牌战略

与低价对手进行竞争的一个通行战略是推出一个竞争品牌——这个产品将匹配或削弱竞争对手的价格优势（见图17-7）。例如，为了在与低价对手进行竞争的同时保持其旗舰品牌万宝路的市场地位，菲利普·莫里斯公司强势地通过定价为自己贴上基础香烟产品的标签，从而有效地成为一个竞争品牌。出于类似的目的，宝洁推出了低价的Oxydol洗衣液作为其旗舰品牌汰渍的补充。

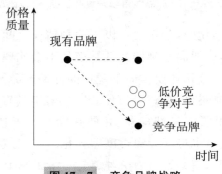

图17-7 竞争品牌战略

竞争品牌战略假定市场存在两个层级：有些顾客关注的是产品质量，而有些顾客更愿意牺牲品质来寻求更低价格。在这个前提下，竞争品牌战略引入了一个低价低质量的产品，以满足对价格敏感的顾客的需求，同时保证原有旗舰品牌的价值主张不受损害。

包夹战略

包夹战略是指，同时引进高品质和低价格两个层级的产品线，从而有效地把低价的竞争对手夹在中间。这种战略通常以这样的形式实现，即向低端扩展一个新的产品，同时使现有产品向高端移动（见图17-8）。例如，阿斯利康公司（Astra Ieneca）预判在其风靡的处方药Prilosec的专利权过期之后，将会有一些低价竞争对手流入市场，因此推出了一款低价的非处方药品（Prilosec OTC），同时用Nexium取代了Prilosec——一个价格更高，但药效只是些微改善的产品。

包夹战略与竞争品牌战略类似，在现有品牌下都引入了更低价格的产品。尽管如此，二者也有不同，即包夹战略除了要求现有品牌推出更低端的产品，还要求对目前的核心产品进行重新定位，使其向高端移动。在包夹战略中，对现有产品进行更高端的重新定位，反映的是在竞争对手推出低价产品之后目标市场的变化。一些价格敏感型的顾客会从现有品牌流失到低价

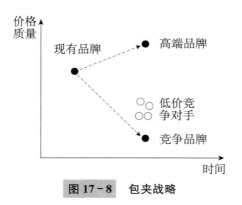

图 17-8 包夹战略

对手的怀抱,但在此之后,其余的顾客相对来说对价格不那么敏感,并且更注重品质。因此,现有品牌已经不能再满足目标顾客的需求,而通过向上延伸可以获益更多。

好-更好-最好战略

"好—更好—最好"战略是指,既引入一个低端产品(竞争品牌),又推出一个高端产品(高档品牌),同时保留现有的核心品牌。因此,它与包夹战略类似,都涉及低价产品的推出。然而,与两个层级的产品线(使现有核心品牌向高端移动)不同,"好—更好—最好"战略要求推出一个新的高端产品线,从而产生了第三层级的产品线(见图 17-9)。

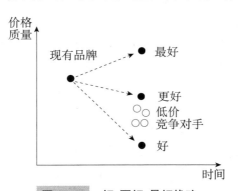

图 17-9 好-更好-最好战略

"好—更好—最好"战略可以在苹果推出 iPod 播放器以应对低价竞争对手的战略中得到体现。苹果没有与更低价的产品直接竞争,而是向低端扩展产品线,首先推出了 iPod Nano,继而是 iPod Shuffle。iPod 的"好—更好—最好"战略体现了苹果这样的观点,即市场可以被细分成三个部分:一部分在寻求全功能的播放器(iPod),一部分只需要播放器的基本功能(iPod Nano),还有一部分寻求的是低价且功能有限的产品(iPod Shuffle)。这个战略还被一系列的公司成功运用,例如微软(works 版、Office Home 版和 Office Professional)、Gap(Old Navy、Gap 和 Banana Republic)。

"好—更好—最好"战略在由以下三个重要细分市场组成的层级市场中效果最佳：一个品质导向的细分市场、一个价格导向的细分市场以及一个介于高品质与低价格之间的细分市场。在这样三个层级的市场中，双管齐下的包夹战略并不奏效，这是由于它使核心产品向高端移动，而缺少一个中间层次的产品，使公司容易遭到那些在品质与价格上处于中游的竞争对手的攻击。

除了在三个层级的市场中可以有效地阻挡廉价竞争对手之外，"好—更好—最好"战略还能被应用在那些顾客偏好不明确的市场。在这样的市场中，顾客更倾向于极端选项之间的折中选项。需要说明的是，当需要从高价格高品质的品牌、低价格低品质的品牌以及平均价格、平均品质的品牌这样一系列的组合中做出选择时，顾客通常会选择中间选项，因为这样避免了在品质与价格当中二选一。顾客在没有明确的偏好时倾向于选择中间选项，这对公司如何制定战略以应对低价对手的竞争有着重要意义。在这种情况下，想简单地通过引入竞争品牌和使现有核心品牌向高端移动，来把低价对手的品牌夹在中间，而不提供一个中间价格、中间品质的产品选择，可能会适得其反，因为这样可能会使被夹在中间的竞争对手通过提供折中的产品选项而从中获益。

本章小结

产品线管理的宗旨，在于优化公司产品线中每个产品给顾客提供的价值。开发公司产品线中的某个产品与开发一个独立的产品类似，但主要区别是前者除了需要公司为其每个产品单独开发管理战略，还需要开发一个产品线管理战略，以规划产品线中不同产品之间的关系。

管理产品线的一个关键原则是，每个产品相对于其特定的目标市场来说都应该是最优的，并且拥有独特的价值主张以满足该市场上目标顾客的需求。除了为目标顾客创造价值，公司产品线上的产品还应该为参与市场交换的其他两个实体——公司及其合作者——创造价值。

基于公司产品线中不同产品之间的关系，存在两种类型的产品扩展：纵向延伸和横向延伸。纵向延伸，是指在不同的价格等级增添新产品。由于高价格通常意味着更好的性能，因此垂直差异化的产品在产品价值的高低上有所不同，更高价位的产品通常更具吸引力。依据新增产品的价格等级，纵向延伸有两种基本类型：向上延伸与向下延伸。在向上延伸中新增的产品价位更高，而在向下延伸中新产品处于一个更低的价位。

水平差异化的产品通常归属于同一个价格等级，并主要在产品提供的价值类型上有所不同。横向延伸产品线的意义，在于为顾客提供与其偏好更加匹配的产品。与在不同的价格和品质层级为顾客提供更好的产品选择的纵向延伸不同，横向延伸的目的是在一个特定的价格和品质层级更好地契合顾客的品味。

在向低端扩展产品线时，产品线内部的自相蚕食是一个主要隐忧。衡量公司能够承受的新产品蚕食现有产品销量的最大值的指标，通常被称为自相蚕食的盈亏平衡率。它显示了在不给公司造成损失的前提下，新产品销售中本该来自现有产品销售的那部分所能够达到的最大比例。

除了能为目标顾客创造价值,产品线扩展还可以帮助公司获取和维持市场地位。三个最流行的产品线战略分别是竞争品牌战略、包夹战略和"好—更好—最好"战略。

相关概念:自相蚕食的盈亏平衡分析

自相蚕食的盈亏平衡率(break-even rate of cannibalization,BERc),表明了在不造成公司损失的前提下,新产品销售中本该来自公司现有产品销售的那部分可以达到的最大比例。它的计算方式是,在公司既没有产生利润又没有发生损失的那一刻,新产品对现有产品销售造成蚕食的规模与新产品总销量之间的比例。[1]

$$\text{BERc} = \frac{\text{利润}_{新产品}}{\text{利润}_{原有产品}}$$

例如,一家公司推出了一个新产品,定价为70美元,可变成本为60美元,它可能对一个定价为100美元但可变成本同样为60美元的现有产品的销售造成蚕食。这时,新产品利润=\$70−\$60=\$10,老产品利润=\$100−\$60=\$40。因此,自相蚕食的盈亏平衡率可以计算如下:

$$\text{BERc} = \frac{\text{利润}_{新产品}}{\text{利润}_{原有产品}} = \frac{10}{40} = 0.25$$

这里自相蚕食的盈亏平衡率为0.25或者25%,这意味着要使公司有利可图,新产品销售额中本该来自现有产品销售的那部分比例应该不超过25%,换句话说,至少75%的新产品销售需要来自竞争对手的产品销售或者市场总体规模的增长。

相关概念:产品线延伸的行为经济学

吸引效应:人们倾向于通过产品的相对优势,而不是其内在价值,来评估产品,所以在产品线上增加一种比现有产品差的产品,可以提升顾客选择较好的产品的几率。比如,Williams-Sonoma原本只提供一种售价275美元的面包机,之后,它又推出另一款尺寸稍大、功能类似、售价贵50%的面包机,结果,虽然公司推出的新款面包机销量不佳(定价过高),但原来那款面包机的销量却翻了一番。[2]

妥协效应:相对于那些提供极端价值的产品,顾客更倾向于那些在所有属性上都提供折中价值的产品。[3]

属性-平衡效应:一般来说,人们会认为关键属性上价值相同的产品更"平衡",所以在需要妥协时,他们通常会选择这些产品。例如,有三种零食,一种含有6克脂肪和6克糖,一种含有5克脂肪和7克糖,还有一种含有4克脂肪和8克糖。虽然第一种零食脂肪含量最高,糖含量最低,属于最极端的一种选择,但人们通常会觉得这种零食在三种零食中是脂肪含量和糖含量最平衡的一种(实际上,真正平衡的选择应该是第二种零食)。[4]

多样化效应：人们通常会高估自己未来追求产品多样化的几率。比如，如果人们每天都买酸奶，那他们就倾向于购买较少的种类，但放到未来消费时，人们倾向于购买更多不同种类的酸奶。[5]

延伸阅读

Jain, Dipak C. (2010), "The Sandwich Strategy: Managing New Products and Services for Value Creation and Value Capture," in *Kellogg on Marketing* (2nd ed.), Alice Tybout and Bobby Calder, Eds. New York, NY: John Wiley & Sons.

Kotler, Philip and Kevin Lane Keller (2011), *Marketing Management* (14th ed.). Upper Saddle River, NJ: Prentice Hall.

Lehmann, Donald R. and Russell S. Winer (2006), *Product Management* (4th ed.). Boston, MA: McGraw-Hill/Irwin.

注释

1 自相蚕食的盈亏平衡率是这样推导出来的：为了避免所有产品的利润出现损失，新产品产生的利润必须大于或等于因蚕食而导致的利润损失。

$$利润_{新产品} \geq 利润损失_{原有产品}$$

由于利润是单位销量和单位利润的函数，上述公式可以转换成：

$$销量_{新产品} \times 利润_{新产品} \geq 损失的销量_{原有产品} \times 利润_{原有产品}$$

变形可得：

$$\frac{损失的销量_{原有产品}}{销量_{新产品}} = \frac{利润_{新产品}}{利润_{原有产品}}$$

公式的左边指的是因为新产品的蚕食而导致的原有产品损失的销量的比例，这也是自相蚕食的盈亏平衡率的定义（BER_c）。因此：

$$BER_c = \frac{利润_{新产品}}{利润_{原有产品}}$$

注意，上面的公式假定推出新产品不会导致固定成本增加或这些成本（如果有的话）包括在现有产品及新产品的利润中。

2 Simonson, Itamar (1999), "The Effect of Product Assortment on Buyer Preferences," *Journal of Retailing*, 75 (Autumn), 347-370.

3 Simonson, Itamar (1989), "Choice Based on Reasons: The Case of Attraction and Compromise Effects," *Journal of Consumer Research*, 16 (September), 158-174.

4 Chernev, Alexander (2004), "Extremeness Aversion and Attribute-Balance Effects in Choice," *Journal of Consumer Research*, 31 (September), 249-263.

5 Simonson, Itamar (1990), "The Effect of Purchase Quantity and Timing on Variety-Seeking Behavior," *Journal of Marketing Research*, 27 (May), 150-162.

第五部分

战略营销工作手册

第十八章 市场细分和选择目标市场工作手册

第十九章 商业模式工作手册

第二十章 定位陈述工作手册

引　　言

> 世界上最没有意义的事情就是高效地去做一件根本不应该做的事情。
>
> ——现代管理理论创始人彼得·德鲁克

　　本书的前四个部分着重阐述了市场营销理论的一些关键要素，并给出了理论在实际的营销管理中的应用框架。这些概念性知识的应用可以得到一系列工具的辅助，这些工具能够帮助管理者完成常见的管理任务，例如确定目标顾客，制定商业模式和撰写定位陈述。我们接下来将对这三种活动作简要概述，并在随后的章节具体讨论。

- 确定目标顾客是指确定公司应该为哪些顾客定制其产品或服务，同时忽略哪些顾客。在第十八章，我们将介绍一种（基于第四章中的理论）帮助公司确定目标顾客的算法。
- 制定商业模式是指确定产品或服务战略和战术的主要方面。我们将在第十九章介绍一种（基于第二章中的理论）帮助公司确定商业模式的算法。
- 撰写定位陈述是指撰写一个关于产品目标市场和定位策略的简洁描述，以告知所有相关实体，公司价值创造模型的本质。我们将在第二十章中重点介绍有关撰写定位陈述（基于第五章中的理论）的重要内容。

　　本书阐述的理论的一个重要特点是：除了简洁、富于逻辑性和以价值为中心，它可以轻易地被管理者使用，帮助他们解决实际的问题，从而实现战略目标。本书第五部分将要探讨的三个话题，将帮助读者把本书前面所阐述的营销理论与管理实践联系起来。

第十八章
市场细分和选择目标市场工作手册

> 你的天赋、才能和世界需求的交会之处,就是你的天命之所在。
>
> ——希腊哲学家亚里士多德

市场细分和目标市场选择的过程可以用一个算法的形式表示,该算法明确了一系列公司为了确定其"理想"的目标顾客而应该采取的步骤。下面我们将对该算法进行详述。

概述

确定服务哪些顾客是公司营销战略的一个重要方面,它会影响目标市场的其他所有方面——竞争对手、合作者、公司服务顾客所需的资源以及公司运营所处的经济、政治、法规、社会文化和物理环境。在确定目标顾客的过程中涉及的这些相互依赖的市场因素使得确定目标市场的决策变得更加复杂,也强调了运用一种系统化的方法来进行目标市场选择的重要性。

确定目标顾客的过程可以通过以下四个关键分析来进行描述:市场细分分析、战略性目标市场选择分析、战术性目标市场选择分析以及顾客战略分析。这些分析包括选择目标顾客时必须考虑的多种因素。而这些因素又可以通过一系列描述目标顾客选择过程的决策(如图18-1所示)来体现。接下来,我们将对这部分内容进行详细介绍。

我们将通过一个公司的具体情境来讨论确定目标顾客的过程,同时介绍目标市场选择的每个步骤需要做出的决策。这个案例(发生在20世纪90年代早期)涉及美国大型电动工具和配件生产商百得。具体来说,我们的讨论将主要关注百得如何对现有顾客群体进行分析、如何确定关键的顾客群体,以及如何筛选出最有市场潜力的那个顾客群体。[1]

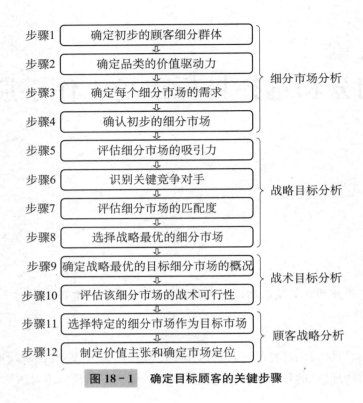

图 18-1 确定目标顾客的关键步骤

市场细分分析

市场细分分析旨在将个体顾客划分为不同的群体,以方便进行目标市场选择。由于目标市场选择的目的是为了确定公司能为哪些顾客创造优于竞争对手的卓越价值,因此价值分析对于市场细分和目标市场选择来说至关重要。接下来要介绍的前四步就主要涉及市场细分分析的主要方面。

步骤1:确定初步的顾客细分群体

一种常见的市场细分方法是,先根据顾客期望从某个产品品类获得的价值入手,确定初步的顾客群体。我们可以先问一些与价值有关的问题:刺激顾客进行购买的原因有哪些?在什么情况下,顾客会购买这个类别的产品?顾客希望满足哪些需求?之所以问这些问题,是为了确定初步的市场细分,即将那些购买行为类似的顾客划分为组。

确定初步细分市场常常是一个不断试错的过程,以经理人对于既定市场上不同类型的顾客的直觉为基础。初步确定了细分市场之后,接下来的分析(第二步到第四步)是为了通过深入了解这些细分市场的需求来验证初步的市场细分是否有效,以确保这些细分市场的确代表了不同类型的顾客。

案例：在百得的案例中，经理人可能要问，顾客为什么以及在什么情况下需要电动工具？这个问题的答案可能区分出两组顾客：在家使用电动工具的普通消费者，以及因为商业用途而购买电动工具的商业客户。这两个群体就是百得的初步市场细分群体。在接下来的第2—4步中，我们将对该答案进行扩充（内容方面）和验证（是否有利于目标市场选择）。

步骤 2：确定品类的价值驱动力

接下来的一步就是确定价值驱动力，即购买者在做出决策时考虑的相关属性。确定价值驱动力时，必须要确保它们的确相关，即购买者在做出购买决策时确实考虑了这些因素，同时，还要确保它们综合全面，即涵盖了所有相关属性。此外，属性必须具体，而不是多个属性的综合。例如，"可靠性"是一个具体的属性，而"质量"就不是，因为质量通常是多个非价格属性的综合。最后，属性之间要相互独立，以避免多个属性相互重叠。例如"精确"和"准确"就有重叠，因此会导致评估结果相似。

案例：在百得的案例中，我们通过分析得到了五个关键属性：性能、可靠性、服务、品牌形象和价格，这五个属性是顾客做出购买决策时考虑的五个关键因素，也是百得需要创造卓越价值的五个方面（相对于其他电动工具制造商来说）。

步骤 3：确定每个细分市场的需求

确定了相关的价值驱动力（属性）后，就要确定它们对初步顾客细分群体的相对重要性了。这一步分析可以让我们更加深入地了解每个顾客群体期望获得的价值。

要确定每个细分群体追求的价值，一个实用的方法是，为所有初步确定的细分群体所关注的每个属性确定相对重要性。例如，可以用"高""中""低"来进行评分，"高"表示某个特定的属性对于特定的细分群体非常重要，"低"表示相对来说不重要。注意，这三个等级只是个范例，你可以选择任何其他形式的等级来对重要性进行排序。一般来说，排序等级越精细，就越有可能区分出不同细分群体之间的细微差异。

同时，并不是所有的价值驱动力都可以区分不同的细分群体：有些属性对所有细分群体都同样重要。例如，耐用性对所有细分群体来说都是一个重要的因素，而颜色对所有细分群体来说都不那么重要。这并不存在什么问题，只是表明这些属性不能用来区分不同的细分群体。

案例：在百得的案例中，性能和可靠性对商业客户来说非常重要，但对于只关心价格和有点在意品牌的消费者来说，其重要性就小得多（见表18-1）。对商业客户来说，服务、品牌和价格的重要性不太好确定，因此我们既有理由说这三个属性对商业客户不那么重要，也有理由说它们非常重要（这个问题将在下一步分析中得到解决）。

表 18-1　顾客价值分析矩阵（百得）

属性	顾客细分群体	
	普通消费者	商业客户
性能	低	高
可靠性	低	高
服务	低	中-高
品牌形象	中	低-高
价格	高	低-中

步骤4：确认初步的细分市场

下一步是确保初步的市场细分可以用来作为确定目标顾客的基础。具体来说，这一步需要验证市场细分是同质的，即同一细分群体内，顾客的需求和偏好类似，同时又相互独立，即所有具有相似需求和偏好的顾客都被分在了一个细分群体中，而且完全穷尽，即所有细分群体加起来应该涵盖所有顾客，不存在"未被划分"的顾客。

由于第一步只是初步确定细分群体，所以很有可能当时确定的细分市场不符合这些标准。在这种情况下，我们就得回到第一步，根据上述标准修改最初划分的细分市场。为了有效地划分细分市场，经理人需要反复地修改，具体修改的次数在很大程度上取决于经理人的经验和对特定市场的了解程度。有的经理人可能一开始就能"正确"地划分市场，而经验相对欠缺、对市场不太熟悉的经理人则需要经过几次修改才能实现有效的顾客细分。

案例：在百得的案例中，普通消费者和商业客户的细分不符合有效性的标准，因为商业客户这个群体中的客户对于服务、品牌形象和价格（如表18-2）的重要性的看法并不一致。这就说明这个细分市场不是同质的，需要进一步细分，以确保同一细分市场内的顾客需求的差异最小化。进一步的分析表明，商业细分市场由两个细分群体组成：个体户，即小型商户和独立承包人，如在居民区招揽生意的木匠、水管工、电气工程人员等；以及公司客户，如公司购买电动工具让员工使用。这样一来，每个细分群体内部的顾客需求基本一致，但不同的细分群体之间有很大差异（见表18-2）。

表 18-2　顾客价值分析矩阵（百得：修订版）

属性	顾客细分群体		
	普通消费者	个体户	公司客户
性能	低	高	高
可靠性	低	高	高
服务	低	高	中
品牌	中	高	低
价格	高	低	中

表 18-2 总结的顾客价值分析表明,虽然个体户和公司客户都很看重性能和可靠性,但个体户比公司客户更重视品牌形象和服务。因此,生产商提供快速的诊断和维修服务对个体户而言就非常重要,而这一点对公司客户就没那么重要,因为很多公司客户有自己的维修人员。此外,用知名品牌的工具为顾客服务,能够帮助个体户提升自身的专业形象,所以品牌对个体户而言比对公司客户更重要,因为公司客户购买工具是为了内部员工在相关商业项目上使用这些工具。最后,公司用户的大额采购通常让他们对价格比较敏感,而个体户因为只购买一个,所以对价格不是特别在意。

战略性目标市场选择分析

一旦确定了关键的目标细分市场,下一步就是评估各个细分市场的战略可行性了,即评估各个细分市场的吸引力和公司是否能为该细分群体创造卓越价值并获取价值,以帮助公司实现其战略目标。

步骤 5:评估细分市场的吸引力

细分市场的吸引力反映了它为公司创造价值的能力。评估细分市场的吸引力是为了回答以下这两个问题:某个特定的细分市场是否有资源为公司创造价值?是否能比其他未被选择的市场创造更大价值?细分市场的吸引力会因公司而异:有的公司觉得有吸引力的市场,其他公司可能觉得没有吸引力。

对细分市场吸引力的评估主要基于对两种价值的评估:货币价值(反映细分市场为公司带来利润的能力)以及战略价值(反映细分市场创造对公司具有战略重要性的非货币收益的能力)。由于货币价值和战略价值通常用不同的指标表示,所以将各种不同类型的价值转化成用同一指标表示的价值(如将非货币收益和成本货币化)有利于评估不同细分市场的可行性。

评估细分市场吸引力的一种实用的方法是,评估各个细分市场为公司创造货币和战略价值的能力。例如,我们可以用"高""中""低"三个等级来表示不同的吸引力等级,"高"代表该细分市场非常有吸引力,"低"代表该细分市场不太有吸引力。注意,上述三个等级只是示例,要想更精确地评估不同细分市场吸引力之间的微小差异,应该用更精细的等级来进行评估。

案例:在百得的案例中,分析显示三个细分群体——普通消费者、个体户和公司客户——都比较有吸引力。同时,虽然个体户细分群体增长最快,但百得在该细分市场的份额明显低于其他两个细分市场,所以,个体户细分市场被看作是最有市场机会的细分市场,被百得放在了首要的地位。

步骤6：识别关键竞争对手

分析了细分市场的吸引力之后，就要评估细分市场的匹配度了，即公司可以在多大程度上为该细分市场创造价值。为了进行此项评估，我们需要知道公司所处的竞争环境，看看消费者如何评估公司的产品或服务。因此，进行此项分析的第一步就是确定针对各个顾客细分群体，公司有哪些竞争对手。

由于顾客细分群体是基于需求划分的，针对每个细分群体，都有一系列竞争者相互竞争，期望满足他们的特定需求。因此，公司需要对它们认为最具吸引力的市场进行竞争力分析（所有被评估为潜在目标市场的细分市场都需要进行类似的分析）。

案例：针对个体户，百得最大的竞争对手包括牧田（Makita）（市场领导者，约占50%的市场份额）、米沃奇电动工具（Milwaukee Tools）和利优比（Ryobi）。

步骤7：评估细分市场的匹配度

一旦确定了相关的竞争对手，接下来就要评估公司优于竞争对手满足各个细分市场的需求的能力了。当公司有现成的产品或服务时，我们可以通过将该产品或服务在各个相关属性（在第二步中确定）上与竞争性产品或服务进行对比，来评估其匹配度。例如，我们可以用"高""中""低"三个等级来表示产品或服务在不同属性上的性能表现，"高"代表在某个属性上的性能非常好，"低"代表在该属性上的性能表现很差（等级划分越精细，准确性就越高）。如果公司没有现成的产品或服务，或其产品或服务不能为目标顾客创造卓越的价值，公司就需要评估相对于竞争对手，它能否利用现有资源为目标顾客创造价值。一般来说，常见的资源包括业务基础设施、合作者网络、人力资本、知识产权、强势的品牌、稳健的顾客基础、具有协同效应的产品或服务、拥有稀缺资源和资本。

如果公司有相应的资源为特定的细分市场创造卓越的价值，那么这个细分市场就是匹配的；如果公司没有相应的资源为该细分市场创造卓越的价值，那么这个细分市场就不匹配，公司就不应该将其作为目标市场。如果公司现有的产品或服务不能为目标顾客创造卓越价值，但公司有相应的资源来改善产品或服务，使其更具吸引力，那么这个细分市场就是匹配的。相反，如果公司没有相应的资源来改进其产品或服务以便为顾客创造卓越的价值，那么这个细分市场就不匹配，不应该被公司作为目标市场。

案例：在百得的案例中，分析个体户细分市场的匹配度时需要评估，相对于其主要竞争对手——牧田、米沃奇电动工具和利优比——百得的产品在各个属性上（第二步中确定）的性能表现。表18-3就是分析得出的属性-性能表现矩阵，其中的评级体现了各个属性对该细分群体（个体户）的重要性，竞争性分析反映了各个竞争对手在这些属性上的性能表现。

表 18-3　细分市场匹配度分析（百得）

属性	顾客分析	竞争性分析			
	个体户	百得	牧田	米沃奇	利优比
性能	高	中	高	高	中
可靠性	高	高	高	高	高
服务	高	中	中	中	低
品牌	高	低	高	高	低
价格	低	中	高	高	中

从表 18-3 可以看出，百得的产品在可靠性和服务上与其竞争对手对等，但在性能和品牌上不敌牧田和米沃奇。关于价格——对个体户而言重要性较低——百得与利优比持平，但比牧田和米沃奇要便宜。这就说明，要想在个体户市场上与竞争对手不相上下，百得必须提高其产品的性能，大幅改善其品牌形象，而且百得还可以在服务方面创造一种竞争优势，从而使其在竞争中脱颖而出。最后，由于价格对该目标群体的重要性不高，所以虽然百得的价格比牧田和米沃奇优惠，但这可能并不是一个关键的差异化因素。

为了改善产品的性能、服务和品牌形象，从而更好地为目标顾客创造价值，百得需要部署相应的资源来改善其提供给个体户的产品。分析表明，百得拥有相关资源，包括现有的业务基础设施（生产设备）、合作者网络（供应商和分销商）、人力资本（工程师专家、销售人员和客服人员）以及资本。此外，百得的品牌组合中包括得伟（木工设备品牌），虽然这个品牌比较小众，但在个体户中口碑很好。因此，虽然百得现有的产品对于该细分群体不是最优选择，但它有相应的资源来为该细分群体创造卓越的价值。

步骤 8：选择战略最优的细分市场

吸引力和匹配度分析之后，就要选择最有战略可行性的细分市场了，即选择最符合吸引力和匹配度标准的细分市场。

要确定各个细分市场的可行性，通常要做出取舍，即公司是否要将特定的顾客群体作为自己的目标。注意，有时候，公司可能不具备为该细分群体创造卓越价值所必需的资源，但它也可能决定要将该细分群体作为其目标顾客。在这种情况下，公司的决策取决于其获取和构建所缺资源的能力，而这通常会涉及投入重要的资源或较长的周期。

案例： 从战略的角度来看，个体户对百得来说是最有吸引力的细分群体。不过，为了有效地服务该细分群体，百得必须在两个方面改善其产品——性能和品牌形象。改善品牌形象至关重要，因为这是目标顾客最看重的属性之一，而百得在该属性上的表现明显劣于其他两个竞争对手。改善产品的性能也非常重要，因为这一点对目标顾客很重要，而且竞争对手在这一方面也更有优势。此外，由于个体户非常看重服务，百得可能也需要考虑进一步改善其服务,虽然目前它的服务水平与竞争对手对等。如果百得能在这些属性上改善其性能表现,就可以投入资源,将该细分市场作为其目标市场。

战术性目标市场选择分析

选择了最有战略可行性的细分市场之后,就要确定接触这些细分群体的有效方式了。这就需要确定该细分市场的一些可观察的特征,同时评估该细分市场在战术方面的可行性。

步骤9:确定战略最优的目标细分市场的概况

这个步骤的目标是,确定选定的细分市场的一些可以观察到的特征,从而以有效的方式接触到这些目标顾客。这一步非常重要,因为如果不了解目标群体的特征,公司就可能接触不到所有的目标顾客,或者即使接触到了,成本效率也不高。

顾客特征涉及两个因素:人口因素,如年龄、性别、收入、教育程度、民族、社会等级、生命周期所处的阶段、工作情况、家庭规模和地理位置;以及行为因素,如购买数量、重复购买的频率、价格敏感性、促销敏感性(如顾客对激励措施的反应)、忠诚度、沟通形式(如顾客最常使用的媒体类型)和分销渠道(如顾客偏爱的零售方式)。

案例: 百得在这一步的目标是,确定个体户群体的人口特征或行为特征,以便更有效地向他们宣传公司的产品。比如,个体户通常会阅读行业杂志,如《建筑者和电气承包商》(*Builder and Electrical Contractor*),参加相关贸易展,经常光顾家装商店。

步骤10:评估该细分市场的战术可行性

确定了目标细分市场的特征之后,就需要评估该细分市场的战术可行性了。具体来说,这一步骤的目标是根据公司以成本效率较高的方式接触目标细分群体的能力,评估该细分市场的总体可行性。这一步需要考虑沟通和分销渠道的可获得性以及获取这些渠道需要的成本。战术可行性分析最终也要做出取舍。

注意,选择的目标细分市场通常还可以进一步细分,以反映不同的沟通和分销渠道。一般来说,当细分市场内部在沟通和分销渠道方面具有异质性时(虽然在顾客需求和资源方面具有同质性),就可能进行进一步细分。

案例: 百得的目标是基于个体户细分群体的特征,对将百得的产品有效地沟通和传递给个体户细分群体的方式进行评估。为了做到这一点,百得可以在个体户们喜欢的行业杂志上做广告,如《建筑者和电气承包商》,在相关展览上推广其产品,并在家装零售商店进行产品展示。为了让个体户们更容易接触到其产品,百得可以将精力重点放在零售终端,以满足这些顾客的需求,包括大型家装品商店,如家得宝和劳氏(Lowe's);小型五金连锁店,如哈德瓦(Ace Hardware);以及个体经营的五金品商店。通过对这些沟通和分销渠道的成本收益分析,我们可以看出,该细分市场可以通过现有的沟通和分销渠道来接触其目标顾客。

顾客战略分析

进行了战略和战术分析之后,接下来就需要明确顾客战略了,这涉及两个关键决策:选择最优的目标细分市场,并为该细分市场制定一个价值主张和市场定位。从严格意义上来说,只有第一步和确定目标顾客有关,第二步主要关注的是设计一个能满足顾客需求的产品或服务。不过,由于确定目标顾客、确定公司能为这些顾客创造的价值是产品或服务的顾客战略中不可分割的两个方面,所以接下来,我们会详细讨论这两个方面。

步骤11:选择特定的细分市场作为目标市场

选择最优的目标细分市场是前面三种分析——市场细分分析、战略性目标市场选择分析和战术性目标市场选择分析——的综合,其结果是选定一个目标细分市场,且公司能为该市场创造在战略和战术上都可行的产品或服务。选择最优目标细分市场就是针对某个特定的细分市场做出取舍。由于战略性细分市场是由不同细分群体的不同需求决定的,所以只有针对一个特定的细分市场时,产品或服务才能真正实现最优化。

案例:鉴于个体户群体的市场增长潜力,以及百得制定与顾客需求相匹配的价值主张的能力,公司可以研发一种专门针对个体户的产品。不过,为了争取这块市场,百得必须投入相应的资源,研发出在性能、品牌形象和服务方面与竞争对手对等或优于竞争对手的产品。

步骤12:制定价值主张和确定市场定位

制定价值主张主要就是确定产品或服务能为目标顾客创造的具体收益和成本。最优价值主张源于第二、三、四步中进行的价值分析,反映了目标细分市场的价值特征,即关键价值驱动力以及其相对重要性。产品或服务的市场定位基于其价值主张,它确定了在顾客心目中,产品或服务能带来的首要收益。在第十九章和第二十章中,我们将详细介绍如何制定价值主张和市场定位。

案例:为了给个体户们创造价值,百得必须提供性能强大、可靠的优质品牌工具,同时配备可靠的服务(见表18-2)。由于价格的重要性相对较低,且其主要的竞争对手的定价较高,百得可以考虑提价。这么做不但能提高百得的收入,还能帮助它提升其品牌形象,因为购买者常常会通过价格来推断产品在一些不能直接观察的属性上的性能表现。不仅如此,为了在个体户心目中创造一个独特的形象,百得可以通过强调那些对目标顾客至关重要的个别属性,如性能、可靠性或服务,来为其产品定位。在第十九章,我们将介绍百得针对个体户群体的价值主张的具体内容。

目标市场选择矩阵

确定目标顾客的过程可以用矩阵的形式来表示,矩阵包含了目标市场选择相关的决策的不同方面(见表 18-4)。该目标市场选择矩阵为目标市场选择的过程赋予了逻辑结构,并帮助公司简化了选择目标顾客的过程。表 18-4 示例的目标市场选择矩阵也可以用来指导对于目标细分市场的选择。

表 18-4 目标市场选择矩阵

		步骤3,4 ⇨ 顾客价值分析				步骤7 ⇨ 匹配度分析			步骤6
		顾客细分群体			公司的产品或服务	竞争性产品或服务			
步骤2 ⇩	步骤1 ⇩	细分市场A	细分市场B	细分市场C		产品X	产品Y	产品Z	
关键价值驱动力	属性1								
	属性2								
	属性3								
	属性4								
	属性5								
战略分析	细分市场吸引力				⇦ 步骤5				
	细分市场匹配度				⇦ 步骤7	← 资源调整			
	战略可行性				⇦ 步骤8				
战术分析	细分市场概况				⇦ 步骤9				
	战术可行性				⇦ 步骤10				
顾客战略	目标细分市场				⇦ 步骤11				
	价值主张				⇦ 步骤12				

注意,由于明确顾客价值的驱动力是目标市场选择的一个组成部分,所以,用来进行目标顾客选择的分析也可以用来确定产品或服务的价值主张(步骤12)。因此,虽然制定

价值主张是一个独立的决策,却和目标市场选择分析直接相关,可以看作是制定目标市场选择战略的一个组成部分。

此外,尽管在进行阐述时,确定产品或服务的价值主张常常在确定目标顾客之后,但在实际操作中,确定目标顾客并不一定总在制定价值主张之前。因此,公司很可能先有了一个处于研发阶段的产品,然后再通过确定一个目标市场来验证该产品的可行性。需要注意的是,无论是先确定目标顾客,还是先制定价值主张,产品或服务的最终成功取决于其价值主张在多大程度上与目标顾客的需求和资源相匹配。因此,确定目标顾客,并为这些顾客制定价值主张的反复过程构成了制定内部一致、具有可行性的市场战略的重要方面。

本章探讨的百得的案例可以进一步阐释绘制目标市场选择矩阵的过程。表18-5展示的百得的目标市场选择矩阵概括了公司进行的相关分析和决策,这些相关分析和决策帮助百得确定目标顾客,并为这些顾客制定价值主张。

表 18-5　目标市场选择矩阵:百得电动工具

		顾客价值分析			匹配度分析			
		顾客细分群体			百得	竞争性产品或服务		
		顾客	零售商	公司客户		牧田	米沃奇	利尤比
关键价值驱动力	性能	低	高	高	中等	高	高	中等
	可靠性	低	高	高	高	高	高	高
	服务	低	高	中等	中等	中等	中等	低
	品牌形象	中等	高	低	低	高	高	低
	价格	高	低	中等	中等	高	高	中等
战略分析	细分市场吸引力	中等	高	中等				
	细分市场匹配度	–	高	–	提升性能、品牌形象和服务			
	战略可行性	–	高	–				
战术分析	细分市场概况	–	行为特征概况	–				
	战术可行性	–	高	–				
顾客战略	目标细分市场	个体户						
	价值主张	由遍布全国的服务支撑的高性能工具						

为了简便起见,表18-5中的细分市场匹配度分析和其他后续的分析(第6—12步)只关注最有吸引力的细分市场(个体户)。对于个体户细分市场的吸引力评估和战略可行性评估基于这样一个前提:百得可以开发相应的资源(性能、品牌和服务)来为该目标细分市场服务。个体户群体的特征由一系列具体的行为来决定,包括阅读行业杂志,如

《建筑者和电气承包商》,参加相关贸易展,以及经常光顾家装商店和五金用品商店。

案例:在对个体户群体的需求进行分析之后,百得重新设计了其产品,以更好地将其产品的收益与顾客的需求相匹配。具体来说,它将百得的品牌替换成了得伟,新品牌涵盖了百得针对个体户细分群体的整个产品组合。同时,公司重新设计了得伟品牌工具,强化了其性能和可靠性,并提供了30天的无风险满意度保障。为了进一步强化其服务,使其产品有别于竞争对手,得伟为顾客提供了一年的免费维修合同,48小时服务或免费借用政策,以及提供技术支持的免费热线电话(具体细节,参见第十九章)。1992年推出后,得伟的产品线大获成功,其在个体户细分市场的份额从10%增加到了40%,并在不到三年的时间里,一跃成为市场领导者。

注释

1 这一案例阐释了目标顾客选择过程的主要步骤和关键决策,但不能作为有关公司顾客细分群体或市场条件的一手数据来源。这些数据主要基于"The Black & Decker Corporation (A):Power Tools Division"(595-057),"The Black & Decker Corporation (B):Operation Sudden Impact"(595-060),"The Black & Decker Corporation (B):Operation Sudden Impact"(596-510),and "The Black & Decker Corporation (C):Operation Sudden Impact Results,1992-1994"(595-061),Harvard Business School:Harvard Business School Publishing,Boston,MA.

第十九章
商业模式工作手册

> 创新不是逻辑思维的产物,尽管创新的结果与逻辑结构紧密相关。
>
> ——物理学家阿尔伯特·爱因斯坦

产品或服务的商业模式明确了传递和获取价值的过程中涉及的相关实体、因素和流程。制定商业模式须分析公司运营所处的市场,以及产品或服务创造的价值。本章将在第二章所述理论的基础上阐述制定商业模式过程中涉及的主要方面。

商业模式的关键组成部分

商业模式描述了一个能让特定市场上相关实体(公司、顾客以及合作者)的价值最优化的可持续的价值主张(见图19-1)。针对每个实体的价值主张都由两个关键要素组成:战略和战术。战略确定了公司运营所处的市场,明确了各个关键市场实体之间的价

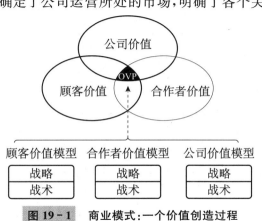

图19-1 商业模式:一个价值创造过程

值交换,并描述了产品或服务能为相关市场参与者创造价值的方式。而战术则描述了一系列用来执行既定战略的活动,常被称为营销组合。

确定产品或服务的商业模式需要明确四个关键方面,包括目标市场和针对每个相关市场参与者(目标顾客、公司及其合作者)的价值创造模式。制定商业模式的四个方面概括如下:

- **目标市场**通常由五个关键因素来决定:目标顾客、合作者、公司、竞争对手和市场环境。
- **顾客价值模型**描述了特定产品或服务为目标顾客创造价值的方式(战略和战术)。
- **合作者价值模型**描述了特定产品或服务为公司合作者创造价值的方式(战略和战术)。
- **公司价值模型**描述了特定产品或服务为公司创造价值的方式(战略和战术)。

我们将在下面详细阐述商业模式的四个方面——目标市场、顾客价值模型、合作者价值模型和公司价值模型。在讨论商业模式的关键要素时,我们使用了前面所讲的百得的案例。具体来说,本章主要阐述了百得新成立的一个部门——得伟工业工具公司——制定商业模式的过程。[1]

目标市场分析

公司的产品或服务所在的市场由五个关键因素决定:顾客(公司期望为他们创造价值)、管理产品或服务的公司、与公司合作来生产产品或服务的合作者、针对相同顾客的竞争对手,以及公司运营所处的环境。图19-2展示了确定目标市场的这五个因素,通常称为5C。接下来,我们将介绍这五个方面。

图 19-2　确定目标市场的 5C 框架

- **顾客**。确定目标顾客所需步骤:(1)确定这些顾客追求的价值和创造的价值(价值驱动力和价值潜力);(2)识别这些顾客的特征(人口和行为特征)。相应地,识别目标顾客涉及以下方面:

——价值潜力描述的是这些顾客能为公司创造的价值,可能涉及以下因素,如市场规模、增长率、可支配的收入和品牌忠诚度。

——价值驱动力描述的是指导顾客做出决策的相关收益和成本。

——人口特征明确了目标顾客的描述性特征,包括年龄、性别、收入、教育水平、民族、社会阶层、生命周期所处的阶段、工作情况、家庭规模和地理位置。

——行为特征明确了目标顾客行为的重要方面,包括他们是否曾购买过公司的产品或服务、他们的购买行为(购买量、购买频率和忠诚度),以及他们的信息搜索行为。

- **公司**。识别公司是指确定公司的组织架构和资源。如果公司的产品组合非常多样化,那么公司这个词指的其实是管理某产品或服务的特定组织单元,通常称为战略业务单元。

- **竞争对手**。识别竞争对手是指确定那些针对相同顾客的相同需求的实体。由于竞争是建立在公司满足顾客需求的能力的基础上的,所以竞争并不局限于公司所处的行业,可能包含跨行业的竞争对手,通常称为替代者。竞争性分析不仅要识别行业内的竞争对手,还要识别跨行业的竞争对手。

- **合作者**。识别合作者是指确定与公司合作,并为目标顾客创造价值的供应商、生产商、分销商(经销商、批发商和零售商)、研发机构和服务提供商。

- **环境**。识别环境是指确定公司运营所处的环境的各个相关方面。具体来说,在确定目标市场时,有六个比较重要的方面:

——经济环境:相关的经济因素,如经济增长、货币供应、通货膨胀和利率。

——商业环境:市场环境的相关方面,如新的商业模式的出现、市场结构方面的变化(如碎片化)、市场实体之间力量平衡的变化(如生产商和零售商),以及对信息的获取。

——技术环境:环境中的相关技术方面,如新技术的出现或扩散。

——社会文化环境:环境中与社会文化相关的方面,如人口趋势、价值体系和行为。

——法规环境:环境中与法规有关的相关方面,如进口(出口)关税、税收、定价和沟通方面的法规以及专利(商标)保护政策。

——物理环境:物理环境的相关方面,如自然资源、气候和地理条件。

案例: 表 19-1 展示了得伟所做的包含这五个因素的市场分析。

表 19-1　目标市场工作手册:得伟

市场	关键属性
顾客	描述:个体户——在居民区使用电动工具提供服务的生意人和独立承包商。 价值潜力:个体户占美国电动工具市场的 28%(4.2 亿美元),是该市场上增长最快的一个细分市场(9%)。 价值驱动力:性能表现(性能、准确度和功效)、可靠性、服务和品牌形象 人口特征:在居民区提供服务的个体户和独立承包人(木匠、水管工和电气工程师) 行为特征:在工作中使用电动工具;阅读行业杂志(如《建筑者和电气承包商》);参观贸易展和家装商店,包括大型家装中心(如家得宝和劳氏);小型五金连锁店[如哈德瓦公司和服务之星(ServiStar)],以及个体经营的五金用品商店。

续表

市场	关键属性
公司	得伟工业工具公司（百得的一个战略业务单元，于1992年成立，专门为个体户群体服务）。
竞争对手	牧田（50％市场份额）、米沃奇（10％市场份额）、利优比（9％市场份额）。
合作者	分销渠道合作伙伴：批发分销商（服务小型零售商）、大型家装中心（家得宝和劳氏）、小型五金连锁店（哈德瓦公司和服务之星），以及个体经营的五金用品商店。
环境	经济环境：经济衰退导致高失业率，现金供应（信用）非常有限，通货膨胀加剧，GDP增长缓慢。 商业环境：新房屋建设和改建工程快速增长；家装零售商的合并，催生了一些家装巨头，包括家得宝和劳氏。 法规环境：对某些日本生产商（包括牧田）的价格倾销进行指控，可能会增加对从日本进口的某些工具征收进口关税的可能性。

确定了目标市场之后，就需要明确商业模式了，即确定针对以下三个相关实体的价值：顾客、合作者和公司。接下来，我们将讨论有关顾客价值、合作者价值和公司价值的主要方面。

顾客价值分析

顾客价值分析旨在确定产品或服务对目标顾客的价值主张。具体来说顾客价值分析明确了产品或服务战略的执行方式，即营销组合——产品、服务、品牌、价格、激励、沟通和分销——构成的战术（见图19-3）。

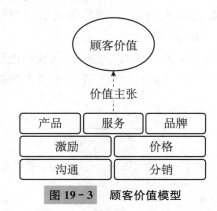

图19-3　顾客价值模型

从结构的角度来看，顾客价值分析由两个方面组成：确定产品或服务的价值主张和定位的战略，以及确定七个营销组合要素的战术。战略分析的重点在于目标顾客，以及顾客需求与产品或服务的收益和成本之间的匹配度，而战术分析的重点是公司的产品或服务，以及创造价值的营销组合的具体情况。

- **战略**。确定产品或服务的顾客价值的战略方面,是指明确产品或服务的价值主张以及针对目标顾客的定位。顾客价值主张明确了产品或服务给目标顾客带来的收益和成本。在价值主张的基础之上,定位明确了产品或服务的关键收益,即目标顾客选择该产品或服务的原因。
- **战术**。确定顾客价值的战术方面,是指确定关键的营销组合变量——产品、服务、品牌、价格、激励、沟通和分销。确定各个营销战术涉及:(1)明确它们的关键属性;(2)明确它们为目标顾客创造的价值(收益和成本)。确定产品或服务战术的一个重要方面是,每个营销组合变量能创造的顾客价值都应该进行明确表述,以确保公司战术的各个方面都与产品或服务的价值主张一致。

案例:表 19-2 展示了顾客价值分析的重要方面,其内容是得伟针对个体户市场的相关战略和战术。

表 19-2 顾客价值工作手册(得伟)[2]

战略	关键属性	
价值主张	高性能、可靠的电动工具,辅以在电动工具行业无与伦比的全国维修服务和质量保证	
市场定位	"永不停工"(可靠性和服务承诺)	

战术	关键属性	价值
产品	33 种高性能电动工具(电钻、电锯、磨砂机和木板接合机)以及 323 种旨在使性能、准确性、功效性和可靠性最大化的配件	收益:性能表现(性能、准确性和功效性)和可靠性
服务	免费借用工具政策:维修期间,得伟会给顾客免费借用工具 48 小时服务政策:如果维修在 48 小时内未完成,得伟会免费给顾客提供新的工具 技术支持:可以拨打 1-800-4 免费电话,寻求专家的帮助,得伟为其产品、服务、维修或零件更换提供相应的帮助 为期一年的免费服务合同:购买一年内,得伟会免费维护产品并免费更换磨损的零件 一年保修:得伟提供一年保修 卓越的诊断:经认证的得伟服务中心使用最先进的测试设备来快速准确地诊断问题	收益:使停工时间最小化(快速服务、免费借用工具),专业培训,技术支持和精确的诊断
品牌	品牌名称:DeWalt®(替代了百得专业品牌) 品牌 logo:DEWALT 品牌颜色:黄色 品牌联想:高性能工业工具;"永不停工"的公司 品牌金字塔:独立品牌(在百得授权的服务中心有专门的服务柜台)	收益:为专业人士设计的品牌(不针对普通消费者) 成本:可靠性不确定的新品牌

续表

战术	关键属性	价值
价格	价格：高端价格（比牧田高 10%） 退货：得伟支持在购买后 30 天内无条件退货	收益：放心（30 天无条件退货） 成本：高端价格
激励	忠诚度计划：优选承包商计划	收益：价格折扣
沟通	信息：让顾客知晓新产品线和服务计划；树立得伟品牌，以建立顾客的忠诚度。标语：得伟，结实耐用、高性能且有保障的工业工具* 媒体：行业杂志（《建筑者和电气承包商》；100 万美元预算）；贸易展；直邮产品目录（30 万美元预算）；家装零售店的销售点展示；10 辆广告车在个体户群体的工作场所推广得伟的产品（100 万美元预算）	收益：知晓产品及其具体特性
分销	产品：大型家装中心（家得宝/劳氏），小型五金连锁店（哈德瓦/服务之星）和个体经营的五金商店 服务：117 家百得授权的维修服务中心都有专门针对得伟的柜台	收益：产品可获得性（广泛的分销网络）、服务的可获得性（广泛的服务网络）、便利（店内直接退货）

注：* 下面我们将介绍印刷品上刊登的一则有关木板接合机（用来将两块木头接合在一起的一款工具）的广告。广告的标题是"接合专家"，广告正文内容如下："木板接合机性能好坏的关键在于导板。高质量导板让得伟的木板接合机在该领域内脱颖而出。得伟的导板可以做各种不同类型的接合，并能在不同种类间快速准确地切换。而且导板倾斜范围为 0°—90°，覆盖了所有的边角。导板的角度可以在 0°—90°之间随意调整，这样就能在合适的角度进行切割。根据操作人员的偏好，导板可以安装在斜接合的外部或内部。此外，不用拆除导板，操作人员就可以在零度的位置进行齐切。齿条和小齿轮控制系统可以让操作人员简便、准确地调节高度，让导板与刀片平行。因此，误切的概率就几乎被排除了。齿条和小齿轮控制系统是得伟特有的性能。所以，如果你还没决定要买哪个木板接合机，那答案已经很明显了。你要做的就是试试得伟的产品，然后立马把它增加到你的工具组合中。"[3]

合作者价值分析

合作者价值分析旨在确定产品或服务对公司合作者的价值。具体来说，合作者价值分析确定了执行产品或服务战略的战术（即营销组合）（见图 19 - 4），以确定产品或服务为公司合作者创造卓越价值的方式。

与顾客价值分析类似，合作者价值分析也由两个因素组成：确定产品或服务价值主张和定位的战略，以及确定产品或服务由七个关键营销组合要素组成的战术。这里，战略分析的重点是合作者，以及他们的需求和产品或服务创造的价值之间的匹配度，而战术分析的重点是公司的产品或服务、营销组合的具体方面，以及各个营销组合变量为合作者创造价值的能力。

- **战略**。确定产品或服务的合作者价值的战略方面，是指明确产品或服务的价值主张，以及针对合作者的定位。合作者价值主张明确了产品或服务对公司合作者的总价

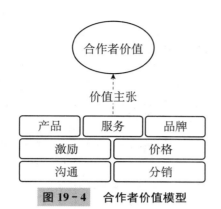

图 19-4 合作者价值模型

值。在价值主张的基础之上，定位明确了产品或服务的关键收益，即合作者支持该产品或服务的原因。

- **战术**。确定合作者价值主张的战术方面，是指确定关键的营销组合变量——产品、服务、品牌、价格、激励、沟通和分销。确定各个营销战术涉及明确它们的关键属性，以及明确与各个营销组合变量相关的合作者价值（收益和成本）。和顾客价值分析一样，确定产品或服务的战术的一个重要方面是，每个营销组合变量能创造的合作者价值都应该进行明确表述，以确保公司战术的各个方面都与公司战略所反映的整体价值主张一致。

案例：表 19-3 展示了合作者价值分析的重要方面，其内容是得伟针对个体户市场的相关战略和战术。

表 19-3 合作者价值工作手册（得伟）

战略	关键特征	
价值主张	高性能、可靠的电动工具，辅以在电动工具行业无与伦比的全国维修服务和质量保证；由大量促销预算支持，以刺激客流量；提供卓越的贸易利润	
市场定位	对零售商而言有利可图	
战术	关键特征	价值
产品	33 种高性能电动工具（电钻、电锯、磨砂机和木板接合机）以及 323 种旨在使性能、准确性、功效性和可靠性最大化的配件；旨在替代百得专业（Black & Decker Professional）产品线	收益：相对于被替代的百得专业产品线，得伟的产品线更能满足个体户群体的需求 成本：停用百得专业的产品；库存得伟的产品
服务	百得提供的贸易支持（订购、库存管理和退货）	收益：相对于百得专业的产品线，得伟的贸易支持更有力
品牌	品牌名称：得伟（替换了百得专业）和百得（母品牌） 品牌承诺：有利可图 品牌金字塔：得伟是百得的一个子品牌	收益：在零售商的品牌组合中增加得伟品牌可以强化零售店针对个体户群体的吸引力

续表

战术	关键特征	价值
价格	价格：贸易利润率比牧田高5% 退货：得伟支持购买后30天内无条件退货 价格保护：抵制折扣商店（如停止向降价的零售商供货）以防止横向渠道冲突	收益：相对于百得专业，得伟的利润率更高；价格保护（牧田不提供价格保护）
激励	销售点促销：贸易激励以确保零售商能卖力推销	收益：贸易激励提供了额外的收入来源
沟通	信息：让顾客知晓新的产品线和服务计划；建立百得品牌，提升零售商的忠诚度。 标语：得伟工具助您轻松赚钱* 媒体：贸易展（全国住宅建筑商协会贸易展）；百得销售人员	收益：通过百得与顾客的沟通，增加了店内的客流量
分销	产品：通过百得现有的渠道进行分销；向家装店直接分销，向五金商店间接（批发）分销。起步时储备了价值2 000万美元的库存，以确保产品供应，避免断货	收益：由同一个卖方进行分销（百得）；起步时有充足的库存 成本：订购和库存百得产品线；对其他百得专业的产品进行逆向物流

注：* 下面我们将介绍印刷品上刊登的一则有关木板接合机（用来将两块木头接合在一起的一款工具）的广告。广告的标题是："得伟工具助您轻松赚钱"，广告正文内容如下："在研发得伟高性能工业工具和配件生产线时，我们一直将合作者牢记在心，以便让产品有利可图。为此，我们做了如下一些努力：我们为您的特定需求定制了简单易懂的定价方案，配备了专门的销售人员帮助你们销售产品，他们将在服务现场把产品交到顾客手中，为您带来顾客需求和销量。所有工具都有30天无风险满意保障，以及一整年的保修期。而且，我们提供快速维修服务，并在维修期间免费给顾客提供新的工具，所以即使工具出现故障，顾客也不会因此而停工。我们为什么要这么做？因为在得伟，我们相信销售一件工作量大的工具不需要大的工作量。而且，销售得伟的工具能给你带来丰厚的利润。"[4]

公司价值分析

公司价值分析旨在确定产品或服务对公司的价值。具体来说，公司价值分析明确了执行产品或服务战略的战术，即营销组合（见图19-5）。因此，公司价值工作手册旨在明确产品或服务为公司创造卓越价值的方式。

与顾客价值分析和合作者价值分析类似，公司价值分析也由两个因素组成：确定产品或服务的价值主张和定位的战略，以及确定产品或服务由七个关键营销组合要素组成的战术。这里，战略分析的重点是公司，以及其目标与产品或服务创造的价值之间的匹配度，而战术分析的重点是公司的产品或服务、营销组合的具体方面，以及各个营销组合变量为公司创造价值的能力。

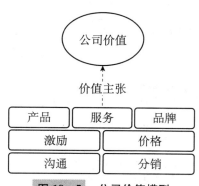

图 19-5 公司价值模型

- **战略**。确定产品或服务的公司价值的战略方面,是指明确产品或服务的价值主张,以及针对公司的定位。公司价值主张明确了产品或服务对公司的价值,而产品或服务的定位则明确了产品或服务对公司而言的关键收益。
- **战术**。确定公司价值的战术方面,是指确定关键的营销组合变量——产品、服务、品牌、价格、激励、沟通和分销。确定各个营销战术涉及明确它们的关键属性,以及明确它们创造的公司价值(收益和成本)。

案例:表 19-4 展示了公司价值分析的重要方面,其内容是得伟针对个体户市场的相关战略和战术。

表 19-4 公司价值工作手册(得伟)

战略	关键特征	
价值主张	货币价值:有潜力将市场份额从 8% 提升到 50%,利润率从 5% 提升到 10%。通过创建一个新的品牌,提升公司的估值。 战略价值:在不断增长的个体户市场上确保领导者的定位。通过提供有吸引力的产品组合,确保零售商可以从单个供应商处获取相应的产品来满足普通顾客和专业顾客的需求,并进一步强化百得与其零售商之间的关系。	
市场定位	有机利润增长	
战术	关键特征	价值
产品	33 种高性能电动工具(电钻、电锯、磨砂机和木板接合机)以及 323 种旨在使性能、准确性、功效性和可靠性最大化的配件("质量至上")	收益(战略性):研发创新可以使其他产品线受益;研发方面的挑战可以帮助公司吸引人才;新产品线为百得提供了质量基准 成本(货币性):产品研发和生产成本
服务	顾客服务:免费借用政策、48 小时服务政策、技术支持、为期一年的免费服务合同、一年保修、卓越的诊断 贸易服务:零售商支持(订购、库存管理和退货)	收益(战略性):创建顾客忠诚度;提供优于牧田的可持续竞争优势 成本(货币性):服务实施成本

续表

战术	关键特征	价值
品牌	品牌名称：DeWalt® (替代了百得专业品牌) 品牌 logo：DEWALT 品牌颜色：黄色 品牌联想：高性能工业工具；"永不停工"的公司 品牌金字塔：独立品牌（在百得授权的服务中心有专门的服务柜台）	收益（战略性）：识别产品以创造顾客忠诚度；以品牌资产（得伟）的形式获取一部分广告费用 成本（货币性）：品牌建设费用
价格	价格：高端价格（比牧田和百得专业贵10%） 退货：30 天无条件退货	收益（货币性）：从收入中获取顾客价值 收益（战略性）：高端的价格可以让百得在产品研发、服务、品牌建设和促销方面进行投资
激励	忠诚度计划：优选承包商计划 销售点促销：贸易激励以确保零售商卖力推销	收益（战略性）：刺激顾客需求 成本（货币性）：与激励措施相关的成本 战略成本：货币性顾客激励措施可能对得伟品牌有损害
沟通	顾客沟通：花费 100 万美元在行业杂志《建筑者和电气承包商》上登广告，30 万美元进行直邮推广，100 万美元进行广告车促销，20 万美元进行销售点展示，以及贸易展 贸易沟通：百得销售人员、贸易展	收益（战略性）：为产品创造知名度；树立得伟品牌 成本（货币性）：沟通费用
分销	产品：通过百得现有的渠道进行分销，向大型家装中心（家得宝/劳氏）直接分销，向小型五金连锁店（哈德瓦/服务之星）和个体经营的五金商店间接（批发）分销。起步时储备了价值 2 000 万美元的库存，以确保产品供应，避免断货。 服务：117 家百得授权的维修服务中心都有专门针对得伟的柜台	收益（战略性）：通过提供全面的产品组合来强化百得与零售商之间的关系 成本（货币性）：让得伟产品在市场上能被顾客获得所需的成本；停止销售百得专业品牌所付出的成本

比较价值分析

到目前为止，我们的讨论都集中在产品或服务为相关市场实体创造的内在价值上。但价值并不是在真空的环境下创造的：人们常常会利用其他产品或服务作为参照物，来评估产品或服务的价值。在这种情况下，与其他产品或服务的比较成了产品或服务内在价值的补充。[5] 因此，要想成功，产品或服务不仅要为相关的市场实体创造内在价值，还要创造比其他产品或服务（包括竞争性产品或服务以及公司生产线上的其他产品或服务）更卓越的价值。

评估某产品或服务相对其他产品或服务的优势和劣势的过程被称为比较价值分析。由于针对产品或服务对目标顾客和合作者的价值的比较分析涉及将该产品或服务与竞争对手的产品或服务进行对比，因此，比较分析也可以称为竞争性分析。同理，由于比较分析还涉及将产品或服务与公司生产线上的其他产品或服务进行对比，因此比较价值分析也可以称为产品线价值分析。

产品或服务的成功取决于它为目标顾客、公司及其合作者创造价值的能力，因此比较价值分析可以针对这三个实体展开。此外，产品或服务对于各个实体的价值的比较分析可以看作是由以下三个步骤组成的过程：(1)确定公司产品或服务的关键方面（战略和战术）；(2)确定用来做参照的产品或服务的关键方面（战略和战术）；(3)评估公司的产品或服务相对于用来做参照的产品或服务的优势和劣势。表 19-5 是比较价值分析的一个示例。

表 19-5　比较价值分析

	公司的产品或服务	参照品	比较价值分析
价值主张	确定公司产品或服务的相关收益和成本	确定参照品的相关收益和成本	确定公司产品或服务与参照品之间的相同点和不同点
市场定位	确定公司产品或服务的关键收益	确定参照品的关键收益	确定公司收益的相对优势
产品 服务 品牌 价格 激励 沟通 分销	确定公司的产品或服务在各个营销变量上的关键方面	确定参照品在各个营销组合变量上的关键方面	确定公司的产品或服务在各个营销组合变量上的相对优势

表 19-5 展示的比较价值分析体现的是只有一个参照品的情况。如果存在多个参照品（如多个竞争对手或公司产品线上的多个产品），则每个参照品应该有一个独立的比较价值分析表格。

注释

1 这个案例阐释了确定公司商业模式过程中涉及的一些主要步骤和关键决策。这些信息不得作为有关百得公司、其顾客细分群体或市场条件的一手数据来源。这些数据主要基于"The Black & Decker Corporation (A): Power Tools Division"(595-057),"The Black

& Decker Corporation (B):Operation Sudden Impact"(595-060),"The Black & Decker Corporation (B):Operation Sudden Impact"(596-510),and "The Black & Decker Corporation (C):Operation Sudden Impact Results,1992-1994"(595-061),Harvard Business School:Harvard Business School Publishing,Boston,MA.
2 "The Black & Decker Corporation (B):Operation Sudden Impact,"(595-060).
3 "The Black & Decker Corporation (B):Operation Sudden Impact,"(595-060).
4 "The Black & Decker Corporation (B):Operation Sudden Impact,"(595-060).
5 参照品可以指在评估某产品或服务时用来作为参照物的任何产品或服务——竞争对手的产品或服务,或公司自身产品线上的其他产品或服务。

第二十章　定位陈述工作手册

> 臻于完美之时，不是加无可加，而是减无可减。
> ——法国作家、《小王子》的作者安托万·德·圣-埃克苏佩里

定位陈述是一份公司内部文件，它明确描述了公司的产品或服务战略，用于指导战术方面的决策。定位陈述作为一种沟通的手段，向特定产品或服务的开发和管理过程中涉及的利益相关者阐述了公司的产品战略。本章内容的重点就是制定定位陈述的主要原则。

定位陈述：沟通的一种手段

定位陈述是一个非常简洁的文档，通常只由一句话构成，它明确表述了产品或服务战略的主要方面。定位陈述的主要目的是指导产品、服务、品牌、价格、激励、沟通和分销等方面的战术决策。所以，定位陈述旨在向所有开发和管理产品与服务的利益相关者沟通和传达产品或服务战略的本质。由于公司内部各个实体——研发部门、市场部门、销售部门、管理层、财务部门、运营部门——通常对产品或服务的战略拥有不同的理解，比如谁是产品或服务的目标顾客，他们为什么会购买产品或服务，公司如何确保产品或服务取得成功，所以，定位陈述作为一种沟通工具的重要性就显得尤为突出了。总之，定位陈述旨在向公司内部的所有相关实体就产品或服务的目标、战略和战术提供一个统一的愿景。

除了保证公司内部员工对产品或服务保持统一的理解，定位陈述还会在确保外部合作者（研发与设计合作伙伴、广告公司和公关机构、渠道合作伙伴、外部销售团队）正确理解产品或服务战略的过程中起到重要作用。由于合作者通常对公司的目标和战略措施不熟悉，因此将产品或服务战略有效地传达给他们就显得尤为重要。事实上，对产品或服务战略缺乏明确的沟通经常会引发合作者之间的矛盾。

有些人通常会将定位陈述与产品或服务的定位相混淆。尽管这两个概念有着密切的联系，但它们却反映了市场营销管理的不同方面。产品或服务的定位明确了产品或服务价值主张的关键方面，而定位陈述包含了产品或服务的定位，其涵盖的范围比定位要广，除了包括价值主张，还包括了产品或服务的目标顾客（如专注于顾客的定位陈述）。

定位陈述有时候也容易与品牌口号和沟通标语相混淆，因为这三者都反映了产品或服务战略的某些方面。虽然有相似之处，但这几个概念在以下几个维度上却有着很大的不同，包括关注的重点、结构和目标受众。与概括产品或服务总体营销战略的定位陈述不同，品牌口号和沟通标语关注的是产品或服务营销战略的具体方面——品牌和沟通。而且，从结构的角度来说，定位陈述还明确了产品或服务的目标顾客，这一点与其他两者不同，因为它们只反映了产品或服务的价值主张。因此，品牌口号和沟通标语通常都是简洁的短语，而定位陈述通常是较长的句子。

以美国剃须刀产品的领导者吉列为例，它的定位陈述可以写为：因为吉列运用了最先进的剃须科技，因此对所有男人来说，吉列能带来最佳剃须体验。[1] 而吉列的品牌口号则更简洁易记：吉列，男人最好的选择。最后，一条吉列锋隐 ProGlide 剃须刀的广告标语则突出强调了它的一个特别方面：更顺滑。与之类似，宝马的定位陈述可以写为：因为宝马是终极座驾，因此对注重性能的顾客来说，宝马是最佳的选择。宝马的品牌口号为：终极座驾。而它最近的广告标语为：我们只生产终极座驾——宝马。

定位陈述、品牌口号和沟通标语三者之间的另一个重要区别就是它们的目标受众不同。定位陈述是公司内部文件，其目标受众为公司员工、利益相关者和合作者，而非目标顾客。与此相反，品牌口号和沟通标语则是专门为目标顾客设计的。因此品牌口号和沟通标语必须是醒目易记的短语，能够吸引顾客的注意，而定位陈述的制定则必须讲究内在的战略与逻辑。

根据目标顾客的不同，定位陈述可以分为三类：(1)专注于顾客的定位陈述，即明确产品或服务对目标顾客的价值主张；(2)专注于合作者的定位陈述，即明确产品或服务对公司合作者的价值主张；(3)专注于公司的定位陈述，即明确产品或服务对公司的价值主张。接下来，我们将详细探讨这三种类型的定位陈述。

专注于顾客的定位陈述

专注于顾客的定位陈述是最流行的一种形式。典型的专注于顾客的定位陈述一般包含三个要素：目标顾客、参照框架和选择的原因。接下来，我们将详细介绍这三个要素。

- **目标顾客**就是公司愿意为其调整产品或服务的买家。通常公司从目标顾客期待获得的利益以及其人口或行为等方面的特征对目标顾客进行确定。在第四章中，我们详细介绍了如何选择目标顾客。

- **参照框架**明确了描述产品或服务所使用的参照点。根据对不同的参照点的选择，参照框架可以分为五种：(1)基于需求的框架，即将产品或服务的收益与特定的顾客需求联系在一起；(2)基于用户的框架，即将产品或服务与某种特定类型的购买者联系在一起；(3)基于类别的框架，即根据其与某种特定产品类别的关系来定义产品或服务；(4)竞争性框架，即通过与竞争对手进行比较来定义产品或服务；(5)产品线框架，即通过与产品线上的其他产品或服务进行比较来定义某种产品或服务(更多细节，请参见第六章)。

根据比较的性质，上述五种参照框架既可以是非比较型的，也可以是比较型的。非比较型框架将产品或服务的价值与参照点联系在一起，而不是直接与其他产品或服务进行比较；而比较型框架通过与其他产品或服务进行对比来定义某产品或服务。基于需求、用户和类别的框架通常是非比较型的，而竞争性框架和产品线框架通常是比较型的。涉及非比较型框架的定位陈述通常被称为非比较型定位陈述，而使用比较型框架的定位陈述通常被称为比较型定位陈述。

- **选择的原因**明确了顾客考虑、购买和使用某种产品或服务的首要原因，通常，首要原因都突出了产品或服务的关键收益(功能、心理或货币收益)，明确了选择该产品或服务的一个原因，虽然定位陈述往往会使用多个原因。使用多个原因的定位陈述通常会选择相互紧密关联的原因，这些原因往往可以归纳为一个更抽象的收益。如果使用互不相关的几个原因，可能会带来一定的挑战，因为这样可能会稀释产品或服务在目标顾客头脑中的定位(更多细节，请参见第六章)。下面，我们给出了一些专注于顾客的定位陈述的例子。

例子 A. 这个例子展示了一个定位陈述，说明了产品或服务的关键收益，并证明了该产品或服务有能力提供这些收益。

非比较型定位：

模板：对追求[关键收益]的[目标顾客]来说，[产品或服务]是一款非常优质的[产品类别]，因为[其有充足的理由证明该产品或服务可以提供这些收益]。

示例：对于使用电动工具来谋生的个体户来说，得伟能提供可靠、专业的工具。这些工具不但结实耐用，而且还有维修保障，能在 48 小时内免费更换。

比较型定位：

模板：对追求[关键收益]的[目标顾客]来说，[产品或服务]是一种比[竞争性产品或服务]更好的[产品品类]，因为[其有充足的理由证明该产品或服务可以提供这些收益]。

示例：对于使用电动工具来谋生的个体户来说，得伟能提供比其他任何品牌都可靠、专业的工具，因为这些工具不但结实耐用，而且还有维修保障，能在 48 小时内免费更换。

例子 B. 这个例子展示了一个定位陈述，说明了产品或服务的关键收益，并证明了该产品或服务有能力提供这些收益。其形式与第一种类似，只是定位陈述的组织略有不同。

非比较型定位：

模板：[产品或服务]是可以为[目标顾客]提供[关键收益]的[产品类别]，因为[其有充足的理由证明该产品或服务可以提供这些收益]。

示例：激浪（Mountain Dew）是一款能为缺乏睡眠的年轻群体提供能量的软饮料，因为它的咖啡因含量很高。

比较型定位：

模板：[产品或服务]是可以为[目标顾客]提供比[竞争性产品或服务]更多[关键收益]的[产品类别]，因为[其有充足的理由证明该产品或服务可以提供这些收益]。

示例：激浪是一款能为缺乏睡眠的年轻群体提供比其他任何品牌更多能量的软饮料，因为它的咖啡因含量很高。

例子 C. 这个例子展示了一个定位陈述，在这个定位陈述中，产品类别被用作参照点。

非比较型定位：

模板：对[目标顾客]来说，[产品或服务]是一款优质的[产品类别]，因为[选择该产品或服务的首要原因]。

示例：对于注重健康的消费者来说，Aquafina 是一款优质的瓶装饮用水，因为它的水质非常纯净。

比较型定位：

模板：对[目标顾客]来说，[产品或服务]是一款比[竞争性产品或服务]更优质的[产品类别]，因为[选择该产品或服务的首要原因]。

示例：对于价格敏感型顾客来说，Brita 是一款比其他品牌更好的饮用水来源，因为它的成本更低。

例子 D. 这个例子展示了一个定位陈述，在这个定位陈述中，顾客需求被用作参照点。其形式与上面的例子 C 类似，只是它用顾客需求，而不是产品类别，来作为参照点。

非比较型定位：

模板：对[目标顾客]来说，[产品或服务]是最优选择，因为[选择该产品或服务的首要原因]。

示例：对运动员来说，佳得乐（Gatorade）是一个明智的选择，因为它不但能解渴，能补充营养，还能增加运动员的耐力。

比较型定位：

模板：对[目标顾客]来说，[产品或服务]是比[竞争性产品或服务]更好的选择，因为[选择该产品或服务的首要原因]。

示例：对运动员来说，佳得乐是一个明智的选择，因为它不但能解渴、补充营养，还能增加运动员的耐力，而这是饮用水无法做到的。

专注于合作者的定位陈述

虽然为目标顾客创造价值非常重要，但它只是确保产品或服务成功的一个方面。为了取得成功，产品或服务不仅要为目标顾客创造价值，还要为公司的合作者创造价值。因此，除了制定聚焦顾客的定位陈述，经理人还必须制定一个定位陈述，来说明产品或服务对公司合作者的价值。

以合作者为侧重点的定位陈述与以顾客为侧重点的定位陈述类似，主要的区别在于以合作者为侧重点的定位陈述明确了公司的关键合作者，并描述了产品或服务对这些合作者的关键价值主张。这种定位陈述必须回答的核心问题为：谁是产品或服务的主要合作者，他们为什么会支持这种产品或服务？

典型的聚焦合作者的定位陈述由三个关键要素组成：合作者、参考框架和选择的关键原因。聚焦合作者的定位陈述的结构与聚焦顾客的定位陈述的结构类似，关键的区别在于前者关注的重点是公司的合作者，而不是目标顾客，确定的关键收益是相对于公司合作者而言的，而不是相对于目标顾客而言的。下面是一些常见的聚焦合作者的定位陈述的例子。

例子 E. 这个例子与上面的例子 C 类似，只是它强调了对合作者的价值，而不是对顾客的价值。

非比较型定位：

模板：对[合作者]来说，[产品或服务]是最优选择，因为[选择该产品或服务的首要原因]。

示例：对零售商来说，得伟电动工具是一个绝佳选择，因为它们利润丰厚。

比较型定位：

模板：对[合作者]来说，[产品或服务]是比[竞争性产品或服务]更好的选择，因为[选择该产品或服务的首要原因]。

示例：对零售商来说，得伟电动工具是比牧田更好的选择，因为它们提供价格保护。

例子 F. 这个定位陈述与上面的例子 A 类似，只是它强调了对合作者的价值，而不是对顾客的价值。

非比较型定位：

模板：对追求[关键收益]的[合作者]来说，[产品或服务]是一款非常优质的[产品类别]，因为[其有充足的理由证明该产品或服务可以提供这些收益]。

示例：对于期望提高利润的大众市场零售商来说，吉列锋隐能给它们带来丰厚的利润。

比较型定位：

模板：对追求[关键收益]的[合作者]来说，[产品或服务]是一款比[竞争性产品或服务]更好的[产品类别]，因为[其有充足的理由证明该产品或服务可以提供这些收益]。

示例：对于期望提高利润的大众市场零售商来说，吉列锋隐能比 Mach3 带来更丰厚的利润。

专注于公司的定位陈述

虽然为目标顾客和合作者创造价值非常重要,但却不足以确保产品或服务获得市场成功。为了取得成功,产品或服务必须为公司创造价值。因此,除了制定定位陈述来说明产品或服务对目标顾客和合作者的价值,经理人还需要说明产品或服务对公司的价值。

以公司为侧重点的定位陈述中应确定管理产品或服务的战略业务单位,并为此业务单位和公司描述产品或服务的主要价值定位。这种定位陈述必须回答的核心问题为:业务单位和公司为什么要对这种产品或服务进行投资?聚焦公司的定位陈述旨在通过说明产品或服务如何帮助公司实现其目标,来向高管层或关键利益相关者(如公司董事)证明产品或服务的可行性。

典型的聚焦公司的定位陈述由三个关键要素组成:公司、参照框架和选择的关键原因。聚焦公司的定位陈述的结构与聚焦顾客的定位陈述的结构类似。关键的区别在于,聚焦公司的定位陈述的重点在公司,而不是目标顾客,其确定的关键收益也是针对公司而言。下面有一些常见的聚焦公司的定位陈述的例子。

例子 G. 这个定位陈述与上面的例子 C 和 E 类似,只是它强调了对公司的价值,而不是对顾客或合作者的价值。

非比较型定位:

模板:对[公司]来说,[产品或服务]是绝佳的选择,因为[该产品或服务的首要收益]。

示例:得伟电动工具对百得来说是一个绝佳选择,因为它能为公司带来与其目标一致的利润率。

比较型定位:

模板:对[公司]来说,[产品或服务]是比[竞争性产品或服务]更好的选择,因为[选择该产品或服务的首要原因]。

示例:对百得来说,得伟电动工具比百得专业电动工具更好,因为它能为公司带来更高的利润和销量。

例子 H. 这个定位陈述与上面的例子 A 和 F 类似,只是它强调了对公司的价值,而不是对顾客或合作者的价值。

非比较型定位:

模板:对[公司]来说,[产品或服务]是绝佳的选择,因为[该产品或服务的首要收益]。

示例:对吉列来说,锋隐是最佳选择,因为它能帮助吉列确立其在剃须刀市场上的领导者地位,同时能保证高利润率。

比较型定位：

模板：对[公司]来说，[产品或服务]是比[竞争性产品或服务]更好的选择，因为[选择该产品或服务的首要原因]。

示例：对吉列来说，锋隐比 Mach3 更好，因为它能帮助吉列确立其在剃须刀市场上的领导者地位，同时能保证高利润率。

注释

1 本章中使用的例子只是示例，可能无法准确反映公司实际的定位战略。

索引

该索引中列出的术语被分成了三类：(1)营销概念；(2)财务概念；(3)营销框架。

营销概念

80/20 原则（第十五章）	独立插页（第十一章）
版权（第九章）	额外红利（第十一章）
包夹战略（第十七章）	范围经济（第六章）
保留率（第十五章）	附属产品定价法（第十章）
比较广告（第十二章）	高-低价定价法（第十章）
边际价值递减（第五章）	跟单员（第十三章）
采用缺口（第十五章）	工业产权（第九章）
参考框架（第五章）	公司统计特征（第四章）
参照点依赖（第五章）	购买点广告（第十二章）
产品生命周期（第十六章）	顾客流失率（第十五章）
产品线定价（第十、十七章）	顾客资产（第四章）
产品线延伸（第十七章）	广告接受人数（第十二章）
产品研发战略（第十四章）	广告津贴（第十二章）
场合型市场细分（第四章）	广告疲乏（第十二章）
成本加成定价法（第十章）	广告频率（第十二章）
垂直价格限定（第十章）	广告知晓度（第十二章）
存货折让（第十一章）	规模经济（第六章）
地区性品牌（第九章）	好-更好-最好战略（第十七章）
第二市场折扣（第十章）	合作广告（第十二章）
第一提及品牌（第十二章）	横向合作（第七章）
电视导购（第十二章）	横向价格限定（第十章）
定位陈述（第二十章）	横向渠道冲突（第七、十三章）

互补产品定价法（第十章）
灰市（第十三章）
混合渠道（第十三章）
货架空间份额（第十三章）
货位津贴（第十一章）
价格歧视（第十章）
价格细分（第十章）
价格限定（第十章）
价格信号传递（第十章）
价值-对等线（第十七章）
价值函数（第五章）
间接渠道（第十三章）
交叉价格弹性（第十章）
经济价值分析（第五章）
经验曲线定价（第十章）
净推荐值（第十二章）
竞争均势预算法（第十二章）
竞争性品牌（第九、十、十七章）
竞争优势（第五、十四章）
库存周转次数(第十三章)
框架（第五章）
亏本出售商品（第十章）
拉动策略（第十一章）
蓝海战略（第十四章）
利基战略（第四章）
联合品牌营销（第九章）
联盟营销（第十二章）
两阶段定价法（第十章）
流失率（第十一章）
六西格玛（第八章）
掠夺性定价法（第十章）
毛评点(第十二章)
贸易折让（第十一章）
媒体比重占有率（第十二章）
每日低价定价法（第十章）
目标市场选择（第四、十八章）

目标收视率(第十二章)
逆向物流（第十三章）
帕累托原则（第十五章）
撇脂定价法（第十章）
品类发展指数（第十六章）
品类杀手（第十三章）
品牌发展指数（第十六章）
品牌化的组合（第九章）
品牌精髓（第九章）
品牌伞营销（第九章）
品牌审计(第九章)
品牌延伸（第九章）
品牌资产（第九章）
平行进口（第十三章）
欺诈性定价法（第十章）
千人成本（第十二章）
翘尾效应（第十二章）
窃取份额战略（第十四章）
渠道冲突（第七章）
全国性品牌（第九章）
全球化品牌（第九章）
人口统计特征（第四章）
商店品牌（第九章）
商品损失(第十三章)
商业模式(第二、十九章)
渗透定价法（第十章）
渗透率（第十五章）
声望定价法（第十章）
使用缺口（第十五章）
市场创新战略（第十四章）
市场定位（第五、二十章）
市场份额（第五章）
市场开发战略（第十四章）
市场渗透战略（第十四章）
市场细分（第四章）
市场增长战略（第十四章）

收视点成本(第十二章)
收益管理定价法（第十章）损失规避（第五章）
所有商品量(第十三章)
提前购买(第十三章)
提示性广告(第十二章)
通用化(第九章)
同店销售额(第十三章)
同质市场(第四章)
推动策略(第十一章)
推销员(第十三章)
线上沟通(第十二章)
线下沟通(第十二章)
向后整合(第七章)
向前整合(第七章)
心理特征(第四章)
形象定价法(第十章)
学习曲线(第六章)

异质市场(第四章)
印象(第十二章)
营销组合(第二章)
预热广告(第十二章)
知识产权(第九章)
知晓率(第十二章)
直接渠道(第十三章)
重新定位(第九章、第十四章)
转换率(第十五章)
自相蚕食(第十七章)
自有品牌(第九章)
纵向合作(第七章)
纵向渠道冲突(第七、十三章)
纵向延伸(第十七章)
纵向整合(第七章)
总量折扣(第十一章)
最小存货单位(第八章)
最优价值主张(第二章)

财务概念

边际成本(第六章)
变动成本(第六章)
复合年增长率(第六章)
贡献毛利(第六章)
固定成本(第六章)
净利润率(第六章)
净收入(第六章)
净收益(第六章)
利润(第六章)
毛利率(第六章)
毛利润(第六章)
毛收入(第六章)
贸易利润(第六章)
内部收益率(第六章)

商誉(第九章)
市场份额(第六章)
市场规模(第六章)
损益表(第六章)
投资回报率(第六章)
销货成本(第六章)
销售收益率(第六章)
盈亏平衡分析(第六章)
营销投资回报率(第六章)
营业费用(第六章)
营业利润率(第六章)
营业收入(第六章)
总成本(第六章)

营销框架

3C 框架（第二章）
3V 原则（第二章）
4P 框架（第二章）
5C 框架（第二章）
6V 框架（第二章）
7T 框架（第二章）
G-STIC 框架（第三章）

SWOT 分析（第十四章）
产品-市场增长模型（第十四章）
产品生命周期（第十六章）
五力模型（第二章）
新产品采用的罗杰斯模型（第十六章）
新技术采用的摩尔模型（第十六章）

教辅申请说明

北京大学出版社本着"教材优先、学术为本"的出版宗旨，竭诚为广大高等院校师生服务。为更有针对性地提供服务，请您按照以下步骤在微信后台提交教辅申请，我们会在 1~2 个工作日内将配套教辅资料，发送到您的邮箱。

◎手机扫描下方二维码，或直接微信搜索公众号"北京大学经管书苑"，进行关注；

◎点击菜单栏"在线申请"—"教辅申请"，出现如右下界面：

◎将表格上的信息填写准确、完整后，点击提交；

◎信息核对无误后，教辅资源会及时发送给您；如果填写有问题，工作人员会同您联系。

温馨提示：如果您不使用微信，您可以通过下方的联系方式（任选其一），将您的姓名、院校、邮箱及教材使用信息反馈给我们，工作人员会同您进一步联系。

我们的联系方式：

北京大学出版社经济与管理图书事业部

北京市海淀区成府路 205 号，100871

联 系 人：周莹

电　　话：010-62767312 /62757146

电子邮件：em@pup.cn

Q Q：5520 63295（推荐使用）

微信：北京大学经管书苑（pupembook）

网址：www.pup.cn